W0247127

Badische Küchenkunde

Wolfgang Abel

OASE

© 1. Auflage Herbst 1998
Oase Verlag
Obermattweg 3
79410 Badenweiler
Tel. 07632-7460
Fax 07632-5098

Titelbild: Konrad Winzer
Herstellung: Stiehler Druck & media, Denzlingen

Alle Angaben ohne Gewähr

ISBN 3-88922-049-5

Inhalt

Küchenkunde von A bis Z   7

Wochenmärkte 182

Küchenwerkzeug 197

Kleine ligurische Olivenölreise 214

**

„Woher kommen wir,
wohin gehen wir,
und vor allem, was trinken wir dazu?"

Volkmar Staub

Küchenkunde von A bis Z

Abdampfen. Mit Wasser kochen alle, aber spätestens beim Abdampfen beginnt der kleine Unterschied. Gemüse, ganz besonders Salzkartoffeln, müssen abdampfen: Nach dem Abgießen des Kochwassers noch mal zurück auf die Flamme. Ein paar Schwenkbewegungen helfen dann beim raschen Verdunsten des überflüssigen Kochwassers. Sorgfältig Abgedampftes bewahrt jedenfalls vor peinlichen Pfützen und selbst Lieschen Müller der deutschen Küche, die Salzkartoffel, gibt in ihrer trocken, heißen Form jeder Sauce ungleich williger die Hand als im klatschnassen Gewand.

Nicht abgedampft werden Nudeln, besonders Pasta, die unweigerlich zusammenkleben würde. Dies ließe sich zwar durch Zugabe von etwas Olivenöl verhindern, aber nur um den Preis einer Versiegelung der Nudeloberfläche. Und an einer öligen Nudel hält keine Sauce mehr. Pasta also nur im Durchschlag abgießen und in flacher, heißer Pfanne sogleich mit der Sauce vermischen. Dabei entfalten die Reste des stärkehaltigen Nudelkochwassers eine bindende Wirkung. Weiteres zur Pasta vgl. dort

Und gleich noch etwas Dampf ablassen: Es sind ja auch die Kleinigkeiten, die einem die Gasthausküche vermiesen

können. Es sind die lauwarmen, blaßgrün schimmernden
Wasserpfützen, die sich unterm Mandelsplitter gekrönten
Brokkoli sammeln. Es sind die schwammigen, mehrmals
warmgekochten, aber kein einziges Mal korrekt abge-
dampften Kartoffeln, die einen im gemeinen deutschen
Gasthaus alle Hoffnung fahren lassen. Mit Wasser kochen
alle, aber auch das muß man können.

***

Altar aufbauen. Wichtig ist die Arbeit vor der Arbeit.
„Hasch Dein Altärle scho aufbaut?", fragt der Küchenchef
den Lehrling. Der Grundgedanke: erst wenn alles bereit
steht, soll die Messe beginnen (fachfranzösisch: *Mis en
place*). Zufall schmeckt nun mal anders als Vorsatz. Dabei
reicht der wohl aufgebaute Altar über den Dunstkreis des
Herdes weit hinaus. Zwar glauben selbst ambitionierte
Hobbyköchler, mit geschälten Zwiebeln, gehacktem Grün
und etwas zermessertem Röstgemüse sei eine Tat bestens
vorbereitet. Die Realität bei Tisch offenbart das Gegenteil:
warmer Wein, kalte Teller - schon an den Fundamenten einer Einladung scheitern drei Viertel aller Gastgeber. Und
damit ist das Feld ja noch lange nicht bestellt.
    Altarpflege reicht vom Gewürzgarten vor dem Küchen-
fenster und sie endet mit dem Abräumen nach dem Essen
noch lange nicht. Ganz Besessene pflanzen im späten
Herbst die Zwiebeln des echten *Crocus sativus* an einer trok-
ken, sonnigen Stelle im Garten und überraschen ihre Gäste ein Jahr später mit den selbst gepflückten Staubgefäßen
der Krokusblüte, die als Safranfäden jede altbadische Nudelsuppe adeln. Und genau das meint die Sache mit dem
Altar - vorsätzlich gut kochen.

***

Anschwitzen vs. Anrösten. Gewürfeltes Gemüse, Zwiebeln, Knoblauch kann bei milder Hitze angeschwitzt oder bei heftiger Temperatur angeröstet, also angebräunt werden. Das Anschwitzen ist ein Garen ohne deutliche Aromaverschiebung, das Anbräunen von Gemüse bewirkt dagegen markante Veränderung. Im besten Fall entstehen Röstaromen, die später Ausdruck in Brühe, Sauce oder anderes bringen, zuckerhaltiges Gemüse läßt sich auch fein karamelisieren. Gerade bei Zwiebeln und Knoblauch führt zu hohe Temperatur aber meist zum Gegenteil: Bitterstoffe werden frei, die alles überlagern. Wie so oft beim Kochen ist eine Balance auch zwischen Anschwitzen und Anrösten möglich. Die muß aber trainiert werden.

***

Auferstehungsessen. Die Nacht war kurz oder garnicht, jedenfalls ungewöhnlich. Bundesweit üblich wäre jetzt sprudelndes Aspirin. Seeleute greifen gern zu süßem, schwarzem Kaffee, gewürzt mit etwas Zitronensaft. Die badische Küche geht mit den strapazierten Schleimhäuten schonender um. Zu den Klassikern, die nicht nur nach kurzer Nacht, sondern auch nach längerer Krankheit oder schwerer Konferenz wieder auf die Beine helfen, gelten alle sauber runtergekochten klaren Brühen; im Besonderen aber eine sorgfältig entfettete Geflügelbrühe. Überhaupt ist die klare Geflügelbrühe ein Therapeut erster Güte. Sie verströmt eine unaufgeregte Heiterkeit, sofern die Einlage zurückhaltend dosiert wurde. Ein Spritzer Zitrone, auch besagte zwei, drei Safranfäden verleihen zusätzliche Eleganz.

Wahrscheinlich löffeln Junggesellen deshalb so gerne eine klare, heiße Brühe. Tatsächlich alleinreisende Männer kann man weltweit daran erkennen, daß sie die Suppe zelebrieren, auch unter den schwierigen Bedingungen eines Bahnhofsrestaurants. Ein Teller heißer Suppe ist wie ein Anruf von zuhause. Irgendwie Mama.

Klare Brühen sind besonders sanft zum Magen, wenn sie aus leimhaltigem Material gekocht wurden. Vor allem Kalbsknochen, besonders der Kalbsfuß liefert so eine Brühe, die nach Gourmetkriterien zwar eine Spur zu leimig ausfällt, auf die Magenschleimhäute wirkt der Leimanteil einer Kalbsbrühe aber wie ein Samtüberzug.

Auch Nudelsuppe, Flädlesuppe, Grießklößchensuppe sind Auferstehungssuppen. Wobei die Grießklößchen, sofern sie mit Mark verfeinert wurden, schon stark in Richtung Hochzeitssuppe gehen. Auf der anderen Seite gelten auch die gebundenen Armensuppen, auf dem kargen Fundament eingebrannten Mehls gegründet und mit Brühe gelöscht, als solide Aufsteller. Kein Wunder, nach schwerer Nacht fühlt man sich ja nicht selten wie ein Obdachloser.

Auch eine leichte Nudel, eine unkomplizierte Pasta gilt als Auferstehungsgericht, besonders wenn unter die noch kochendheiße Pasta etwas Gorgonzola (oder Roquefort) gezogen wurde - jedenfalls ein fetter Halbfester mit viel Aroma. Der rasch zerfließende Käse rundet, puffert und stimmt milde. So werden aus einfachen Nudeln sanfte Tröster.

Ein suppig fließender Risotto gehört ebenfalls in die Klasse 'Helfender Teller' (man nimmt Rundkornreis der Sorte *Carnaroli*, der in der Schweiz nur die Hälfte kostet, bei der Migros circa 4 Fr. je Kilo in bester Qualität). Die unerläßliche Konzentration bei der Risottozubereitung spricht allerdings gegen eine Selbstmedikation. Glücklich, wer sein Auferstehungsgericht nicht selbst kochen muß.

Vgl. 'Suppen', 'Pasta'.

***

Apfelmost. Eignet sich hervorragend als Saucengrundlage, auch zum Verlängern vorhandener Saucen oder zum Ablöschen von Bratensatz. Apfelmostsaucen werden eine Spur molliger als reine Weinsaucen, sofern einfacher Weißwein verwendet wurde. Natürlich muß der Apfelmost genauso sorgfältig reduziert werden wie Wein. Alle Schmorgerichte mit Weißwein gelingen auch in Apfelmost (bzw. halb und halb), wobei der Apfelmosttrick darauf beruht, daß die Pektine und Extraktstoffe des Apfelmostes der späteren Sauce mehr Stand und Fülle geben als bei einer reinen Weinsauce, es sei denn, man verwendet eine Spät- oder Auslese (dazu später).

Apfelmost kann in vielen Fällen auch den klaren Fond ersetzen, der heute ja nicht mehr so selbstverständlich neben dem Herd wartet. Durchgegoren sollte der Most schon sein, sonst könnte man ja gleich Apfelsaft nehmen, was in wenigen Fällen und bei naturtrübem, gutem Saft mitunter auch ganz erstaunliche Verbesserung bringen kann. So läßt sich einer schwächlichen Tomatensauce (gerade beim Sugo zur Pasta oder zur Bolognese) mit einem vorsichtigen Schuß Apfelsaft ganz gewaltig auf die Sprünge helfen. Außerdem eignet sich Apfelmost vorzüglich, um einen milden Essig zu bereiten (vgl. dort).

Unteribental (im Dreisamtal bei Buchenbach): Klaus Jung verkauft seinen badischen Apfelcidre sortenrein und in diversen Cuvées, außerdem reinen Apfelmost, solchen mit Birnenzusatz und unvergorene Säfte (und natürlich auch Äpfel). Produktname: Calmund. Es werden nur einheimische Sorten aus Hochstammbeständen verwendet. Ibentalstraße 29, Tel. 07661-1602. Im Herbst wird guter frischer Apfelsaft auch auf dem Markt in Freiburg angeboten. Ansonsten zählen die Gebiete nördlich Freiburg, speziell das Glottertal und das Obstland um Freiamt, zu den Mostgegenden. Mancher Hof verkauft direkt.

***

Auslese. Auch eine in die Jahre gekommene, oder schlichtweg im Keller vergessene Auslese kann eine hervorragende Saucengrundlage abgeben. Ähnlich wie Sherry, Madeira oder Cognac, nur mehr Badisch. Ein Freund verwendet überhaupt nur Spätlesen und Auslesen zum Ablöschen in

der Pfanne. Snobismusvorwürfe kontert er mit dem - zu-
treffenden - Hinweis, eine durchschnittliche Spätlese sei
auch nicht teurer als zwei, drei Gläschen Fertigfonds, wie
sie von der kochenden Gattin gerne verwendet werden.

Saucen auf der Basis von hochklassigen Weinen verei-
nen Leichtigkeit mit konzentrierten Aromen, sie sind nicht
dick, sondern intensiv. Gerade bei mildem Gemüse, beim
Lamm und bei allen anderen Produkten, die von sich aus
nicht allzuviel zur Intensität einer Sauce beitragen können,
hilft ein fetter Wein mit seinem Extrakt weiter, zudem
kann auf das Aufmontieren mit Butter (erst recht auf Sahne) weitgehend verzichtet werden, weil bei der aromatischen Dichte des Weines keine weiteren Geschmacksträger
nötig sind. Meist reicht es, Kochsud oder Bratreste zusammen mit dem Wein zu reduzieren, etwas Butter oder Olivenöl dazu, abschmecken, heraus kommt pures Aroma.
Aus einem banalen Blumenkohl wird so - mit einer Grauburgunder Spätlese veredelt - eine festliche Beilage.

***

Ausstechen. Nicht nur Zuckerbrötle, auch Fleischragouts
können ausgestochen werden. Erst das Ausstechen schafft
die Voraussetzung zur Veredlung. Dies gilt für einen def-
tigen Gulasch ebenso wie für den Prototyp der feineren
Ragouts, das Ochsenschwanzragout. Nach dem Anbraten
und Fertiggaren kann das mehr oder minder versottene
Röstgemüse im Kombipack mitserviert werden, oder die
Ragoutstücke werden mit einer zweizinkigen Fleischgabel
Stück für Stück *ausgestochen* und vorübergehend beiseite
gelegt.

Erst wenn der zurückbleibende Urschlamm fleischfrei
ist, wird die Sauce veredelt: Passieren, reduzieren, entfetten, nachwürzen, zur Not auch binden. Dann kommt das
Ragout wieder zurück. Zeigen sich in der ausgestochenen,
passierten Sauce winzige schwarze Teilchen - sie sind am

besten in einem Suppenlöffel zu sehen - dann wurde anfangs zu stark angeröstet. Das Verbrannte erinnert nun in der Form flohgroßer Kohlestückchen an einen zu jähen Röstvorgang. Aromatisch betrachtet, wurden dabei auch ein paar Bitterstoffe mehr als nötig freigesetzt, aber die sind nun mal drin und können nur noch kaschiert werden. Im Verdachtsfalle wird man ein Ragout deshalb nicht ausstechen, sondern eher rustikal servieren. Also mit etwas grob gelassenem Bratbeiwerk, zumal die stundenlang mitgesottene, schier karamelisierte Möhre ja zu den feinen Derbheiten gehört, die manchem Gast grad so lieb sind wie die Hauptsache.

Ein ausgestochenes Ragout gehört immer zur feineren Art. Dies bedeutet auch, daß die Saucenkonsistenz exakter stimmen muß als beim Urragout, dem man instinktiv mehr durchgehen läßt. Jedenfalls sollte eine klassische Ragoutsauce auf dem Teller Haltung zeigen und sich nicht in Richtung Gulaschsuppe davonschleichen. Freilich auch keine Quetschfalten bilden.

***

Babys. „Babys ißt man nicht." Der Küchenmeister schaut ernst und er meint es auch so, und dann wird er grundsätzlich. Kleine Kinder gehören nicht in die Küche und schon garnicht in die Bratröhre: Die sprichwörtlichen 'kleinen Fische' sind auch geschmacklich oft eine Enttäuschung. Babysteinbutt war und ist ein kulinarischer Irrtum, ein Gastronomiegag. Nie übertrifft junger Hummer einen ausgewachsenen, armdicken. Milchlamm klingt schick, schmeckt aber nach wenig bis nichts. Minderjähriges Kalb, ohne modische Verkleidung, bleibt zart und fad (Kalbfleisch = Halbfleisch). Kleine Möhrchen mit grünem Bürzel, drollig wie ein Bommelmützle. „Man sollte warten, bis ein Produkt seine Größe hat", meint der Küchenmeister und er hat wohl recht.

Vermutlich werden viele der einst stattlichen Festtags-
gerichte heute schon deshalb in Bonsaiform angeboten,
weil sie weder in die geschrumpften Haushaltsherde, noch
zur modernen Familie passen, deren Mitglieder nicht mehr
an einen Tisch finden. Lammkeule, Rehrücken, Truthahn
und Gans, die ganze Poularde, der Hahn - alles Opfer der
fragmentierten Gesellschaft.

Wie so oft in der Küche haben aber auch Andersden-
kende gute Argumente. Sie reichen von den frischen Sar-
dinen über junge Tintenfische bis zum Fasan. Von Span-
ferkel und Zicklein über den ersten Löwenzahn bis zum
wilden Hasen, der bekanntlich als 'Dreiläufer' am besten
schmeckt. Also im zarten Alter von drei Monaten.

***

Backofen und Backblech. In Zeiten von Cerankochfeld
und Mikrowelle bleibt der Ofen immer öfter aus. Eigentlich schade, denn für die Renaissance des Backofens
spricht allein schon seine Eigenschaft als gutmütiger und
selbständiger Koch. Manches traditionelle Sonntagsgericht
(Kalbshaxe !) wird deshalb nicht gekocht, auch nicht gebraten, sondern 'geschoben'. In den Ofen geschoben, weil
andere Pflichten bis hin zum Kirchgang mit einer aufwendigen Zubereitung konkurrierten.

Die Formen der Andacht mögen sich mittlerweile ver-
ändert haben, aber auch ein frühes Bad im Baggersee oder
eine kleine Radtour gewinnt durch die Gewißheit, daß der
Ofen zuhause weiterarbeitet. Zum Beispiel an Huhn oder
Poularde: die liegt in Hälften geteilt und schön platt gemacht auf dem oberen Rost (nicht Blech), fertig gewürzt,
gut mit Öl einmassiert. Ein Stock tiefer, auf dem Backblech, tummeln sich Würfelkartoffeln, vermischt mit Gemüse der Zeit, dazu eine Kelle Brühe, Wein oder Apfelmost. Das vor sich hingarende Geflügel benetzt fortwäh-

rend die tieferliegenden Beilagen mit austretendem Saft, sehr zum Vorteil derselben. Hungrig heimkommen, dem Ofen danken.

„Das Backblech ist einfach eines der wichtigsten Küchengeräte", sagt der Küchenmeister. Deshalb gehören zu jedem Herd ein, zwei stabile, solid emaillierte Ofenbleche. Meist hilft nur Nachkaufen in einem guten Haushaltswarenladen, weil die als Grundausstattung mitgelieferten dünnen Alubleche allenfalls ein Notbehelf sind. Kein zweites Küchengerät bietet eine vergleichbar großzügige Fläche zum Garen. Da kommt keine noch so große Pfanne mit. Außerdem: ein Backblech mit Kartoffelgratin, nach Art der Biberschwanz-Dachziegel gelegt, macht kaum Arbeit, aber viel Eindruck und es schmeckt besser als die meisten hochkomplizierten Beilagen. Vorteil zwei ist ein pädagogischer: Die sehr geringe Höhe des Backblechs verhindert das typische deutsche Aufschichten und Vermischen von Speisen. Beim Backblech-Gratin kann es garnicht zum gefürchteten altdeutschen Auflauf kommen. Beim Auflauf gewinnt bekanntlich der Unterbau im Vergleich zur Kruste an Bedeutung und beim Gratin sind die Verhältnisse gerade andersherum. Auflauf sättigt, Gratin knistert.

***

Bärlauch. Gehört mit seinen maiglöckchenähnlichen, leicht glänzenden Blätter, die freilich nicht erst im Mai, sondern schon im März zwischen dem Laub erscheinen, zu den ersten wilden Würzkräutern des Frühlings. Bärlauch (auch Bärenlauch, Knoblauchrauke, lat.: *Allium ursinum*) wächst teppichweise an feuchten Laubwaldlichtungen und Waldsäumen, verwendet werden nur die zarten, jungen Blätter, die sich schon am Wuchsort durch einen starken, knoblauchartigen Duft verraten. Kleingeschnitten für Suppen, auch denkbar zu Fischsoßen (kurz abgebrüht

oder sautiert im Fond, oder mit etwas Crème fraîche aufmontiert). Auch in der kalten Küche ist Bärlauch überall
dort denkbar, wo Schnittlauch paßt, also - in ganz feine
Streifchen geschnitten - auch zu Quark oder nur so auf einem dunklen Butterbrot, wobei der Bärlauch etwas be-
stimmter auftritt als Schnittlauch. Auf Butterbrot harmoniert Bärlauch vorzüglich mit einer Unterlage von Radies-
chenscheiben.

Einkehren & Wandern

Einzelne Gasthäuser im **Wiesental und Umgegend** tragen um den
ersten Bärlauch auf der Karte kleine Privatrennen aus:

Die Mühle in Gersbach bei Schopfheim ist (trotz ihrer Höhenlage)
immer ganz zeitig dabei. Das ohnehin sehr engagierte Haus bietet
meist schon Ende März eine separate und sehr fein gekochte Fisch-
karte (Motto: 'Aus Flüssen und Seen - im Zeichen von Bärlauch').
Tel. 07620-9040-0, Fax: 9040-55. Komfortable, ruhige Gästezimmer. Auch Studios, hinter dem Restaurant eine neue Gartenterrasse.
RT: Di, Mi bis 15 Uhr.

Scharfer Konkurrent im Wettstreit um den ersten Bärlauch ist Glögg-
lers Weinstube in Schopfheim, Austraße 5, Tel. und Fax 07622-2167,
RT: Mi, So.

Überhaupt scheint die Region 'Unteres Wiesental-Hochrhein' vom
Bärlauchfieber am stärksten gepackt zu werden: Am Dinkelberg
südlich von Maulburg gibt es im April Exkursionen zum (blühenden)
Bärlauch, im schweizer Rheinfelden wird im März/April eine Bär-
lauchwurst auf der Basis von Weißwurstbrät angeboten: Metzgerei Stöckli, Geissgasse 9, Tel. 0041-61-8315477.

Ein letzter Gedanke pro Bärlauch: Solange es noch kein frisches
Basilikum gibt, geht auch Bärlauchpesto. Schmeckt himmlisch zu
selbstgemachten Nudeln.

***

Beifuß. Auch so ein Kraut, das mit der Zeitgeistküche ein
wenig in Vergessenheit geraten ist. Beifuß (wilder Wermut)
hilft mit seinen Bitterstoffen, fette Speisen besser verdau-
en. Ein klassischer Begleiter zu Gans, Ente und Schwei-

nekrustenbraten. Im Garten bildet Beifuß meterhohe, wuchernde Stauden, im Handel sind die unterseitig leicht filzig, haarigen Blätter und Knospen meistens nur getrocknet und gerebelt zu bekommen, in dieser Form leider schier aromalos. Wenn, dann frisch.

Einkaufen: Mittlerweile führen ja die meisten Gärtnereien ein erweitertes Sortiment an Küchenkräutern, mancher Betrieb empfiehlt sich dem Kräuterfreund darüberhinaus wegen seines liebevoll gepflegten Sortiments mit Raritäten. So z.B. die kleine, aber überaus fein sortierte Staudengärtnerei Sprich in Kandern: umfangreiches Sortiment an Blütenstauden (Spezialität 'Storchschnabel') und ein besonders vielfältiges Kräuternquartier. Darin auch interessante Varietäten wie frosthartar Rosmarin, diverse Salbeizüchtungen, fünf Sorten Oreganum, 19(!) verschiedene Minzesorten. Ansprechender Betrieb, sachkundig geführt, in der Saison einen weiteren Ausflug wert. Papierweg 20 (an der Kander, nahe dem Fußballplatz, beschildert). Sortenliste gegen 5 Mark Schutzgebühr, Tel. 07626-6855.

***

Bild. „Egal, was man kocht, es muß immer ein Bild geben, sonst ist es nur Dreck." So drastisch spricht der Küchenmeister. Tatsächlich kann schon ein wenig optisches Vorausdenken manchen Unrat auf dem Teller verhindern: Ein Glasteller mit bunten Salaten in einer Soßenpfütze gibt kein Bild. Weißes Porzellan mit grünen, ölschimmernden Blattsalaten gibt ein Bild. Braunes Schnitzel in brauner Soße gibt kein Bild, ein kastanienbraun Paniertes, das mit einem Auge aus Zitronenscheibe und einer Pupille aus Sardellenfilet und Olive zum Verzehr bittet - eine bildschöne Vorstellung. Selbst die schwierige Frage nach dem richtigen Einsatz von weißem und schwarzem Pfeffer ist leichter zu entscheiden, wenn optisch gedacht wird: Gemörserter weißer Pfeffer wirkt auf dunklem Untergrund anregender, der kräftigere Schwarze paßt auch aromatisch zu vielem Hellen besser. Eingemachtes Kalbfleisch mit weißem Pfeffer geht nicht.

Bei manchen Gerichten entscheidet schon ein winziger Unterschied über Bild oder Unfall. Kutteln, Leberle, erst recht die Gulaschsuppe kann unheilvolle Gedanken auslösen. Eigentlich braucht jede indifferente Masse, die mit einer Kelle geschöpft werden kann, einen kleinen Kontrapunkt. Wie bei der Kleidung, nur Munkelebraun sieht ja auch nicht aus. Oft helfen schon ein, zwei Knöpfe, die im Falle der Gulaschsuppe schnell dran wären: Etwas frische Paprika, grün-rot, streichholzdünn geschnitten.

Keine Lösung nirgendwo ist dagegen das beliebte Häubchen aus der Dose. Wie die weiße Socke in der Herrenmode blökt der aufgesprühte Sahnebürzel: Hoppla, hier stehe ich und kann nicht anders.

Bilder aus einer alten Freiburger Bürgerküche: Der Schüttstein war aus rotem Sandstein, wie das Münster. An seinen stumpfen Kanten wurde auch mal ein Messer gewetzt. Auf dem Fensterbrett Näpfe mit Scheuersand und Soda, draußen in Blumentöpfen Schnittlauch, der mit Kaffeesatz gedüngt wurde. Gefeuert wurde mit Buchenscheiten, das Anfeuerholz für den Morgen wurde in der Backröhre vorgewärmt. Für schnelle Hitze am Morgen sorgten Tannenzapfen, in der Innenstadt gab es eigene Ausrufer dafür. Am Samstag nach der Schule wurde der Holzrahmen der Schiefertafel mit Sand gefegt und der kleine Lappen gewaschen, der zusammen mit dem Schwamm an einer Schnur hing. Das lebende Geflügel kam in Körben ins Haus, Lieferanten blieben auf einen Schluck. Die felligen Läufe der geschlachteten Hasen waren bei Schulkindern besonders beliebt, sie konnten damit Radiergummiwürmle vom Blatt wischen. Bilder wie vom Märchenonkel, tatsächlich aber Vorkriegszenen, wie sie von Franz Schneller festgehalten wurden; in seiner gastronomischen Revue 'Zu Tisch zwischen Schwarzwald und Vogesen'.

Ein paar Jahre später begann der Siegeszug von Resopal und Sahnehäubchen. Mit der Entwicklung zur Fünf-Mi-

nuten-Küche waren freilich auch die Fundamente der Ge-
genbewegung gelegt. Bereits 1982 schrieb Otl Aicher in seinem Standardwerk 'Die Küche zum Kochen' von der neu
erwachten Freude am Haushalten, besonders von jenem in
der Küche: „Dieser Kreislauf der Hauswirtschaft bringt
Sinn ins Leben. Man muß weniger Psychotherapeuten
aufsuchen."

***

Blutwurst. Als Schwester von Leberwurst und Sauerkraut,
im Kontext der Schlachtplatte schlichtweg unverzichtbar.
Ansonsten eine wenig geachtete Spezialität, die wegen ihres unprätentiösen, bisweilen auch billigen Auftritts einfach nicht mehr die Achtung bekommt, die ihr zustünde.
Dann und wann versuchen Edelrestaurateure mit homöopathischer Dosis und artifizieller Zurichtung mit Hilfe der
Blutwurst Eindruck zu erheischen, doch dies schmeckt
nach Manier. Blutwurst braucht Heimat. Dazu fällt mir
noch der gute Gerhard Polt ein: „Es gibt einen gewissen
Geruch, den meidet die Schickeria. Vom Geruch her kann
man eine Toilette so gestalten, daß sie eine Hemmschwelle
für gewisse Schickerialeute wird." Polt empfiehlt Pissoir-
kugeln.
   Der 'Verein zur Förderung des Ansehens der Blut- und
Leberwürste' (VBL), domiziliert in Baden/Schweiz, hat für
seine Mitglieder Kriterien ausgearbeitet, nach denen die
prallen Schwestern bei Degustationen verkostet werden.
Zur Blutwurst bemerkt der VBL: „Zuviel Rahm verdeckt
die Aromen, übermäßige Feinheit macht die Wurst lang-
weilig. Man kann bei Bedarf Rinderblut zugeben, aber
maximal die Hälfte (...). Fettblasen und Böllennester sind
höchstens an den Zipfeln angebracht. Beim Anstechen
darf die Wurst spritzen, aber nicht in einem Fettsee baden
gehen. Schweinedarm und Schnüre (anstatt Metallab-
klemmer) verdienen besonderes Lob. Selbstverständlich

muß die Wurst kunst- und artgerecht präsentiert sein, d.h.
ohne Sprung, richtig temperiert und freundlichen Antlit-
zes (prall ohne Runzeln)." Kontakt: VBL, Tel. 0041-56-
2 22 15 77.

Eimeldingen: Metzgerei Senn, Hauptstraße 28 (an der B3), Tel.
07621-6 25 98. Gute Blut- und Leberwurst aus traditioneller Hausschlachtung, Schwartenmagen wie früher, saubere Wurst, bisweilen Fleisch vom Hinterwälder Vieh, bei Interesse auch Extrawürste
(direkt beim ungemein kooperativen Chef anmelden).

***

Bodenständig. Die sogenannte bodenständige Küche wird
seit ihrer Kindheit mißbraucht. Mit einem ähnlichen
Schicksal haben zu kämpfen: gutbürgerlich, hausgemacht.
Der Boden, in dem das regionale, ach so grundehrliche
Gericht angeblich gründet, gleicht häufig einem Sumpf aus
Gewinnsucht und Bequemlichkeit. Von der Wurstsalat- bis
zur Lammrückengastronomie heimattümelt es mittlerweile
flächendeckend. Das Regionale trägt Heiligenschein. Die
Botschaft hört man wohl, aber längst fehlt das Wissen.
   Bodenständig, das wäre zum Beispiel ein badisches Ochsenfleisch mit frischem Meerrettich und allem, was dazu-
gehört. Also: separate Schälchen mit dreierlei Wurzel-
salaten - Rettich, rote Rahnen, Sellerie. Dazu eindeutige
Akzente, etwas Scharfes wie Kresse, Saures wie Senfgurke,
Süßsaures wie eingelegte Zwetschgen oder Kürbis, eventuell auch Süßes wie Preiselbeeren. Aber wo gibt es sowas?
Wo gibt es noch einen frischen *lauwarmen* Kartoffelsalat,
der mit einem Hauch Estragon durchflochten wurde, wie
es einmal üblich war? Wo sind sie geblieben, die tatsächlich bodenständigen Gerichte. Die ganze, die *geschlossene*
Kalbshaxe, deren Aroma rundum von glasig gewordener
Haut umschlossen wird. Wo steht Schlachtplatte *komplett*
auf der Karte, also mit Kartoffel- *und* Erbsenpürree, mit
Blutwurst, Leberwurst und den anderen Sauereien, wie

Kesselfleisch, Wädli, Schwänzli, Bäckli, Schnörrli, Öhrli -
um nur einige zu nennen.

  Wo gibt es Holzofenbrot und Landbutter nach den Regeln der Kunst und nicht nach denen des Profits, dazu vielleicht einen handwarmen Löwenzahnsalat, danach ein
ganzer Hahn wie früher. Also zuerst gekocht, dann angebraten, was besser schmeckt als alles Modegeflügel aus der
Volière. Danach - zum Zähneputzen - vielleicht noch etwas Obst vom Stamm nebenan und ausnahmsweise mal
keine Dessertvariationen, deren Strickmuster an das Spit-
zendeckchen auf Omas Nachttisch erinnert.

  Dann doch lieber einen luftigen Apfelkuchen, der mit
fünfmarkstückdünnen Boskopschnitzen belegt wurde.
Oder Biskuitherzen, und zum Tunken frisches Hagebut-
tenmark (Hägemark). Das wäre bodenständig, und was
gibt's? Mousse von Dings an Sorbet von Bums. Wenn Tradition zurückschlagen könnte.

Bodenständige Einkehren

Ein gutes dutzendmal Einkehren, bodenständig ohne Sterne- und
Erschwerniszuschlag. Reihenfolge ohne Wertung, von N nach S:

Krone, Freiamt-Mußbach. Küche höchst erfreulich, Preise dito. Tel.
07645-227, wochentags nur abends geöffnet, Sa und So auch mittags. RT: Mi. (Vgl. hierzu auch Hinweise an anderer Stelle.)

Gasthaus Kaiserstuhl, Nimburg, Breisacherstr. 17. Ganz einfach,
aber recht gut. Tel. 07663-2261, RT: So, Mi und Do, sonst ab 18
Uhr.

Schiesselhof, Grafenhausen-Rippoldsried (östlich vom Schluchsee).
Ein Land-Gast-Hof im Wortsinne! Fleisch aus eigener Landwirtschaft,
Gemüse und Salat aus dem Garten, Rahm und Butter von der eigenen Milch. Geöffnet Freitag, Samstag, Sonn- und Feiertage, jeweils
ab 10.30 Uhr. Kleine Sonnenterrasse, Wandergegend. Ferienappar-
tements, herrliche Lage auf einer Hochebene. Tel. 07748-9204-0.

Schlegelhof, Kirchzarten/Burg-Höfen. Freundlich, bürgerlich, ap-
petitlich. Tel. 07661-5051, ab 16 Uhr, sonn- und feiertags ab 11 Uhr.
RT: Mi.

Hirschen, Merzhausen. Freiburg leuchtet - im Komödienstadel mit Brägele. Weinberankter Wirtsgarten, Tratsch aus erster Hand. Tel. 0761-402204, ab 17 Uhr. RT: So und Mo.

Rössle, St. Ulrich. Beschauliche Landschaft, Wirtschaft und Kundschaft. Tel. 07602-252. RT: Mo und Di.

Rebstock, Scherzingen. Robuste Landgaststätte mit imposanter Vesperkarte, Brägeleparadies. Knusperschnitzel, beachtliche Weinauswahl, frische Bedienung, Tel. 07664-60598, ab 17 Uhr, RT: Mi.

Adler, Offnadingen. Tel. 07633-33 32. RT: Fr, werktags ab 17 Uhr, Sonntags auch mittags. Grundsolide Landschenke in der Ripple-Schnitzel-Leberle Klasse. Bester Kartoffelsalat südlich der Dreisam (Portion 3 Mark). Stimmiges Gesamtambiente.

Krone, Müllheim-Zunzingen. Behaglich vespern, Mittwoch- und Donnerstagabend warme Extras (Mi: Schäufele, Bauernwürste; Do: Schnitzel, nur solange Vorrat). Tel. 07631-2984, geöffnet ab 15 Uhr, So ab 11 Uhr. Gartenterrasse, RT: Di.

Hirschen, Schliengen-Obereggenen. Stattliche, wenngleich derbe Portionen, manchmal Brot aus dem Kachelofen. Tel. 07635-13 72, geöffnet ab 17 Uhr, Mi und So auch mittags. RT: Mo.

Hirschen, Kandern-Egerten. Der bekannteste Geheimtip südlich der Kander. Immer voll, immer gut. Tel. 07626-388. Öffnungszeiten: DiMiDoSa abends; am Samstag auch über Mittag.

Zum Bad in CH-Basel/Schönenbuch, Brunngasse 2 (im Dorf, unterhalb der Kirche), Tel. 0041-61-4811363. Hochsolide bürgerliche Küche ohne bünzlihafte Anmutung, angenehmer Traditionsgastraum. RT: Do, Fr und Sa-mittag.

A la Source de la Largue in F-Oberlargue (im tiefsten Sundgau - von Ferrette auf der D 432 nach Winkel, hinter Winkel auf die D 41 nach Oberlargue abbiegen). Eines der letzten Relikte in der Klasse grundehrlicher, unverdorbener Familienbetrieb auf dem Lande. Zum Abendessen und am Wochenende unbedingt reservieren: Tel. 0033-390408510. RT: Di-abend und Mi.

Kuchentip an der Gotthardstrecke: Bäckerei Rieser, CH-Göschenen, Gotthardstraße (an einer scharfen Kurve, direkt in der alten Ortsdurchfahrt), Tel. 0041-41-8850010. Wunderbare Apfelwaien direkt vom warmen Blech, beste Aprikosenwaien der Innerschweiz (von frischen Früchten aus dem Wallis, nur in der Aprikosenzeit).

***

Braten & Brägeln. Erfahrene Köche beklagen zurecht, daß sich heute fast jeder Weißkittel an einer beidhändig geschlagenen Mousse versucht, bevor er das Anbraten beherrscht. Aber die effektiven Grundschläge werden ja nicht nur in der Küche, sondern auch in der Gesellschaft mehr und mehr von überrissenen Faxen verdrängt. Richtig anbraten, heißt brutal anbraten. Eins überbraten halt. Also Angst und Schuldgefühle ablegen. Die klinisch saubere Hausfrauenküche, in der ein Fettspritzer als Sünde gilt, ist der Feind aller Bratkunst. Pfannen, besonders aber Bräter mit hohem Rand verhindern das Schlimmste. Flache Pfannen sind zum brutalen Anbraten weniger geeignet.

Braten bedeutet zunächst einmal, viel Hitze auf wenig Oberfläche bringen. Dazu muß das Öl oder Fett bis zum Anschlag erhitzt werden. „Voll renne lasse", wie der Küchenmeister sagt, ist Gefühls- und Erfahrungssache. Zu den bleibenden Eindrücken beim Beobachten von Küchenprofis gehört jedenfalls, wie diese ihre Pfannen auf voller Flamme bis zum Rauchpunkt rennen lassen. Erst dann wird wenig und gut abgetupftes Bratgut mit reichlich Abstand zueinander eingelegt. Nichts bewegen, bloß nicht zu früh wenden, Seite für Seite bräunen lassen. Beim jähen Angriff der Hitze ist Tumult unvermeidlich. Wenn sich Flüssigkeit in der Pfanne sammelt und aus dem Braten ein Schmoren wird, ist die Schlacht verloren. Häufigster Grund für die Niederlage: zuviel Angst, zuviel Material, zu wenig Hitze. Also zurück auf Los und nochmal von vorne. Anbraten ist eine Handwerkstechnik, die man sich nur mit Wiederholungen aneignen kann. Anbraten in Butter läuft anders als in Öl, Pfannen reagieren unterschiedlich, Eiweiß auch. Ein Zanderfilet reagiert anders als ein Schweinekotelett. Also üben, üben, üben. Gut angebraten ist so ähnlich wie ein satter Aufschlag; der kommt auch nicht über Nacht.

Wichtigstes Werkzeug beim Anbraten: Eine solide Pfanne, mit schwerem Boden. Modernes Gerät wird heu-

te aus Aluminiumguß gefertigt, der ist dauerhaft und ein
hervorragender Wärmeleiter. Profipfannen aus Aluguß gibt
es auch mit extrem haltbarer Anti-Haftbeschichtung. Keine Widerrede, auch Profis vertrauen auf die Nachfolger
von Teflon & Co. Anders ließe sich Zartes wie Bries, Leber oder edler Fisch kaum bräunen, ohne festzukleben.
Wer einmal mit einer beschichteten, dickbödigen Aluguß-
pfanne gearbeitet hat, bleibt dabei. Dazu noch eine klassische Eisenpfanne zum beschaulichen Brägeln von Kartoffeln und Sie sind bestens gerüstet. Vgl. Kapitel 'Küchenwerkzeug'.

Brägeln heißt schriftdeutsch etwa 'gemütlich braten', so
rumbräteln halt. Brägeln heißt Zeit haben. Bei typischer
Anwendung führt das Brägeln zu 'Brägele'. Eine Speise,
die mit Bratkartoffeln nur schlecht übersetzt ist. Brägele
haben Symbolcharakter. Gelungene Brägele zeugen von
einer Einstellung zum Material, die selten geworden ist:
Aus Einfachem das Beste machen. Brägele sind Weltan-
schauung und zwischen Brägele und angebratenen Kartoffeln liegen Welten.

Rezept - Brägele: Brägele *nehmen allmählich Farbe an, verlie-*
ren Flüssigkeit, karamelisieren in der Pfanne, verpuppen sich zu
jener Krustigkeit, die den Genuß erst ausmacht. Als Ausgangs-
ware dienen gekochte, restlos ausgekühlte Schalenkartoffeln (ga-
stronomiedeutsch für 'Pellkartoffeln'). Kartoffeln, die unbedingt,
wiederhole unbedingt, eine Nacht liegen müssen ('vorgängige'
Kartoffeln, wie es in der Schweiz heißt). Das Brägeln mit frisch
gekochten Kartoffeln muß scheitern, weil die warme Kartoffel-
stärke klebt, die kalte dagegen nicht. Nur dünnster Schnitt oder
die Raffelung ausruhter Ware garantiert ein erfreuliches Ende.
Wobei grundsätzlich unterschieden wird: Gescheibelte Kartoffeln
geben Brägele, geraffelte oder gestiftete werden zur Rösti (vgl.
dort).

Ebenso wichtig beim Brägeln: Eine eingefahrene Eisenpfanne,
die nur mechanische, aber nie im Leben chemische Spülmittel ge-

sehen hat. Eine Pfanne, deren Bratverhalten einem ebenso vertraut ist wie das Fahrverhalten des geliebten Rennrades. Im Gegensatz zu Bratkartoffeln werden Brägele nur einmal gewendet. Also nicht in der Pfanne herumjagen, sondern eine Seite fertigbrägeln und erst dann den allenfalls fingerdicken Pfanneninhalt möglichst in einem Rutsch wenden, was gewisses Training erfordert (mit Hilfe von zwei Tellern zunächst in Gegenlage stürzen). Auch beim Wenden größerer Mengen nicht fahrig in der Pfanne herumstochern, sondern immer ganze Partien umwenden. Umspaten, nicht rumhäckeln.

Schmalz, besonders solches von der Gans, gilt als klassisches Brägelefett. Das gibt zwar ordentlich Farbe, schmeckt aber altmodisch und schwer. Auch mit Butter oder Butterschmalz, mit Olivenöl, vor allem aber mit einem guten, kaltgepreßten Rapsöl gelingen Brägele wunderbar: sie bekommen vom heißen Rapsöl eine schier unglaubliche Kruste und sind dennoch von erstaunlicher Leichte (Rapsöl von der Ölmühle Walz in Oberkirch, vgl. 'Öl'). Zwiebel und Speck werden von Puristen abgelehnt. Tatsächlich dienen Extras meist nur der Kaschierung ungenügender Brattechnik oder minderwertiger Ausgangsware. Außerdem ist die Zwiebel längst schwarz und bitter, bevor die Kruste steht. Küchenkräuter werden, wenn überhaupt, nur kurz vor Schluß zugegeben. Rosmarin oder eine Paprizierung mit etwas Chili kann ein anregendes Finish geben.

Rezept - Rohgebrägelte: Rohgebrägelte *sind eine der unzähligen Lokalvarianten ('Berner' vs. 'Zürcher Rösti' vgl. unter 'Rösti'). Rohgebrägelte gelingen am besten mit alten, überjährigen Kartoffeln. Die rohen Scheibchen oder die geraffelten Stifte haften übrigens weniger am Pfannengrund, wenn sie vor dem Braten kurz abgeduscht werden, wodurch Stärke abgespült wird. Eine einzentimeterdicke Lage in der Pfanne genügt, dünn schmeckt besser. Das Garen der rohen Mitte gelingt am besten, wenn zeitweise mit geschlossener Pfanne (Glasdeckel) gebrägelt wird. Wobei dann ein Mittelweg zwischen Dünsten im Pfannenhimmel und Braten auf dem Pfannenboden eingeschlagen wird. Gefühl für Timing ist bei Rohgebrägelten besonders wichtig. Ab und zu muß*

man Wasserdampf ablassen oder den Deckel ganz entfernen,
sonst verliert die Kruste an Stand. Auch hier nur einmal wen-
den. Sonst hieße es ja nicht Gebrägelte, sondern Gejagte.

***

Brennessel. Unter Feinschmeckern hat es die Namenspa-
tronin des naturnahen Einzelhandels nicht weit gebracht.
Dennoch besitzt die Brennessel eine kulinarische Funktion, die leider etwas in Vergessenheit geraten ist: Flußkrebse, die sich in stehendem Wasser kaum einen halben Tag
halten, bleiben in einem zugedeckten (Weiden-)Korb mit
feuchten Brennesseln mindestens zwei Tage lang frisch.

***

Brot & Leid. Der Niedergang des Backhandwerks scheint
auf beiden Seiten des Rheins unaufhaltsam. Als 'Schim-
pansenbäckerei' wird das Tütenaufreißen und Anrühren
fertiger Teigmischungen in der Branche mittlerweile ver-
spottet - eben weil die Arbeit auch von einem dressierten
Affen erledigt werden könnte. „Im Vergleich zum Brot
sind Pommes frites ein naturbelassenes Produkt", meint
der Lebensmittelchemiker Udo Pollmer.
    Auch in Frankreich schmerzt diese Entwicklung, weil mit
dem ordentlich gebackenen Baguette ein Symbol des unkomplizierten, dennoch genußvollen Essens untergeht.
Mehr noch, mit gutem Brot verschwinden auch andere
Primärtugenden. Die Endstation kulinarischer Verwahr-
losung offenbart sich seit einiger Zeit an den französischen
Autobahnraststätten: gallenbitterer Espresso, eine dünne
Plörre namens Café au Lait - beides nur noch aus dem Au-
tomaten. Statt belegter Baguettes gibt es lächerliche Nach-
bildungen amerikanischer Sandwichs, die in einem trans-
parenten Kunststoffsarg der humanen Entsorgung entgegen schlummern. Wir kommen überall hin, aber lohnt es
sich noch anzukommen?

Einkaufen

Freiburg: Marktstand von Frau Christa Merz vom Vogtshof im Wildtal. Jeden Do und Sa - auf der linken Seite zwischen Münster und Stadtbibliothek. Das beste Bauernbrot vom Markt, wunderbar leicht und aromatisch, die passende Landbutter dazu hat Frau Merz auch dabei.

Münsterplatzmarkt Südseite, Le Panier Nature. Kleiner Stand auf der Höhe des historischen Kaufhauses, Di und Fr mit einwandfreiem Baguette.

Brotboutique Faller, Filiale Bertoldstraße. Hauptgeschäft Schwarzwaldstraße 98. Große Auswahl an sauber gebackenem Schnitzer-Brot, am gelungensten darunter das runde (frei geschossene) Roggen-Sauerteigbrot (immer Do, Fr frisch, sollte aber ein paar Tage liegen).

Kickerbrot und nachgestricktes Ciabatta an jeder Ecke, aber versuchen Sie mal, in Freiburg ein gutes Baguette zu bekommen. Nicht die ärgerlichen Nachbauten, die sich schon am Abend wie Styropor anfassen; einfach ein gutes Baguette, eines ohne Noppen am Boden. Der Ausweg:

Hofsgrund, Bäckerei/Café Lorenz: Brötchen, nein Schrippen wie zu alten Zeiten. Nicht aufgeblasen und geschmacksfrei, sondern klein und aromatisch, keine zwanzig belanglosen Sorten, sondern zwei drei gute. (Strecke Oberried - Schauinsland, die Bäckerei im 60er Jahre Stil liegt direkt an der Lift-Talstation.)

Waldkirch: Bäckerei Klemens Herr. Hervorragendes Brotsortiment, darunter auch ohne Backmittel hergestellte Brote aus biologisch angebauten Korn (Elzkorn), frischvermahlen. Echtes Sauerteigbrot, gutes Fladenbrot (mit Olivenöl und Rosmarin), saubere Obstkuchen und Kirschplotzer. Vorbildliche Kennzeichnung aller Brotsorten. Herausragend und weit und breit ohne Konkurrenz sind die knusprigen Laugenbrezeln, die sich löblich von den lächerlichen Imitaten abheben, die im Südwesten mittlerweile flächendeckend vorherrschen. Eine Wonnebäckerei. Marktplatz 10, Tel. 07681-62 10

Versand/Freiburg/München: Sauerteigvollkornbrot und andere Klassiker (fast zwanzig Sorten) der Hofpfisterei in München gibt's bei Deli-Stähle in Freiburg, Herrenstraße (jeden Mi kommt eine frische Lieferung, die Brote halten eine Woche). Oder im Direktversand - Versandtag ist jede Woche Di, per Post- oder Paketdienst. Sortimentsliste und Bestellung: 089-5202-208, Fax 207.

Basel: Bio Andreas, Innenstadt am Andreasplatz 14 - mit kleinem Café, ganz hinten in der Ecke neben Restaurant Roter Engel. Außerdem ein Stand täglich auf dem Marktplatz (direkt an der Tramhaltestelle, auch nachmittags). Der basler Holzofenbäcker mit einer breiten Auswahl produziert aus biologischem Getreide, auch interessante Spezialitäten wie Fladenbrot mit Oliven, Safran etc., alles sehr schmackhaft, freilich zu schmerzhaften Preisen.

Bäckerei Sutter. Auch aus einer Großbäckerei mit zahlreichen Filialen kann hervorragendes Brot kommen. So bietet Sutter ein längliches Stangenbrot namens 'Paillasse' an. Das helle Weizenbrot mit dunkler fester Kruste wird nach traditioneller Art mit langer Teigruhe und schonender Teigführung produziert (Weizen- und Malzmehl, Salz Hefe , keine Zusatzstoffe) - erstklassig. Auch andere Produkte der Bäckerei fallen weit überdurchschnittlich aus, darunter Ciabatta, Wurstwecken, Blätterteig. Diverse Filialen in der Innenstadt, u.a. neben Globus (Richtung Mittlere Brücke, mit Café) und in der Spalenvorstadt 3.

Mulhouse: Armand Diebold. 'Der' Baguette-Bäcker von Mulhouse. Auch das Miche (runde Weißbrotlaibe) und die Brötchen (aus Baguetteteig) sind überdurchschnittlich. Diebold hat zwei Verkaufsstellen: 18, pl. de la Réunion und - weniger in Lauflage - das Hauptgeschäft mit der Bäckerei in Mulhouse-Drouot, 9, rue de Provence (von Chalampé kommend direkt am Mulhouse-Ortsschild abbiegen, ausgeschildert, nahe bei den Kasernen des Drouot-Viertels), Sa.nachmittag/So geschlossen. Die Nachfrage nach Diebold-Baguette ist an Wochenenden erheblich, manche Kunden verlassen den Laden mit abgewinkelten Ellenbogen, an Samstagen sichert nur frühes Erscheinen volle Auswahl, aber es lohnt sich.

'Der' Marktbäcker und Holzofenmeister von Mulhouse heißt Antoine Dangel. Stand mit großen Laiben (Do/Sa) am Eingang der gedeckten Markthalle. Die Bäckerei ist in Bendorf, im tiefen Sundgau.

Mulhouse-Riedisheim, Mi-Markt: Boulanger Anton aus Belfort, Stand neben dem schnurrbärtigen bretonischen Metzgermeister gleich in der ersten Reihe parallel zur Straße. Ausgezeichnetes Baguette und wer's mag: pain aux noix (Baguette mit Walnüssen).

Colmar: Boulanger Leonard Helmstetter. Die Bäckerei in der Altstadt nahe dem Münster, mit Teestube, Rue des Serruriers, 11-13.

Boulangerie Christiane Kirstetter, 72, Grand Rue (direkt gegenüber der Bushaltestelle Marché aux fruits). Feines Baguette und Croissants, mit Teestube (serviert wird auch die übliche Königinpastete).

Boulanger Maurice Koos, außerhalb der Altstadt am Josephsplatz (wo am Sa der schöne Markt stattfindet), 5, pl. Saint Joseph (auf der linken Seite der Kirche). Ebenfalls ausgezeichnete Croissants und Flammenkuchen.

Do und Sa auf den Märkten in Colmar: Joseph Ley. Sehr feine Mischbrote (darunter auch ein dunkles Kastenbrot aus Biolmehl).

Demeter-Boulangerie Turlupain (Luc und Muriel Reuiller aus Orbey, 97, rue Tannach): bestes Dinkel- und Weizenbrot vom Holzofen.

Belfort/Markt: In der wunderbaren Markthalle (vgl. 'Märkte') gibt es Sa. am Stand der Boulangerie Demeusy normsetzendes Baguette.

Straßburg/Marché des producteurs (vgl. dort): ein außergewöhnlich gutes, rundes helles Brot am kleinen Stand von Joël, direkt an der Ill (neben der einen Sorte Brot gibt es am Stand nur noch Speck und Schinkenspeck).

***

Brunnenkresse. Das unterschätzte Salatkraut wächst wild an Quellen, feuchten Gräben und am Ufer bewegter, kühler Gewässer. Wie so oft bei Wildkräutern lohnt es, einen eigenen Standort auszukundschaften und diesem die Treue zu halten. In den Kanälen des elsässer Ried wuchert die Pflanze im Sommer teppichweit und muß mit eigens ausgerüsteten Booten gemäht werden. Am besten schmeckt Brunnenkresse im zeitigen Frühjahr; bei blühenden Pflanzen (Blüte: ab Mai bis August) werden die Blätter wegen des hohen Gehalts an Senföl sehr scharf. Seit einigen Jahren wird auch eine mildere Zuchtform der Brunnenkresse angeboten, zunächst auf Märkten im Elsaß, jetzt auch bei uns in Feinkostläden.

Ein Zusatz von Brunnenkresse gibt einem lapidaren Blattsalat mehr Schärfe. Ähnlich wurde früher auch beim Spinat verfahren, dem so etwas von seiner basischen Mattheit genommen wurde. Brunnenkresse ist natürlich auch pur möglich, nur angemacht mit einer Nußöl-Zitronen-

vinaigrette. Ein solcher Brunnenkressesalat paßt perfekt -
als einzige Beilage neben Weißbrot - zu einem jungen
Hähnchen aus dem Ofen.

***

Brühe. „Braune Brühe zu Suppen und auch zu verschiedenen Saucen zu gebrauchen" ist das erste von 1075 Rezepten im Freiburger Kochbuch der Crescentia Bohrer von
1836. Auch in der französischen Küche des 18. Jahrhunderts wurde Fleisch - sofern vorhanden - zu zwei Dritteln
zur Bereitung von Kraftbrühen verwandt. Bis heute ist
eine gute Brühe eines der wenigen, allgemein anerkannten
kulinarischen Fundamente. Und wie so oft, erst wenn die
gute Seele einer gepflegten Küche nicht mehr da ist, merkt
man, was man an ihr hatte. Bezeichnend, daß die gekörnte
Brühe in der Profiküche 'Maria Hilf' gerufen wird.
    Eine Brühe entsteht durch Auslaugen. Die Produktions-
mittel werden, nachdem sie ihr Bestes gegeben haben und
völlig fertig sind, schnöde ausrangiert. Da drängt sich ein
Vergleich mit dem Frühkapitalismus tatsächlich auf, wie
ihn Klaus Stein in einem küchenphilosophischen Essay
anstellt (Geheimnisse aus der Küche, Insel Taschenbuch
Nr. 1878). Andererseits hat die postmoderne Nahrungs-
industrie das Auslaugen ihrer Produktionsmittel längst
überwunden. Heute enthält ein Päckchen Hühnersuppe
für vier Personen gerade mal zwei Gramm 'Trockenhuhn',
was sieben Gramm 'Naßhuhn' entspricht. Dank 'natur-
identischer Aromastoffe' duftet eine Tütensuppe dennoch
intensiver als die selbstgezogene Brühe aus dem kilo-
schweren Suppenhuhn.
    Gut siebentausend solcher Geschmäckle sind heute lie-
ferbar, allen fehlt freilich die Tiefenstruktur des Natürlichen. Vielleicht sind die 'naturidentischen' Moleküle einfach zu dick, um an unsere geheimsten Stellen vorzudrin-

gen. So stehen die künstlichen Aromen hinsichtlich ihrer emotionalen Qualität auf einer Stufe mit der Karibik-Fototapete im Sauna-Ruheraum.

Alle Grundkochbücher überbieten sich seit Jahr und Tag mit akribischen Schilderungen zur Brühenbereitung, wobei das Wichtigste in einen Satz paßt: „Die Brühe soll lächeln, nicht kochen". Kalt ansetzen, bei kleiner Flamme lächelnd vor sich hinsimmern lassen und keinen Umtrieb im Kochtopf veranstalten, sonst wird das Resultat matt, stumpf und trübe. Auch die weiteren Schritte, Entschäumen, Entfetten, Klären müssen mit Sorgfalt geschehen. Eine Brühe merkt sich alles. Gewürzt werden Brühen wie auch Fonds in der Profiküche erst unmittelbar vor dem Finish. So bleiben alle Optionen der Verwendung offen.

Der Niedergang der Suppenküche auch in den großen Häusern ging einher mit dem Aufstieg der Fleisch- und Saucenköche, der Sauciers. Die bekommen das beste Material, bekommen Zeit und Lob. Für den Potager, den Suppenkoch, bleibt der billige Rest. Dabei erfordert eine gute Suppe Einsatz und Können wie jedes andere Luxusgericht. Restaurants, die statt einer ordentlichen Brühe Aufgeblasenes wie das 'Schaumsüppchen vom Tage' anbieten, richten sich selbst. Im Grunde hängt ja auch das Verschwinden der häuslichen Suppenschüssel mit den steigenden Scheidungsraten zusammen. „Wenn ich mal schlecht drauf bin, koch' ich uns eine schicke Suppe", soweit Küchenmeisters Vorschlag gegen soziale Vereisung.

***

Butter. Es gab einmal Butter, die nach Butter schmeckte. Geschmeidig mit kleinen Wassereinschlüssen, wie sie unpasteurisierte Landbutter nun mal hat. Es war einmal ein Gericht: Butterbrot. Aus der Butter wurde deodorierte Schmiere, die zu allem paßt und zu nichts. In Deutschland gibt es zwar -zig Sorten - vom neuseeländer Import bis zum irischen Quader - eine gute deutsche Landbutter gibt es praktisch nur noch auf Wochenmärkten (vgl. unten); unsere Käse- und Feinkostläden bieten meist französische Importe.

Im Elsaß gibt es noch öfter Butter, die den Namen verdient. Auf den Märkten wird diese Ware offen als 'Beurre fermier' angeboten, Butter vom Bauernhof, durchweg aus Rohmilch, also nicht pasteurisiert. Aber auch in den Käseladen gibt es vorzügliche offene Butter (à la motte), in der Regel ebenfalls aus Rohmilch. Beim Kauf sollten Sie allerdings beachten, daß offene Butter kein Etikett mit Herstellungsdatum hat, also nur bei einem Händler des Vertrauens kaufen. Außerdem nimmt die offene Butter leicht den Geschmack der Umgebung an - sie sollte nicht in der Käseauslage liegen.

Dann die verpackten Sorten: 'Le beurre cru', ebenfalls aus Rohmilch - sogar auch mal im Supermarkt zu bekommen, dort gibt es aber zumindest 'demi sel'-Sorten, die mit etwas Salz angereichert, zum Vesper einfach besser schmekken. Die sonstige Butter in französischen Läden stammt in der Regel aus pasteurisierter Milch, und auch da gibt es noch große Unterschiede: *extra-fin* heißt die Butter, die aus pasteurisierter Milch (spätestens nach 72 Stunden verarbeitet) hergestellt wird und sonst keinerlei zusätzliche Behandlung außer der Pasteurisierung hinter sich hat; *beurre fin* wird aus pasteurisierter Milch hergestellt, die zu 30 % aus gefrorenem Rahm bestehen kann. *Echiré* heißt die sehr gute AOC-Butter der gleichnamigen Milchgenossenschaft (mit und ohne Salz, zwei Monate haltbar). Diese Marke gibt es in jedem guten Käseladen in Frankreich.

Rezept - Butter klären (Butter auslassen): *Butter bei mäßiger Hitze schmelzen lassen, sie trennt sich in drei Schichten: Obenauf schwimmt eine dünne, helle Schaumschicht, darin befinden sich Wasser und Molkereste. Dann kommt die dicke, gelbliche Mittelschicht, das reine Butterfett oder Butterschmalz. Unten* *setzt sich nochmal ein milchig, heller Bodensatz mit Eiweißresten ab. Die Schichten können durch Abschöpfen und vorsichtiges Abgießen getrennt werden, oder man läßt sie erkalten und nimmt dann die obere Schicht ab. Nur die geklärte, entschäumte Mittelschicht, das reine Butterfett also, kann lange und richtig hoch erhitzt werden, ohne zu verbrennen oder bitter zu werden. Zum scharfen Anbraten in Butter eignet sich also nur geklärte Butter.*

Das in ungeklärter Butter enthaltene Molkeeiweiß und der Milchzucker werden bei zunehmender Hitze zunächst braun, dann fast schwarz. Durch gezieltes Bräunen (karamelisieren) von ungeklärter Butter entsteht die angenehm nussig schmeckende braune Butter (beurre noisette); ein Standard, der in der modernen Küche fast in Vergessenheit geraten ist. Bei vielen Speisen setzt braune Butter einen interessanten Akzent: Zur Forelle, zum Spargel, auch eine Hollandaise mit brauner Butter schmeckt kräftiger. In brauner Butter angelassene Semmelbröseln sind ideal zum Toppen von Teigwaren. Braune Butter kann mit etwas Zitronensaft und gehackter Petersilie noch weiter angereichert werden.

Einkaufen

Baden: Gute Landbutter kommt zunehmend auch wieder auf den deutschen Wochenmärkten zum Verkauf, so auch auf den Freiburger Märkten an diversen Ständen. Landbutter vom Schauinsland bekommt man laufend in der Kühltheke vom kleinen Café Lorenz in Hofsgrund, das an anderer Stelle schon wegen seiner guten Brötchen gelobt wurde.

CH: Butter wird vereinzelt von kleinen schweizer Käsereien produziert, die meist auch in einem angeschlossenen Molkereiladen vor Ort verkaufen. So z.B. in der Molkerei in Alpnach am gleichnamigen See, südlich Luzern. Details siehe auch unter 'Käse'.

***

Champignon. Auch der Champignon hat durch seine massenhafte Vermehrung an Ansehen verloren. Dabei ist ein frischer Steinchampignon aus guter Zucht manchem

tagelang umhergekarrten Wildpilz weit überlegen. Auch
frisch, in dünnen Scheiben über Salat oder ein Carpaccio
gehobelt, ist der Pilz eine aromatische Zier. Herrlich
schmecken geteilte oder geviertelte Champignons wie sie
in spanischen Tapa-Bars angeboten werden: in Olivenöl
angebraten, mit Knoblauch, glatter Petersilie, etwas luftge-
trocknetem Schinken vermischt, mit Pfeffer und Salz gewürzt und mit Sherry und Zitronensaft abgelöscht.
Schmeckt kalt oder lauwarm. Perfekte Terrassenbeilage zu
einer Flasche Weißherbst, die so kühl sein muß, daß sie
anläuft.

Von den seit 200 Jahren kultivierten weißen Champignons gibt es heute gut 15 Varietäten, die letztendlich aber
alle auf den weißen Wiesenchampignon zurückgehen, aber
nur im günstigsten Fall an dessen milden, nuß- und anis-
artigen Geschmack erinnern. Die dunkelbraunen Sorten
(Stein- oder Höhlenchampignon) gibt es erst seit 15 Jahren, sie schmecken kräftiger als die weißen Champignons
(de Paris) - sie gehen mehr in Richtung Waldgeschmack.
Letztlich sind es Abkömmlinge des braunen Egerlings,
auch hier gibt es wieder ein gutes Dutzend verschiedener
Formen, die mal Steinchampignon, mal Höhlenchampignon genannt werden. Im Loire-Tal wachsen sie in Natur-
stollen, in Belgien in aufgelassenen Bergwerken. Das ge-
impfte Substrat ist halb so groß wie ein Torfmullballen
und daraus keimt es fast ein Vierteljahr lang, der Ertrag
liegt bei 70-100 Kilo.

Entscheidendes Qualitätskriterium: erstklassige Zucht
und Frische, zu erkennen bei kleinen Pilzen an noch fast
geschlossenen Köpfen mit cremefarbenen, zartrosa Lamel-
len, bei den größeren Champignons öffnen sich die La-
mellen und färben sich dunkel. Ein weitverbreiteter Irrtum
wäre noch zu korrigieren: daß kleine Pilze besser schmekken. Die Ansicht kommt vielleicht daher, daß bei selbst-
gesammelten Waldpilzen, besonders beim Steinpilz, die
kleinen weniger Maden haben, weniger angefressen sind

und schöner aussehen. Das alles spielt beim Zuchtcham-
pignon aber keine Rolle, viel eher der Wassergehalt und
der ist bei kleinen Pilzen höher (um 92 %) als bei ausgewachsenen (85 % - die Zahlen gelten nur für Champignons).

Einkaufen

Freiburg - Hirzbergpilze, Familie Metzger, Kartäuserstr. 120. Verkauf Mo-Fr 10-17 Uhr, Sa 10-15 Uhr, wochentags mit einem Marktstand auf dem Freiburger Münsterplatz. Außer Champignons im Angebot (nicht immer): Shii-take-Pilze, die übrigens auch dem einen
und andern Blutwert ganz gut tun (Info-Blätter liegen aus) und
Korallenpilz, die schneeweißen Knollen werden auch Igelstachelbart
genannt und sehen so ähnlich aus. Sie duften nach Kokosaromen,
überhaupt ein wenig nach Fernost, schmecken unbedingt himmlisch, sind tagelang haltbar - aber neben all dem birgt der in China
weitverbreitete Speisepilz auch pharmakologisches Potential. Besonders bei Speiseröhren-, Magen- und Zwölffingerdarmerkrankungen
- bis hin zum Krebs - wird in der Literatur von Heilerfolgen berich-
tet. Korallenpilz und Shii-take vorbestellen. Tel. 07621-764 86.

F-Villé: Champignonniste Patrick Falaize. Je nach Saison: Morcheln
(morilles), Steinpilze (cèpes), Pfifferlinge (girolles) und fast immer:
Shiitaké, Champignons de Paris, Braunkappen (pleurotes). Le Hal-
te de Neubois, 22, route de Villé, Chatenôis, 67220 Villé, Tel. 0033-
388 85 61 76. Mme Falaize verkauft auf den Märkten (Mi: Riedisheim; Sa: Colmar). Weitere Quellen siehe unter 'Märkte'.

***

Chicorée. Als Kaffee-Ersatz hatte die geröstete und pul-
verisierte Zichorienwurzel einen denkbar schlechten Ruf.
'Zichorienbrühe' habe höchstens in der Farbe, aromatisch
aber keinerlei Ähnlichkeit mit Kaffee, lästert das Appetit
Lexikon (vgl. Hinweis am Buchende) und dann folgt die
Warnung: der Absud ruiniere zuerst die Zungen, dann den
Magen. Erst zum Chicorée veredelt, begann die späte, kulinarische Karriere der Pflanze, die aus der gemeinen Weg-
warte gezüchtet wurde. Und auch bei der Zuchtform ist es

erst der zweite, von Menschenhand gesteuerte Austrieb der
Wurzel, der Chicorée zum willkommenen Wintergemüse
werden läßt.

Die erste Vegetationsphase fällt in die warme Jahreszeit,
die Chicoréesaat keimt zunächst auf dem freiem Feld. Bis
im Spätsommer hat sich dort aus dem Sämling besagte
Zichorienwurzel gebildet. Ihr oberirdisches, grünes Kraut
wird noch draußen entfernt und die Wurzel kommt zunächst bei null Grad in eine Art biologisches Zwischenlager. Im tiefsten Winter, selbst bei strengem Frost, wenn
kein Kraut mehr wächst, erlebt der Chicorée dann seinen
zweiten Frühling. Gemüseproduktion just in time. Dazu
steckt man die Wurzeln entweder in den Sand einer Unter-
glaskultur (bei biolog. Kultur) oder - bei intensiver Zucht,
wie sie heute betrieben wird - dicht an dicht in eine Art
Brutkiste. Die Kisten werden in einem stockdunklen Treib-
raum auf Regalen gestapelt und bei 18 Grad beginnt ein
Erwachen der Triebe. Der steten Finsternis wegen bleibt es
bei zartgelben, dicht geschlossenen, feinst behaarten Sprossen. Nach gut zwei Wochen von der Wurzel abgetrennt,
kommen die Austriebe als Chicorée in den Handel.

Aber die Deutschen mögen den Chicorée nicht so recht,
jedenfalls nicht als zartes Gemüse, wie er in seinen Stamm-
ländern Belgien und Frankreich, auch in Italien genossen
wird. Gerade 300 Gramm werden in Deutschland pro
Kopf konsumiert. In Frankreich und Belgien sind es zwischen fünf und sechs Kilo im Jahr. Aber dort werden die
Sprossen auch als willkommenes Wintergemüse erwartet.
Der Länge nach halbiert und dann meist im Ofen in der
großen Form sautiert, gratiniert, in Italien kurz in Olivenöl
angebraten, mit etwas Zitrone und glatter Petersilie gewürzt
(was vorzüglich schmeckt). Hierzulande herrscht dagegen
noch immer eine Ratlosigkeit, die über den Verlegenheits-
salat nicht hinauskommt. Schade, denn Chicoréehälften
mit etwas Zitronensaft und Hühnerbrühe kurz im Ofen
geschmort, danach mit dünnem, luftgetrockneten Schin-

ken umwickelt und noch mal kurz mit Oberhitze traktiert, geben ein komplettes Gericht ab; sofern man an frisches Weißbrot zum Tunken des zartbitteren Suds denkt.

Dem serienmäßig blassen Chicorée läßt sich durch etwas Licht (auch zuhause) noch mehr von jenem feinherben Aroma einhauchen, das sich sonst auf die Mitte des Strunks beschränkt. Das zartbittere Aroma gilt im Handel von heute kurioserweise als Qualitätsmangel, es wird von den meisten Konsumenten nicht mehr goutiert. Auch im Anbau sind Chicoréekulturen eine saubere Sache. Die Kultur der Wurzeln verträgt keine hohen Nitratwerte und gegen Krankheiten muß nicht gespritzt werden. Beim zweiten Austrieb, der dann zu den eigentlichen Sprossen führt, kommt garnichts mehr dazu, weil die in der Wurzel gespeicherten Nährstoffe genügen.

Einkaufen

Hartheim-Feldkirch (bei Bad Krozingen) Chicorée-Hof Bohrer. Großerzeuger, direkt angeschlossen ein gut sortierter, neu gestalteter Hofladen: Mo bis Fr 8-12.30 und 14.30-18 Uhr, Sa 8-13 Uhr. Tel. 07633-152 51. Im Winter auch stets frischer Löwenzahn, gute Dosenwurst von einem Hausmetzger in Dachsberg (besonders die Lyoner!); außerdem Obst und Gemüse, auch Handelsware. Filialen in Freiburg-Herdern, Hauptstraße 2; Kirchzarten, Kirchplatz 7; Kirchzarten-Zarten, Bundesstraße 28; Lahr, Sonnenplatz 1; Ettenheim, Thomasstraße 14.

Weil-Haltingen Gärtnerei Hoch-Reinhard, Willi Baumann Str. 18, Tel. 07621-655 55. Bioland-Betrieb mit breitem, gutem Angebot. Verkauf ab Gärtnerei: Mo, Mi und Fr von 14.30 bis 17 Uhr. Stand auf den Wochenmärkten in Lörrach, Schopfheim und Basel.

***

Cuisine d'apparat. Ein historischer Ausdruck für das Arbeiten mit teuren Erstlingserzeugnissen, aufwendigen Speiseaufbauten und gewagten Kombinationen. Und noch heute dient manche Spitzenklöppelei in der Küche

demselben Zweck wie zur Mitte des 19. Jahrhunderts, als
die Repräsentationswünsche der Bürger eskalierten. Damals entstanden so pompöse Buffetaufbauten wie der
Rheinsalm nach Rothschild, der in Rottenhöfers berühm-
tem Kochbuch anno 1858 wie eine in Neorokoko aufgeta-
kelte Fregatte daherkommt. Ornament ging stets vor Aroma. Platten wurden zu Ozeandampfern, die Desserts gingen in die Höhe, Tranchieren war Facharbeit. Es war die
Zeit, als das Bürgertum mit ausgestellten Krinolinen, tor-
tenhohen Hüten und huthoch dekorierten Platten Gel-
tungsbedarf anmeldete. Allzuviel hat sich daran nicht geändert. Bis heute gehört das Verknüpfen von Seezunge
und Lachs zum neckischen Zöpfchen zum Zeitvertreib ge-
hobener Stände - obwohl beides getrennt besser schmekken würde.

   Dabei könnte die eine oder andere der historischen Anweisungen beim Belegen von Platten noch heute manches
Durcheinander verhindern: Nie randvoll und stets „en py-
ramide", also gegen die Mitte hin erhöht, seien Pürees und
Gemüse auf Platten und Schüsseln anzurichten, lehrt eine
'Basler Kochschule' von 1899. Das Buch gibt auch zur
Geometrie der Beilagen klare Anweisungen: „Tranchen
sind schuppenförmig, Croquets oder Würstchen strahlen-
förmig anzuordnen. Der erhöhte Mittelpunkt der Pyrami-
de sollte dabei nie bedeckt werden."

   Wie in der Mode schrumpfte auch in der Küche der
Drang zum Repräsentativen nach und nach auf einige nette Zitate zusammen. Das bunte Papiersonnenschirmchen
auf dem Eisbecher, die neckischen Puschkin-Kirschen auf
dem Rehrücken Baden-Baden, der pikant bestückte Käse-
igel zur Skatrunde, die weißen Papiergamaschen an den
Geflügelschlegeln, selbst die unvermeidlichen Zwiebelrin-
ge und Salzletten auf Käsebrot - all der Nippes der Nieren-
tisch- und Faltenrock-Zeit scheint schon unendlich weit
entfernt. Aber er bekam Nachfolger, ganz im Stil unserer

Zeit: Cuisine d'apparat ist auch das postmoderne Tarot mit
Schnittlauchspitzen und Zitronengras, das Toupieren von
ein paar Friseéblättchen zur Salatvariation, all das Multi-
kulti-Gestammel auf Scenespeisekarten, inklusive der Ru-
cola-sei-mit-uns-Stoßgebete, wie sie in den Kantinen der
Erbengeneration entboten werden.

In der Küche geht es wie in Architektur und Mode. Wo
die Stilsicherheit ins Wanken gerät, da bildet sich ein Nähr-
boden für Keime, die gerne im Gewand von Luxus oder
Innovation unterwegs sind. Und einiges spricht dafür, daß
die Leiden der Haute Couture auf die Haut Cuisine durch-
schlagen: Anschwellendes Grummeln auch bei den großen
Namen der cuisine d'apparat. Die einen geben ihren Namen für Duftwässer, die anderen für Dosensuppen. Die
Kostümspiele des Ancien Régime neigen sich ihrem Ende
zu. Siebeck hin, Pacenzky her, Freigeister erlauben sich die
abweichende Meinung, daß achtgängige Zwangsernährung
nicht unbedingt zum reinsten Ausdruck kulinarischer Kultur gehört. Epochenwechsel, modisch wie kulinarisch.

***

Dünn. Dünner, leichter, zarter - das Prinzip der Entstoff-
lichung durchdringt nicht nur Elektronik und Unterwä-
sche. Auch in der Küche wird versucht, mittels Reduzie-
rung der Materialstärke mehr Genuß zu erreichen. Oft
schmeckt dünn wirklich besser, bestimmt bei Schinken
und Speck, Schnitzel und Leberle, Brägele und Gratin.
Immer überzeugen die dünnen Modelle, dick Runterge-
säbeltes hat einfach keinen Charme. Schlanke Spätzle
schmecken besser als engerlingförmige Knöpfle, dicke
Flädle sind keine Suppeneinlage, sondern ein Ärgernis.
Auch das legendäre Carpaccio funktioniert, wie Vitello
tonnato, nach der einfachen Regel, daß mehr Oberfläche
mehr Aroma bringt. Dickfinger sollten sich also einfach

merken: Oberfläche gleich Geschmack. Überhaupt hauchdünn: In mancher Metzgerei scheint die Aufschnittmaschine zu klemmen. Salami und Schinken schmecken
doch nur als zarter, nahezu transparenter Hauch, aber
nicht als jene Placken, die hierzulande aus der Maschine
quellen. Wenn sich das mal herumspräche, wäre der deutschen Metzgerei einiges von ihrem Schrecken genommen.

Wobei das Prinzip 'Carpaccio' zugleich die Pforte für allerlei Torheiten darstellt: Auch ein Ziehharmonika-Radi,
erst recht richtig blättledünn geschnittener Vesperspeck,
lebt vom Prinzip der Oberflächenvergrößerung. Dennoch
käme niemand auf die Idee, seinen Gästen so etwas als
Rettich- oder Speckcarpaccio anzudienen. Es gibt aber
genug Einfaltspinsel, die nach der Methode 'Carpaccio =
Konto' von Seeteufel bis Mango ihren Schnitt machen.
Eine solche Art von Yuppiefängerei setzt freilich ein entsprechendes Publikum voraus. Eines, das die Leichtigkeit
von der Substanzlosigkeit nicht unterscheiden kann.

Weil Sie die Geschichte ohnehin auf einer Party brauchen: Carpaccio wurde von Giuseppe Cipriani, Besitzer
von Harrys Bar in Venedig erfunden. Vor gut 50 Jahren
wollte die Contessa Amali Mocenigo ein Gericht „so leicht
wie ein Flirt und so kapriziös wie ein Schmetterlingsflügel". Ihr Wille geschah, Giuseppe schnitt Ochsenfilet
hauchdünn auf und betupfte es mit Salsa universale. Er
nannte die Erfindung nach dem Maler Vittore Carpaccio,
der wegen seiner dünnen Farbschichten gerühmt wurde.

Zum Original Carpaccio eignet sich Rinderhüfte besser
als das vergleichsweise fade Filet. Einfrieren vor dem Auf-
schneiden erleichtert dieses zwar, führt aber wegen der
hernach aufplatzenden Gefäße zur Saftverlust. Besser man
schneidet (ungefrostetes, gut abgehangenes Fleisch) mit
sehr scharfer Klinge so dünn wie möglich.

Vgl. 'Küchenwerkzeug - Aufschnittmaschine, Messer'.

***

Einladen. Die alte Tugend der aggressiven Bescheidenheit ist heute ein wenig in Vergessenheit geraten. Wer früher „auf einen Löffel Suppe" eingeladen wurde, konnte davon ausgehen, an einem mehrgängigen Menü teilzuhaben. Die Kunst der Einladung wurde früher geradezu zelebriert, besonders das bürgerliche Milieu sah in der Tafelrunde immer auch ein Statusinstrument. Dabei gab es für Gast und Gastgeber reichlich Chancen, auch mal offensive Töne anzuschlagen. Eingeladen wurde nicht nur zur Tafel, sondern zugleich auf einen sozialen Exerzierplatz, auf dem allerlei Übungen absolviert werden konnten. Die Schlacht wurde gleichsam mit gezogener Serviette absolviert. Alles war möglich, einschließlich totaler Kapitulation, woran sich bis heute wenig geändert hat.

In seinem Roman 'Frau Jenny Treibel' läßt Theodor Fontane die wartende Tischrunde zunächst eine Reihe netter Gemeinheiten austauschen. Als es mit dem Essen dauert, erweist sich die neckische Vermutung eines Gastes, im Hause wäre „alles den Krebsgang gegangen" zugleich als eine der hinterhältigen - tatsächlich ist der Krebs ja ein Meister im Rückwärtslaufen. Die „mächtige Schüssel mit Oderbruchkrebsen" kommt schließlich doch. Wie um die Jahrhundertwende üblich, gab es zu den in Petersilienbutter gesottenen Krebsen der Frau Schmolke sicher farbige Tischwäsche und rosenfarbige Servietten, weil sich Krebsflecken in weißem Leinen nun mal nicht gut machen.

Natürlich wirken die bürgerlichen Rituale des späten 19. Jahrhunderts aus heutiger Sicht recht steifleinern, aber manches hat sich dennoch kaum geändert. Sitten und Unsitten der Tafel schienen zu den zivilisatorischen Konstanten zu zählen. Schon vor 150 Jahren warnte der Arzt und Gastrosoph Gustav Blumröder die Gastgeber vor der allzu nahen Plazierung von Fachkollegen, weil es sonst leicht „zu stundenlanger Disputation über einen etruskischen Stiefelknecht" kommen könne. Auch eine zweite

Warnung Blumröders ist so aktuell wie eh und je. Konzert,
Klavierspiel, oder noch schlimmer „von der Tochter des
Hauses hervorgekrähte Arien" gehören bekanntlich noch
heute zu den unverlangten Beilagen, die eine Einladung
schnell zur Nötigung werden lassen.

Seit eh und je diskutiert wird auch die Frage, ob es sich
gehört, dem Gast schon bei der Einladung zumindest eine
Andeutung des Hauptgerichtes zu geben. So gab man sich
früher „die Ehre auf ein Wildschwein einzuladen". Leiden-
schaftliche Feinschmecker werden den Vorteil der ausgelö-
sten Assoziation höher gewichten als den Nachteil zerstör-
ter Überraschung. Noch exakter sind in dieser Hinsicht die
guten alten Tischkarten, früher waren sie als kulinarischer
Wegweiser unerläßlich (mindestens eine auf drei Personen), weil sie dem Gast Kräfteverschleiß an ungeeigneter
Stelle ersparen. Auch der moderne Gastgeber sollte zumindest mit einer kurzen mündlichen Ansage dem nun mal
begrenzten Appetit seiner Gäste entgegenkommen.

Ohnehin werden zu Zeiten der Fünf-Minuten-Terrine
die Anstrengungen unterschätzt, die mit einer einigermaßen ordentlichen Bewirtung von Gästen einhergehen. Ein
Hobby-Gastgeber sollte seine eigenen Möglichkeiten kritisch prüfen und bedenken, daß es andere Möglichkeiten
gibt, um Improvisationstalent und Beziehungsprobleme
vor Publikum auszutragen. Mehr als sechs Personen dürfte auch ein geübtes und harmonisch eingespieltes Paar
nicht warm und ordentlich bewirten können; es sei denn,
es wird Eintopf serviert, oder einer der Gastgeber tritt als
Dienstbote auf. Durch diesen unvermuteten Rollenwech-
sel fühlt sich mancher Gast aber erst recht irritiert. Tritt der
Gastgeber als Büttel auf, fällt er als Gesprächpartner aus
und provoziert meist ungeschickte Hilfsangebote der Gäste, womit sich die Tafelrunde vollends aufzulösen droht.

Warme Teller, kalter Wein, frisches Brot - immer wieder
erstaunlich, daß bereits an den Fundamenten einer Bewir-

tung gut die Hälfte aller Gastgeber scheitern. Soldaten wurden früher mit 'Tuchfühlung' aufgestellt, um Geschlossenheit zu demonstrieren; Gäste sollten eine etwas gelöstere Tischordnung vorfinden. Gut 80 Zentimeter laufender Tisch pro Person ist die Regel, es sei denn, gewisse Entwicklungen sollen gezielt vorangetrieben werden. Aber solcher Vorsatz verstimmt ebenso wie jede Effekthuberei. Die beginnt auf Balkonfesten gerne mit leidigen Verpackungsorgien in Blätterteig und endet im besserbürgerlichen Milieu derzeit mit Einbürgerungsversuchen von Reiseerlebnissen und ermüdenden Belehrungen über irgendein neues Spitzenweingut auf Samoa. Aber was bringt ein beidhändig geschlagener Risotto, wenn der Gast zur Halbzeit schon auf dem Trockenen sitzt? Gerade in Ausnahmesituationen sollte ein Gastgeber nicht mit Kabinettstückchen, sondern mit sicherem Repertoire überzeugen. Übertriebener Ehrgeiz führt zu kulinarischen Ergebnissen, die in der Rubrik 'Kuriosa und Monstra' abzubuchen sind. Solche Essen bleiben einem unliebsam in Erinnerung wie der Besuch einer zu lauten Guggenmusik.

Sicher ist die Perfektion klassischer Tafelrunden heute kaum mehr vorstellbar. Schließlich sind auch jene Gäste, die ihre Blumen schon am Mittag vorbeibringen lassen, um dem Gastgeber die eventuelle Blöße einer unpassenden Vase zu ersparen, längst Rarität. Vorbei, wie der früher durchaus übliche Wechsel des Blumenschmucks. Zum Hauptgang etwas Geruchloses in weißer Alabastervase, zum Dessert dann gerne ein duftiges Bouquet, das den Geruch der animalischen Speisen verdrängen konnte.

Aber auch die bescheidene Küche ist eine Zier: ein blanker Holztisch wirkt nie schäbig. Lieber gutes Brot als aufgeblasene Pasteten. Besser ein heißer Eintopf als rote Flekken am Hals der Gastgeberin wegen aufziehender Soufflé-probleme. Gute Gastgeber behalten den Überblick - auf dem langen Marsch vom Kräutergarten bis zum Zusam-

menstellen der Dessertteller. Und selbst da macht die
Übung den Meister. Sonst wirken die Käsereste einmal
mehr als Verbundkleber zwischen den Tellern.

***

Ei. Betrug ohne Ende. In Deutschland werden etwa dreimal mehr Bodenhaltungseier verkauft als es nach der Be-
standsstatistik überhaupt geben kann. Die Preisunterschiede von knapp 100 Prozent zwischen Käfigei und Boden-
haltungsei laden zum Betrug ein. Nur Einkauf an der
Quelle verschafft Klarheit über Haltung und Frische.

Eierkunde - *Freilandhaltung*. Zehn Quadratmeter Freiland
pro Henne. Dadurch ist relativ artgerechtes Verhalten möglich mit Picken und Scherren. Bei großen Beständen
wächst aber auch das Risiko der Übertragung von Krankheiten, Verschmutzung der Eier mit Kot; sowie gegensei-
tiger Angriffe, Verletzungen etc. Aus Freilandhaltung stammen gerade 1% des deutschen Eierangebots. *Bodenhaltung*:
Bis zu sieben Hennen auf einem Quadratmeter Stallboden
mit Einstreu; ca. 19% des Angebots. *Käfighaltung*: Je
Huhn 450 Quadratzentimeter, das sind 2/3 eines Briefbo-
gens! Die Hühner sind isoliert in Gitterboxen übereinan-
der gestapelt (Legebatterien), die Eier fallen auf abgeschräg-
te Gitterböden und rollen auf ein Transportband. In der
Schweiz und Österreich ist diese Haltungsform verboten:
In Deutschland finden sie auch alle schrecklich, aber 80%
aller verkauften Eier stammen aus solchen Verhältnissen.

Seit dem Januar 1997 gelten neue Gewichtsklassen: Größe XL = über 73 Gramm bis Größe S = unter 53 Gramm
(80% aller Eier werden in L und M angeboten) .

***

Essig. Wie Öl und Brot ist Essig ein Fundament der guten Küche. Und da beginnen die Probleme. Selbst in der hochpreisigen Gastronomie wird oft an den Grundlagen gespart, im schlimmsten Fall mit billiger Essigessenz gearbeitet, die erst am Tatort auf unschädliche Säurewerte verdünnt wird. Ebenso unverständlich schließlich, wenn teure Zutaten verarbeitet werden, die dann mit Industrieessig aus dem Kanister versauert werden. Wer bei Essig und Öl spart, sollte lieber ganz mit dem Kochen aufhören.

Essig entsteht, wenn Bakterien vom Stamme *Acetobacter* Alkohol durch Oxydation in Essigsäure verwandeln, was eine heikle Angelegenheit sein kann. Die natürliche Umwandlung unter Luftzutritt (Orleansverfahren) bringt gute Qualität; der langsame, kaum steuerbare Prozeß unterliegt aber Schwankungen, die bei Amateuren zu Ausreißern und Fehltönen führen können. Typisch für solchen Hobby-Essig sind jene penetranten Essigesteraromen, die an Lösungsmittel (Uhu-Kleber) oder faules Obst erinnern.

Fehltöne treten besonders bei selbstproduziertem Weinessig auf, Essig aus Apfelmost läßt sich dagegen auch von Laien wesentlich unproblematischer herstellen. Beim Wein bringen nur Könner natürliche Gärverfahren und Konstanz zusammen. Neuerdings behaupten Essigwinzer auch mal, der Fehlton sei Resultat natürlicher Produktion und gehöre gleichsam als Qualitätsausweis dazu, was aus kulinarischer Sicht natürlich ein Blödsinn ist, weil so ein Essig jeden Salat verdirbt (und erst noch viel zu teuer ist).

Wer eine funktionierende Essiggärung mitsamt dem dazugehörenden Bakterienstamm, der Essigmutter, erst einmal in Gang gebracht hat, sollte den sauren Schatz hüten wie seinen Augapfel. Technische Verfahren - wie die Verrieselung über Buchenholzspäne zur Vergrößerung der reaktiven Oberfläche - bringen konstante Resultate, sind für Kleinhersteller aber zu aufwendig.

Einer Mode folgend, bietet nun auch mancher badische Weinerzeuger eigenen Essig an, freilich oft zum dreifachen

Preis des Grundweines. Zwanzig Mark für einen Drittelliter Spätburgunderessig in Designerflasche wie sie von smarten Essigwinzern mittlerweile gefordert werden, grenzen an Veralberung der Kundschaft. Andererseits kann eine Flasche Weinessig für 4,98 Mark nur aus Verschnittware stammen und entsprechend schmecken. Denn entscheidend für die Qualität aller Essigsorten ist stets die Güte des Ausgangsproduktes, aus Verschnittweinen kann kein guter Essig werden.

Schon am Produktionsort geben Essig und Wein eine heikle Kombination ab. Die Essigbakterien sind nun mal der Feind jeden Weines. Wobei die Vielfalt der sogenannten 'Winzeressige' ohnehin nur scheinbar ist, es gibt längst Industriebetriebe, die Wein (ab 300 Liter) im Lohnverfahren in Essig wandeln. Fragwürdig bleibt auch das moderne Aufrüschen von Essig: Da werden homöopathische Mengen in Phiolen gefüllt, Doktoren signieren Etiketten, überdrehte Spezialliteratur entsteht. Auch der Kult um den italienischen Balsamico und seine Bastarde nimmt kuriose Züge an. So drängt sich einmal mehr ein geläufiges Zeitmuster auf, demzufolge das Dekorative das Tragende verdrängt. Die gute Küche setzt zwei, drei Essigsorten mit sicherer Hand ein. Alles andere schmeckt nach Alchimie.

Die Sorten: Am weitesten verbreitet in der gehobenen Küche ist *Weinessig*. Erst ab einem Säuregehalt von sechs Grad gilt Essig als handelsfähig, wobei ein Volumenprozent Alkohol während der Gärung zu einem Prozent Essigsäure wird. Selbstgemachter Essig aus leichtem Obstmost schmeckt milder als Handelsessig. Sehr geeignet für Blattsalate ist ein Essig aus *Apfelmost,* der Säure und Fruchtigkeit besser verbindet als ein Essig aus verschnittenen, aromaleeren Grundweinen.

Bei fast allen *Balsamico*-Essigsorten handelt es sich um Imitate der berühmten Vorbilder aus Modena. Echter Balsamico ist ohnehin ein Gewürz und kein Säuerungsmittel.

Die Preisunterschiede sind selbst beim Original enorm. Allein vier Konsortien wachen in der Region um Modena über verschiedene Qualitätsnormen, was zu einer schier unentwirrbaren Terminologie führt. So gilt die Faustregel, daß nur seriöse Hersteller und angemessene Preise gute Qualität garantieren.

Das Spektrum beginnt beim industriell produzierten, nur kurz im Holzfaß gelagerten *Aceto Balsamico di Modena* (dunkel, dünnflüssig, zugleich sauer und süß, annehmbare Qualitäten ab 15 Mark je 0,5 Liter, Gesamtproduktion etwa 12 Millionen Liter). Im besten Fall - aber längst nicht immer - ist es dieser Balsamico, mit dem auf Tomate und Mozzarella italienische Duftmarken gesetzt werden. Ein klassisch hergestellter Balsamico heißt *Aceto Balsamico di Modena traditionale*. Die Jahresproduktion beträgt knapp 4 000 Flaschen à 0,25 und 0,1 Liter. Aber Vorsicht, es gibt auch einen vernünftigen *Traditionale di Reggio Emilia* - Italien eben. Und - Italien die Zweite: als Vorstufe des richtigen Traditionale wird auch ein *Artignale* angeboten. Dies ist Balsamico, der zwischen drei und sechs Jahre alt ist und ab 12 Jahren dann automatisch zum *Traditionale* wird.

Alle höheren Qualitäten werden aus Traubenmostkonzentrat gewonnen, das meist von der Trebbianotraube stammt. Das Konzentrat wird in verschiedenartigen Holzfässern (Eiche, Kastanie, Maulbeere) gelagert, wo es zum einen Holzaromen annimmt, zum anderen bei abnehmendem Volumen immer größerer Konzentration entgegenreift (ähnlich wie die Solera-Methode beim spanischen Sherry). Nach Jahrzehnten entsteht so ein Sirup mit schier magischen Aromen. Ein Viertelliter einfacher Balsamico kostet beim Traditionshersteller *Giusti* (seit 1605, das schöne Stammgeschäft an der Plaza in Modena) 20 Mark; der zehnjährige *Banda Rossa*, die Standardqualität, kostet 50 Mark je Viertelliter. Echter Traditionale liegt um 100 Mark, wobei die Grenzen nach oben offen sind: Der hundertjäh-

rige Balsamico wird zugeteilt, er kostet bis zu 1 000 Mark
je Zehntele.

Rezept - Essig selber machen: *Lohnt sich, setzt aber ein
Händchen und etwas Geduld voraus, weil die oxidative Umwandlung von Alkohol in Essigsäure im speziellen Mikroklima
eines jeden Hauses etwas anders abläuft. Am einfachsten gelingt
die kontinuierliche Essigoxydation in einem speziellen Tongefäß
mit lose aufliegendem Deckel, in einem kleinen Holzfaß, im
Glasballon oder einfach in großer Flasche. Das Gefäß sollte ruhig
stehen, es darf nicht ganz voll und nur mit Mull oder Gaze verschlossen sein, so daß immer etwas Luftzutritt möglich ist.
Wichtigste Voraussetzung für die Gärung ist neben Luftzutritt
die Temperatur, die so zwischen 20-26 °C liegen sollte (aber auch
nicht viel mehr.) Essigbakterien können in Form einer Essigmutter oder als Reinkultur (aus der Apotheke) zugegeben werden, bisweilen setzt der Prozess auch ohne weiteres von allein ein. Milden
Weinessig mit gutem Aroma erhält man, wenn der Essig abgezogen wird, bevor aller Alkohol in Essigsäure umgewandelt wurde.
Als Grundweine taugen nur wenig geschwefelte, möglichst natur-
nah ausgebaute. Den weniger alkoholhaltigen Apfelmost kann
man auch ganz umsetzen lassen. Essigentnahme dann je nach
Bedarf, bei entsprechender Zugabe von neuem Stoff. Werden größere Mengen abgezogen, dann sollte der Essig auf Flaschen gefüllt, luftdicht verschlossen und kühl gelagert werden. Im Idealfall
befindet sich die Essigkultur in einem ausgeglichenen Zustand
zwischen Entnahme und Zugabe, sie läuft sozusagen von allein
und man braucht sich um nichts zu kümmern.*

*Anderswo muß die zu groß gewordene, klumpige, gallertartige
Essigmutter auch mal gewaschen, evtl. auch halbiert werden, damit sie munter weiterproduziert. Schimmelnde Essigmutter lieber
wegwerfen und neu ansetzen. Oft läuft eine Kultur aber schon seit
Jahren störungsfrei, die Leute zapfen unten ab und kippen oben
ihre Reste rein und alles wird gut. In so einem Fall greift man in
den Prozeß natürlich nicht ein.*

Weitere Tips und ein Stück Essigmutter am ehesten von einer bodenständigen Familie. Tongefäß, Bakterienstamm u. Anleitung auch

beim Manufaktum-Versand in Waltrop (Tel. 02309-939050). Lei-stungsfähige Essigbakterienkulturen kann man auch über eine Apo-theke bestellen. Es gibt mittlerweile auch reichlich Spezialliteratur.

Einkaufen

Württemberg: Großes Renommée unter den süddeutschen Essig-produzenten genießt der Winzer und Vinaigrier Robert Bauer aus 74223 Flein/Württemberg mit seiner vom Weinbau separat betrie-benen Acetaria. Im Angebot zahlreiche Weinessige, auch guter Balsamico zu ca. 30 Mark/0,25 Liter (Liste mit Warenkunde und Produktbeschreibung, Tel. 07131-25 16 62, Fax: 57 32 88; Einzelver-kauf nur über den Feinkosthandel).

Ebringen: Der vielerorts präsente Gastrojournalist Bernd Neuner-Duttenhofer produziert auf seinem Obstgut Neunthausen Sulz/Nek-kar neben Apfelcidre auch Essigsorten und demnächst soll es auch eine Art Balsamico auf der Basis von Apfelmost geben. Vertrieb der Duttenhofer-Produkte über den Feinkostversender Vincent Becker in Ebringen, Tel. 07664-97 98-0, Ladengeschäft in der Gewerbe-straße 11.

Binzen: Einen ausgezeichneten selbstgemachten Rotweinessig in Halbliter-Flaschen (DM 16,80) und verschiedene offene Essigsorten (u.a. von Nobling), natürlich auch gute Weine, speziell auch hervor-ragenden, spritzig leichten Gutedel - gibt es bei einem kleinen, aber hochsoliden Weingut. Bernhard Frick, Im Freihof 9 (nahe der Kir-che), Tel. und Fax: 07621-6 56 10. Verkaufszeiten: Di, Do, Fr 18-20 Uhr, Sa 14-17 Uhr (außerdem nach telef. Absprache).

Freiburg: Vom Fass, Gerberau 1. Der Laden in der Altstadt bietet eine breite Auswahl an offenem Essig zum Selbstabfüllen (sieben Essigsorten, drei Sorten Volks-Balsamico), außerdem Öl, Weine und Brände zum Selberzapfen. Tel. 0761-2 92 32 87.

Enoteca, Gerberau 21. Ein Essigwunder: Agretto aus Vinsanto, das ist Essig aus einem ungeheuer konzentrierten Süßwein, vergleich-bar einer Trockenbeerenauslese, entsprechende Aromen. 0,5 Liter für 24,50 Mark. Tel. 0761-389913-0.

Schliengen: Die Balsamico-Methode wurde auch von deutschen Produzenten adaptiert, mitunter mit achtbarem Resultat. Unter den zahlreichen regionalen Anbietern von Weinessig fällt das Weingut Blankenhorn in Schliengen auf mit einem markgräfler Balsamico aus einer 83er Ruländer Auslese. Preis: Viertelliter für 27 Mark. Tel. 07635-82 00-0.

F-Westhouse (bei Benfeld, ca. 15 km südlich Straßburg): Nicole und
Wolfgang Höffgen. Obstessige aus biologisch angebauten Grund-
produkten (neben dem Standard-Apfelessig noch ca. 20 verschiedene Gewürzessige, sowie vorzüglichen Himbeeressig, Cassisessig
und andere Spezialitäten. Außerdem eigen produzierter grobkör-
niger Senf, Säfte, Gemüsesaucen und je nach Saison auch Gemüse, z.B. alte Tomatensorten und Gewürzkräuter. Wunderbare Marmeladen mit einem ungewöhnlich niedrigen Zuckergehalt - um
30 %. Üblich sind in Deutschland, auch bei Spitzensorten: 50 %.
Höffgens Marmelade dürfte in Deutschland nur als 'marmelade-
ähnlicher Brotaufstrich' angeboten werden! Verkauf in Westhouse,
118, rue de 20. Novembre, Anruf genügt: Tel. 0033-388 74 74 18
und jeden Sa-vormittag auf dem Erzeuger-Markt in Straßburg, Place du Château des Rohan (siehe auch unter 'Märkte').

✳✳✳

Eßkünstler. Was den Eßkünstler auszeichnet, ist die Gabe
reicher Assoziation, was ihn antreibt, ist die Suche nach
dem perfekten Erlebnis. Konvention und Statusgewinn
und all die anderen Motive von Kulissenessern sind für
den Eßkünstler unbedeutend, ja störend. Der Eßkünstler
verhält sich zum vernaschten Haufen wie der Denker zum
Politiker, wie der Erfinder zum Fabrikanten. Die einen
suchen Wahrheit, die anderen Beifall. Dabei gehen die Po-
pulisten gerne mit dem geborgten Licht der Künstler auf
Stimmenfang. So hält sich der Politiker heute gerne einen
Philosophen als intellektuelles Haustier, und serviert dessen Gedanken als eigenes Gebräu. Auch der Eßkünstler
muß für manche Entgleisung herhalten. Apollo sprach
einst zur Schildkröte: „Wenn Du tot bist, dann erst wird
Dein Gesang anheben." Der Satz ist waffenscheinpflichtig,
aber leider wahr.

Oft fühlt die Menge von den Vorlieben des Eßkünstlers
auch garnichts, was lästige Konkurrenz verhindert und ruhige Hingabe ermöglicht. Eßkünstler werden von Assozia-
tionen und Gedanken belebt, die dem Schlemmertöpf-

chenfreund fremd sind. Der Anblick eines Rehs, das am frühen Morgen im taufeuchten Sauerklee steht, wird von keiner Hubertusplatte der Welt übertroffen.

Ein Eßkünstler namens Antonius Anthus schlendert im Venedig des 19. Jahrhunderts über den Markusplatz. Anthus bemerkt das „froschartige Geschrei der Aqua-Verkäufer", er sieht Frauen mit bunten Blumen in den schwarzen Haaren, „die ebenso blumengeschmückte Würste und Schinken feilboten". Natürlich kaufte Anthus eine solche Wurst, und sofort holt ihn das immerwährende Dilemma reisender Eßkünstler ein: „Leider war es noch viel zu früh zum Mittagessen." Also weitere Runden vorbei an Knaben, „die Mais- und Kakaobohnen ausriefen", endlich im Gasthaus war die Tafel schon gedeckt. „Einen sehr günstigen Eindruck machte die für mich hingestellte, statt mit einem prosaischen Korkstöpsel mit einem zierlich gefalteten Weinblatt verschlossene Flasche. Heiter und frei stimmten auch die offenen Fenster." Das Mahl verlief zur vollsten Zufriedenheit, die allerdings von der Angst mangelnden Hungers auf das Abendessen getrübt wurde. Also läßt er sich zum Lido bringen, badet dort bei kräftigem Ostwind, „ich konnte länger als eine Stunde nicht satt werden, gegen die Wellen anzustreben und mich immer aufs neue zurückwerfen zu lassen." Was Wirkung zeigte, „unschätzbarer Appetit hatte sich eingestellt". Es gab ein improvisiertes Abendbrot am Strand. „Meine Salzburger Zunge wurde entwickelt, sie enthüllte ihren Purpur, ein Granatapfel gesellte sich dazu, der azurblaue Himmel lächelte darnieder, lieblich kühlte der Ostwind."

***

Espresso. Der kleine Schwarze verdrängt die altdeutsche Filterjauche und das ist gut so. Weniger gut ist die verbreitete Meinung, man könne es zunächst mal mit der Karikatur einer Espressomaschine versuchen und seine Gäste

mit lauwarmem Bittersud belästigen. Ein Irrtum, der auch
in der Gastronomie weit verbreitet ist. Dann lieber ordentlichen Filterkaffee.

Die Aromen eines guten Espresso nisten noch Minuten
nach dem Genuß in den Falten der Mundschleimhaut. Die
dünne Plörre, die einem hierzulande als Espresso angeboten wird, rauscht dagegen durch den Schlund wie
Wasserspülung. Was hängenbleibt, ist allenfalls der Ärger
über den hohen Preis für eine freche Imitation. Versuche,
einen Espresso in Heimwerkermanier zuhause nachzu-
basteln, gehen meist schief. Das finanzielle Leid und all
der menschliche Hader, welche durch Nachäfferei der italienischen Espressokultur in deutschen Familien getragen
werden, rufen nach grundsätzlicher Betrachtung. Schließlich sind auch die volkswirtschaftlichen Folgen erheblich.
Der Gegenwert an Fehlkäufen und schnöde sitzengelasse-
nen Espressomaschinchen dürfte in die Milliarden gehen.
Dabei ist es doch ganz einfach. Ein Campingkocher macht
noch kein Menü, eine Videokamera keinen Spielfilm und
zum richtigen Espresso gehört mehr als ein Dampfspiel-
zeug. Espresso ist Kultur und Kultur gibt es nicht zum Mitnehmen an der Ecke. Wer sich auf das Abenteuer Espresso einläßt, geht am besten gleich zu einem Profihändler
und folgt dem Grundsatz, daß es unter 1 000 Mark Einsatz
zwar viele Espressi gibt, aber keinen selbstgemachten, der
den Namen verdient. „Jeglicher Exzeß, der die Schleim-
häute verletzt, verkürzt das Leben", schrieb Balzac. Aber
damals gab es noch keinen Espresso.

Guten Kaffee trinken & einkaufen

Freiburg: Kolbencafé (werktags zu den Ladenzeiten, So und Feiertage geschl.). Dem Durchlauferhitzer am Martinstor kommt historischer Verdienst zu. Die Stube war - noch zu Zeiten der Diktatur
der Filterjauche - der entscheidende Schritt Freiburgs zum guten,
dampfgepreßten Kaffee, der Anfang des Milchschaums und zugleich der ertragreiche Grundstein eines hurtig wachsenden Kombi-

nats (dazu gehören: Markthalle/Osteria/O Porto/Schiller). Zur guten Tasse Kaffee verschiedenster Provenienz (Segafreddo/Illy/Kolanda) gibt's allerlei feines Naschwerk, Croissantes und verschiedenst belegte Brötchen und Panini, außerdem gutes Eis. Im Winter reines Stehcafé, im Sommer werden auch Tische und Stühle ins Freßgäßle gerückt, wo sodann eine nette Verweilatmosphäre entsteht, wozu ein bisweilen auffallend galanter Kellner beiträgt. Zum immer seltener werdenden Glück sitzt man auch noch auf Korbstühlen! Also kein Festkleben der Oberschenkel am Plastiksessel, werte Damen!

Baden-Baden: La Cultura del Caffè, Merkurstraße 6, Tel. 07221-22260. Geräte- und Zubehörverkauf (u.a. wunderschöne Vibiemme-Maschinen), mit kleinem Stehausschank. In eintägigen Seminaren werden die Feinheiten der Espressobereitung erläutert. Bei entsprechender Disposition genügt allein schon der Duft in dem kleinen Laden als Schlüsselreiz. Unter gleicher Leitung, mit feinen hausgemachten Kuchen das Café in der Kunsthalle, Lichtentaler Allee 8a, Di-So 11-18 Uhr, Mi 11-20 Uhr.

Basel: In der Schweiz wird in der Regel auf deutlich höherem Niveau ausgeschenkt, ein durchschnittlicher Café Crème schlägt die deutsche Konkurrenz um Längen. Ein reizvoller Kaffeefleck mit nicht alltäglicher Stimmung liegt in Basels Innenstadt, gleich oben am Münsterplatz: Café Isaak. Hier bleibt sogar der Sonntagmorgen buffet- und brunchfrei! Dafür helles, warmes Licht, ordentliche Sitzgelegenheit, große Presseauswahl, Frühstück mit guter Konfi und Hobelkäs; Schokoladenkuchen, wenn's sein muß auch frisches Müsli, mittags kleine Gerichte. Am besinnlichsten ist dort die frühe Stunde gleich ab 9 Uhr, wenn anderswo die Großraumlimousinen für den Feiertagskampf aufmunitioniert werden. Ab 9 Uhr. RT: Mo.

Und unten am Marktplatz: Café Schießer - bis vor kurzem eines der wenigen Cafés, wo mittags nicht der Geruch warmer Mahlzeiten den Kaffeegenuß trübte. Nun dem Zeitwillen folgend auch mit Tellergerichten und Lunchzoten, aber im Grunde immer noch ein großer Platz an einem großen Platz. So geschlossen.

Schweizer Rösterei **Kolanda**, Binningerstraße 87, Allschwihl, Tel. 0041-61-4815000. Verkauf ab Rösterei (in Freiburg auch im Kolben-Café, s.o.).

Italien-Ausflug: In Italien gibt es guten Espresso bekanntlich noch an jeder Ecke. Meistens, denn der Vormarsch der Einmaltasse aus Plastik hat bereits Bars südlich von Rom erreicht. Hier muß der Hin-

weis auf eine Bar genügen, die la cultura del caffè besonders liebevoll pflegt: Die Gigi-Bar in Stresa am Lago Maggiore, Corso Ita-
lia - gegenüber dem Fährhafen und der Isola Bella. Dort wird der
Cappuccino mit einer Prise Zimt im Milchschaum serviert, die dann
in Form einer Pfauenfeder ausgezogen wird - ein Gruß an die ge-
genüberliegende Isola Bella und die exotischen Vögel dort.

Kaffeemaschinen kaufen und reparieren: Siehe 'Küchenwerkzeug - Kaffeemaschinen'.

***

Fasan. Selbst Profiköche kann der Fasan um den Verstand
und ihre Gäste um den Genuß bringen. Der Küchenmeister sagt dazu: „Ich mache keinen mehr, das Risiko ist mir
einfach zu groß". Nur etwas zu alt, ein wenig zu lang im
Ofen und schon kann es passieren: zu zäh, zu trocken
oder am Ende beides. Am besten und zartesten schmekken junge Hennen, junge Hähne sind im Geschmack kräftiger, ihr Alter ist am Sporn über den Zehen zu erkennen,
je größer desto älter. Hennen haben weniger farbenfrohes
Gefieder. Gelegenheitsköche können bei der Einschätzung
von Alter und Frische aber gewaltig irren. Wegen der
Altersproblematik und unvermeidlichen Bleischrotfülle
bei Wildfasanen bevorzugen die meisten Gastronomen
mittlerweile Zuchttiere aus Fasanerien. Diese erreichen
geschmacklich zwar nicht die Güte der Wildtiere, bergen
aber auch nicht deren Risiken. Die meisten Fasanen im
freien Handel dürften mittlerweile aus der Zucht stammen. Das Rupfen von Fasanen ist eine Sache für sich, besonders bei den Brustfedern muß man sehr sorgfältig sein,
sonst wird die Haut zerrissen und das Teil wird noch trok-
kener. Auch Geübte brauchen eine Viertelstunde pro Tier,
Laien können über die Arbeit fast den Appetit verlieren.
Am besten, man läßt sich das Tier vom Händler rupfen.
Richtig gut, gerade auch für zwei, die sich arg mögen: Ein
Fasan mit leichtem, nur in Wein gedünstetem Sauerkraut,
dazu einen der wenigen frischen, leichten Gewürztraminer.

Einkaufen & Einkehren (Fasanen-Zeit ist im Spätherbst/Winter)

Ihringen: Sulzerei/Metzgerei Schillinger, Eisenbahnstr. 23. Schlacht-frisches Geflügel, u.a. auch frische Hähnchen aus Freilandhaltung und im Spätherbst/Winter/Weihnachten (auf Bestellung) Enten, Pu-ten, Fasanen, vereinzelt auch Wildhasen, auf Wunsch auch Teile davon (Filets, Brust, Keule). Mi und Sa auf dem Freiburger Wochen-markt. Vorbestellung: Tel. 07668-218.

Freiamt-Mußbach: Krone. Wildfasanen mit wunderbar leichtem Sauerkraut und Brägele, in der Saison dann und wann auch ande-res Flugwild wie Rebhühner, Tel. 07645-227. Werktags ab 17 Uhr, So ab 12 Uhr, RT: Mi.

***

Feigen. Als Mittelmeerbewohner ist die Feige wärmelie-bend, aber dennoch ziemlich hart im Nehmen. So hat sich der Feigenbaum auch an einigen warmen Innenhöfen und Hauswänden Südbadens niedergelassen. Im oberen Teil Weil-Ötlingens prangt ein garagengroßes Exemplar ein-fach so in einem Vorgarten. Beim Weingut Dörflinger in Müllheim, dessen ausschließlich trocken ausgebaute Wei-ne ohnehin mal gelobt werden müssen, lacht ein Feigen-baum im prächtigen Innenhof; natürlich nicht im Kübel, sondern aus der Erde wachsend. Eine sommerliche Wein-probe im Schatten der großen Blätter sei hiermit ausdrück-lich empfohlen. Am Badenweiler Burgberg gedeiht eine jahrzehntealte Feige vor der alten Gärtnerei (ein Holzge-bäude oberhalb des Kurhauses), aber dem müßte man mal wieder etwas Licht verschaffen. In guten Jahren tragen auch badische Feigenbäume süße Früchte und das wäre dann ein idealer Anlaß, um die altbekannte Kombination von Schinken und Melone auf die nächsthöhere Stufe des Genusses zu heben. Ein milder, roher luftgetrockneter Schinken, zusammen mit ein paar frischen Feigen. Perfekte Vorspeise. Statt Sherry paßt dazu auch ein alter, schon oxy-dativer, ruhig auch honigfarben gewordener Weißer aus der Region. Fazit: all die zahnlos gewordenen Weißen und

Grauen Burgunder nicht wegkippen, sondern öfter Feigen
kaufen. Oder Bäume setzen.

***

Farmfisch. Nicht nur bei Süßwasserfischen, auch bei Seefischen ist das Farmen mittlerweile verbreitete Praxis, Tendenz zunehmend. Der verbreitete Spott über den Zuchtlachs als 'Mastschwein des Meeres' ist zwar treffend, insofern aber einseitig und ungerecht, als er von einer Problematik ablenkt, die weiter greift als die meisten Konsumenten vermuten.

Bei den Seefischen werden mittlerweile auch teure Edel-
sorten in Meeresfarmen bis zur Marktreife gemästet. Darunter der Wolfsbarsch (im Handel: *Loup de mer*), *Dorade*
und *Dorade Royale*. Selbst das Mästen vom Edelsten der
Edelfische, dem Steinbutt, ist heute verbreitete Praxis.
Wobei der Butt nicht im Meer, sondern in großen Tank-
anlagen zu Land gemästet wird, weil er als Meerboden-
bewohner ruhenden Grund braucht und den Seegang der
Meerkäfige nicht verträgt. Die anderen Fische werden ähnlich wie Lachse in küstennah verankerten Netzkäfigen mit
sogenannten 'Pellets' gefüttert (Pellets = gepreßtes Trocken-
futter, meist aus Fischmehl). Bei Krankheiten werden dem
Futter auch Medikamente zugesetzt, prinzipiell besteht
also die gleiche Problematik wie bei der Lachszucht in nor-
dischen Gewässern.

Die meisten Netzgehege sind in den Warmwasserzonen
des Mittelmeers plaziert, wo die Fische besonders schnell
Gewicht zulegen. Spezialisierte Anzuchtbetriebe, besonders in Spanien, liefern die Fischbrut nach Italien und Türkei, wo fertig gemästet wird. Sodann reist die Ware - ganz
im Sinne des freien, europäischen Tauschhandels - zur
Kundschaft nach Mitteleuropa. Rund 80% des *Loup de mer,*
der auf den deutschen Markt kommt, dürfte schon aus
Zuchtgehegen stammen, bei den Doraden stammt jede

Zweite aus der Zucht, beim Steinbutt liegt das Verhältnis Wildfang/Aquafarming in Europa derzeit bei 70 zu 30; wobei größere Steinbutte überwiegend aus Wildfängen stammen, weil der Fisch im Alter nur sehr langsam wächst. Ohnehin schmecken beim Steinbutt die großen Fische besser als kleine. Farmware kommt schon ab ein Kilo in den Handel, ab vier fünf Kilo Lebendgewicht steigen die Aussichten auf einen Wildfang gewaltig. Allein das spricht für eine Steinbuttorgie mit ein paar lieben Freunden. Kopf, Reste und Gräten geben die beste aller Fischsuppen.

Eine Kennzeichnungspflicht zwischen Farm- und Wildware existiert im deutschen Einzelhandel nicht, gefarmte Ware wird auch zum gleichen Preis wie ein Wildfang verkauft, obwohl sie nicht deren Qualität erreicht. Anders im Großhandel oder bei Gastronomielieferungen, hier erfährt der Kunde, was geboten wird. Farmware hat im allgemeinen weniger festes Fleisch und mehr Fett- oder Trananteile, weil der Fisch bei weniger Bewegung schneller wächst.

Farmfisch-Süßwasser. Bei den *Süßwasserfischen* stammen die beliebtesten Tafelarten Forelle, Aal und Karpfen praktisch durchweg aus Zuchtbetrieben. Gefarmt werden aber auch Saibling, Wels, Zander und verschiedene Barscharten, die besonders wegen ihres festen Fleisches geschätzt werden. Auch das eine oder andere der begehrten Bodenseefelchen dürfte eine Varietät aus der Zucht sein. Die kleineren Barsche, die in der Schweiz, am Hochrhein und im Basler Einzugsgebiet als 'Egli' angeboten werden, heißen am deutschen Bodenseeufer 'Kretzer'. Aber auch hier gilt die leidige Erfahrung, daß die Frische mit der Nähe zum Ufer nicht zwingend zunimmt. Große Mengen der besonders in der Schweiz so beliebten Eglifilets dürften mittlerweile gefrostet aus fernen Zuchten den Weg in die getäfelte Heimatstube antreten.

Beispielhaft für den grenzenlosen Charakter des Handels ist ein Modefisch, der zu Beginn der 90er Jahre in den

Handel kam. Der afrikanische *Viktoriabarsch* - eigentlich
ein Nilbarsch - stammt aus dem gleichnamigen See, wo er
im großen Stil gezogen wird und den See durch Monokul-
tur in eine aquatische Halbwüste verwandelt hat. Der bis
zu 120 Kilogramm schwere Raubfisch liefert an sich ein
gutes Fleisch mit kräftigem Aroma und wenig Gräten. Er
wird vor Ort filiert und kommt dann per Luftfracht auf
den europäischen Markt. Sechstausend Flugkilometer und
fragwürdige Konservierungsmethoden sprechen aber eher
gegen den Kauf. Zudem hat der Raubfisch, der im Viktoria-
see erst angesiedelt wurde, mittlerweile gut die Hälfte der
anderen Fischarten verdrängt und die heimische Klein-
fischerei arg bedrängt. Die neuerdings fragwürdige Wasser-
qualität und massenhafter Wuchs von Wasserpflanzen, die
mit Herbiziden bekämpft werden müssen, sprechen außerdem gegen den modischen Importfisch aus Afrika.

Am wenigsten problematisch ist die Zucht von Karpfen,
wenn sie, wie seit Jahrhunderten üblich, in eigens angeleg-
ten flachen Teichen gezogen werden und dort viel natürliches Futter zu sich nehmen. Im Sundgau wird ein ganzer Landstrich von der Karpfenzucht geprägt: die Region
südwestlich von *Altkirch - Dannemarie* (Restaurants vgl. unten). Medikamenteeinsatz ist bei der Karpfenzucht überflüssig und würde sich bei den Marktpreisen auch nicht
lohnen, teurer verkaufter 'Bio-Karpfen' ist also ungerecht-
fertigt. Mit Abstand am meisten werden Forellen gefarmt
(vgl. eigenes Stichwort). Die großen, mindestens 1,5 Kilogramm schweren Lachsforellen haben mehr Fett als Teich-
forellen, ihre Farbe bekommen sie durch Carotinzusatz im
Futter.

Angesichts der Handelsbräuche ist der Einkauf bei einer
vertrauenswürdigen Quelle entscheidend. Bei Seefisch
wäre dies ein Händler, der tatsächlich Ware aus Wildfängen
anbietet und dies auch nachweisen kann. Diese Ware sollte
möglichst noch von 'kleinen Booten' stammen: Dies sind
Fangboote, die keine langen Turns fahren, wo die Fänge

tagelang auf Eis liegen, wie dies bei den großen Eurotraw-
lern der Fall ist. In Frankreich gilt die Ware von kleinen
Booten *(petit bateaux)* als regelrechtes Qualitätskriterium,
sie wird im Handel auch entsprechend ausgezeichnet.
Beim Einkauf von Süßwasserfischen ist es leichter, bis an
die Quelle zu kommen. Es gibt einzelne Händler in der
Region, die - je nach Fanglage - auch Ware aus erster Hand
anbieten. Ihre Bekanntschaft lohnt sich.

Einkaufen & Einkehren

Colmar: Poissonnerie Colmarée, Patrick Delaroche (ehemals 'Mo-
rel'). Im historischen Gerberviertel Colmars, 13, Quai de la Poissonnerie, Tel. 0033-389412334. Sa bis 17 Uhr geöffnet, So und Mo
geschlossen. Bezüglich Auswahl, Qualität und Frische einzig in der
Region. Ein hochklassiges Angebot an Seefischen, Muscheln und
Schalentieren. Ein Teil der Seefische wird täglich direkt aus der Bretagne geliefert (auch Sonderwünsche werden besorgt), man legt
Wert speziell auch auf Fänge von kleinen Booten. Diverse Top-Re-
staurants beziehen Fisch und Krustentiere direkt von diesem Laden,
deshalb immer ein breites, hochwertiges und absolut frisches Angebot. Auch Fischzubehör, im Sommer gibt es hier zum Beispiel das
dunkelgrüne Salzkraut der atlantischen Marschen, Salicornes oder
Paspierre genannt. Mit dem feinen Salz-Meer-Algen-Geschmack
eine schöne Beilage, aber nur bis September, dann werden die
Pflänzchen hart und holzig.

Poissonnerie Wertz. Gleich nebenan (Nr. 20 - von außen kaum zu
erkennen) der Traditionshändler Wertz, mehr wegen des Ladenam-
bientes als wegen der Auswahl sehenswert. Lebende Süßwasserfische in großen mit Sprudlern bestückten Wasserbecken und Holz-
bottichen, natürlich auch Seefische und Schalentiere. Wer hier auch
nur einmal eintritt, bemerkt, was Einkaufen sein könnte und wie-
viel Kultur durch Supermärkte vernichtet wurde. Sogar das Bezahlen (am antiquierten Kassenhäuschen) macht hier noch Spaß. Man
beachte ebendort das Safranangebot! 20, Quai de Poissonnerie, Tel.
0033-389412134. Täglich außer So und Mo 9-12, 14.15-18, Sa 8-
12, 14-17 Uhr. Heiligabend, sowie 31.12. bis 16 Uhr geöffnet!

Mulhouse: Supermarkt hin oder her - die großen französischen Supermärkte (allen voran Carrefour/Ile Napoleon bei Mulhouse) haben mittlerweile ein breites Fisch- und Meeresfrüchteangebot, das
weit über den Standards deutscher Anbieter liegt, zudem wesent-

lich preiswerter ist. Meist frische Ware, bisweilen auch ausgefallene Sorten. Dennoch ist selektive Auswahl nötig, was kein Problem bereitet, weil das gesamte Angebot offen auf Eis daliegt und man 'seinem Fisch' in die hoffentlich klaren Augen schauen kann. Ab Donnerstag auch Muscheln und Schalentiere (Hummerbecken). Die meisten französischen Supermärkte sind abends lange geöffnet: werktags bis 21 Uhr, samstags bis 20 Uhr.

Basel: Migros-Fischladen, Sternengasse 12 (Innenstadt, gegenüber dem Migros-Supermarkt). Ausgesuchtes Angebot an Frischfisch, Salaten und Konserven, Wild, Geflügel nebst interessanten Beiprodukten und Konserven für die gepflegte Fischküche. Preise aber deutlich über dem französischen Niveau.

Manor (ehemals 'Rheinbrücke'). Auffallend gut sortierte und ästhetisch ansprechende Abteilung im Souterrain des gleichnamigen Kaufhauses in Kleinbasel, Greifengasse, nahe Mittlere Brücke. In der ohnehin reich bestückten Lebensmittelabteilung meist ein großes Fischangebot.

Laufend Frischfisch bei Globus am Marktplatz. Verglichen mit Frankreich aber auch hier deutlich höhere Preise und weniger Auswahl.

Freiburg: Das Fischfachgeschäft heißt Moser, Herrenstraße 38, Tel. 0761-36790. Angesichts des reichen Angebotes beim Nachbarn entscheiden sich aber selbst entschiedene Freiburger meist für die Fahrt nach Colmar oder Mulhouse.

Lörrach: Neptuns Fischparadies. (Neueröffnung in der Wiesentalstraße, bisher Weil, Riedlistraße 1). Alessandro Montagno fährt jeden Dienstag mit einem Kleinlaster an die Adria und kauft dort direkt am Fischmarkt ein. Ab Mittwoch ist sein in der Regio einzigartiges Angebot taufrischer Mittelmeerfische greifbar: Wahrlich ein Fischparadies im Dreiländereck! (Mo und Di geschl.)

Rheinfischer. In **Rust** betreibt die Familie Sigg eine Fischzucht, angeschlossen ein Fischladen und ein Stand in der Freiburger Markthalle. Verkauf auch auf den Wochenmärkten in Offenburg, Emmendingen, Waldkirch, sowie auf einem Freitagsstand auf dem Freiburger Münsterplatz (Südseite nahe dem Münstereingang). Direkt bei Sigg in Rust bekommt man auch frische Rheinfische aus eigenen Fängen. Nach telefonischer Absprache werden auch Sonderwünsche oder kapitale Stücke besorgt, Rheinweg 2, Tel. 07822-6569.

Der pensionierte Fischer Franz Sutter in **Schwanau-Wittenweier**, Hauptstraße 9, Tel. 07824-726, verkauft einzelne Wildfänge aus den Altrheinarmen und Taubergießen, sowie Fische aus einer eigenen kleinen Teichanlage. Eigene Räucheraale. Auch hier anfragen, was gerade da ist.

Adrien und Béatrice Vonarb, F-**Balgau**, 8, rue Mittelhardt, Tel. 0033-389486271. Balgau liegt 2 km nördlich von Fessenheim. Derzeit der einzige professionelle Rheinfischer im Südelsaß. Angebot je nach Fang, unbedingt vorher telephonisch anfragen bzw. bestellen (beide sprechen etwas Deutsch). Vonarbs produzieren auch gute Fischpasteten, teils auch im Auftrag für erstklassige Restaurants (Gewähr für reines Material, ohne Klebstoff).

Fisch essen

Freiburg: Enoteca, Gerberau 21. Trattoria (gepflegter Italo-Keller) und Restaurant (aufgemöbelte Speisehalle). Italienische und Fischküche auf sehr fortgeschrittenem Niveau, auch preislich. Änderungen in der Betriebsstruktur stehen bevor, daher offene Prognose. Tel. 0761-389913-0 und 30751. Sonn- und Feiertage geschlossen.

Grüner Baum in Frbg-Merzhausen. Solides Restaurant der bürgerlichen Mittelklasse, überschaubares aber sehr ordentlich zubereitetes Fischangebot. Auch Sonderwünsche wie zwei, drei kurz und knapp angebratene Filets werden meist ohne Murren serviert; zum halben Preis, den Schausteller anderswo verlangen. Kein Ruhetag. Hexentalstraße 35, Tel. 0761-45940-0

Schwanau-Wittenweier: In der Landgaststätte Krone gibt es jeden Donnerstagabend ab 17 Uhr frische fritierte Flußfische (je nach Marktlage: Weißfische, Barsch, Felchen), auf Bestellung auch an anderen Tagen. Volkstümliche Atmosphäre. An der Hauptstraße, Tel. 07824-2532, RT: Di.

Lörrach: Alt Stazione, am Alten Markplatz, gegenüber Migros. Oft Fisch-, immer Pastagerichte von einer aktuellen Tageskarte. An Sonn- und Feiertagen eingeschränkte Öffnungszeiten. Tel. 07621-46074.

Einkehren & Karpfenrestaurants im Sundgau und südl. Elsaß

Hirtzbach (südlich Altkirch): Restaurant de la Gare - Munzenberger (Fam. Marter). Außergewöhnlich gute Karpfen (mit eigener Mayo), nette Wirtsleut, ebensolche Stimmung, lohnendes Ausflugsziel. Tel. 0033-389409327. RT: Di-abend und Mi.

Überstrass (südl. Altkirch): Restaurant Du Soleil/Wadel. Regionale Unkorrektheiten wie Froschschenkel, aber auch carpe frite, kernig provinzielle Atmosphäre. Grand Rue, 17. Tel. 0033-389256013. RT: Di-abend und Mi.

Chalampé: Restaurant Du Rhin, 7, rue P.E. Lucas. Seit Jahren ein Klassiker für carpe frite in unkomplizierter Landstraßenatmosphäre (besonders luftig panierte Moggen vom carpe frite, stilecht serviert - nur mit grünem Salat und hausgemachter Mayo). Ebenfalls recht gut die crudité. Für carpe frite auf jeden Fall vorher anrufen: 033-389 26 05 18. RT: Sa und So.

Seefisch und Muscheln: Le Bistrot à Huîtres, F-Mulhouse, 2, rue du Moenchschberg (an der Ausfallstraße Richtung Altkirch, wenig südlich vom Bahnhof Mulhouse). Gut erkennbar an der grünen Markise und den Muschel- und Schalentierauslagen im Freien. Auf den ersten Blick ein unprätentiös eingerichtetes Bistro, dennoch das beste Fisch- und Meeresfrüchteangebot weit und breit. Ein Stück Atlantik am Eck, konkurrenzlos. Tel. 0033-389640160. RT: So, Mo-mittag.

***

„**Fischsuppe** kocht man nur für nette Leute", meint der Küchenmeister, „sie macht sonst einfach zuviel Arbeit". Alle Fische mit starken Gräten sind brauchbar, weil erst die maritimen Ausdruck in die Brühe bringen. Der mächtige Steinbutt (franz. *Turbot*) mit einem Gräten- und Knorpelanteil von fast 50% wäre ideal, wegen seines recht hohen Preises freilich schon am Rande des Snobismus. Bei entsprechendem Anlaß dennoch eine Überlegung wert, Fischsuppe kocht man ja nur für liebe Leute. Mindestens ebenso geeignet der Petersfisch *(St. Pierre)*, der bei einem Filetanteil von nur einem Drittel ähnlich erstklassiges Grundmaterial liefert. Gerne verwendet werden auch Seezungen, erst dann folgen: *Loup de Mer, Lotte, Dorade, Rascasse, Rougets* und all das Kleinzeug mit dem Sammelbegriff 'Felsenfische', das nicht mehr zum Filieren taugt. Varianten sind immer möglich, auch Schalentiere. Wichtig: Köpfe (zumindest die Kiemen) und Eingeweide der Fische fliegen ganz weg. Sie würden den Fond leimig machen und den Geschmack verfälschen (besonders kritisch: die Kiemen).

Zudem sind die Innereien mancher Fische für jenen pene-
tranten Geruch zuständig, der bei Käpt'n Iglo dominiert.
In guten Fischgeschäften gibt es Fischkarkassen für die
Brühe auch solo. Man hat dann beim Fleisch größere
Wahlfreiheit.

Die Binnenausgabe der Fischsuppe heißt *Matelote*. Ein
Süßwasser-Fischeintopf, der noch heute im elsässer Ried,
also gegenüber der Ortenau, angeboten wird. Eine Vereinigung von Restaurants, die das Gericht mehr, mitunter
auch weniger pflegt, ist an einem Schild mit blau-weiß-
roten Fischsymbol zu erkennen. Oft wird die Matelote als
Touristenköder ausgelegt, serviert wird dann eine überteu-
erte Karikatur des Originals, das auch mal in Baden beliebt
war. Hecht, Aal, Schleie, Zander, eventuell auch ein Stück
vom Karpfen, alles separat angebraten und erst dann in
eine gute Fischbouillon eingesetzt, geben eine Matelote.
Wie bei der Meerfischsuppe ist auch bei der Matelote die
Güte der Brühe entscheidend. Und genau am Fond mangelt es mitunter, was dann durch überreiche Sahne- oder
Crème fraîche-Zugaben kaschiert wird.

Rezept Fischsuppe: *Für eine Fischbrühe die Karkassen bzw.
Gräten und kleine Fischfitzel in einer Pfanne sacht anziehen lassen, zusammen mit den üblichen Aromaten - Knoblauch, Zwiebel, Lorbeer (bei der Matelote auch Salbei), Thymian, Tomaten,
Lauch und was noch da ist. Alternative: Heftiger Anbraten in
Olivenöl oder geklärter Butter, das bringt mehr Röstaromen, erhöht aber auch die Gefahrt, daß die Brühe hinterher wegen mehr
Schwebstoffen etwas trüber ausfällt. Gleich ob sacht oder heftig
angebraten, danach mit mit Weißwein ablöschen und offen eine
halbe Stunde ziehen, simmern lassen, nicht kochen. Garzeiten
über 30 min führen zu leimigen Fonds. Verlängerung des Fonds
mit guter Gemüsebrühe ist möglich, je nach gewünschter Klarheit
durch Sieb oder Tuch abgießen, ein Schuß Pastis oder Ricard gibt
mehr Halt. Später fertigwürzen, eventuell mit ein paar Fäden
safranisieren.*

Das Fleisch für die Fischsuppe kommt in große Stücke geschnitten in die Pfanne. Große Stücke, damit der Fisch nachher noch mit Namen gegrüßt werden kann. Eine gute Einlage verschweigt ihre Herkunft nicht. Fischfleisch kurz und ziemlich brutal anbraten. Etwas Gemüse, dünn und in Rautenform geschnitten wie die roten Wegzeichen des Schwarzwaldvereins - Fenchel muß dabei sein, Kartoffeln wären wohl zu preußisch - Gemüse à la paysanne in separater Pfanne andünsten. Fischstücke und sautiertes Gemüse dem fertigen Fond erst dann zugeben, wenn die Gäste schon warten, erst dann alles zusammen noch etwas garziehen lassen.

Die Variante für geliebte Gäste: den Fisch nach dem Garen wieder aus der Brühe nehmen und apart anrichten. In die tiefen Teller schon mal ein Ruhekissen aus Röstbrot setzen. An Aioli und Käse denken. Wer so eine Suppe auftischt, verdient Vertrauen - bis tief in die Nacht.

***

Fleischküchle. Mit der Bemerkung, das Fleischküchle sei die Spanplatte der Küche, läßt sich der ohnehin schon problematische Ruf der Hackies leicht zerreden. Aber wie viele zusammengesetzte Gerichte, man denke an Terrinen, Pasteten oder Füllsel, verraten Fleischküchle auch einiges über die Sorgfalt einer Küche. Achtlos zusammengerödelte Klötze aus ein paar Resten Zutaten geben kein Essen; sowenig wie aus Sägmehl Holz werden kann.

Ein sorgfältig gemachtes Fleischküchle mit den richtigen Beilagen serviert, ist ein achtbares Gericht, das im Übrigen längst nicht jeder Profi beherrscht. Halb Kalb, halb Rindfleisch beispielsweise, das durch Anreicherung mit etwas gewolftem Hühnerklein nochmal gewinnt, begleitet von etwas fein gestiftetem Kohlrabigemüse und goldbraunen Brägele. Optisch und aromatisch die reine Freude. Gleichwie, gelungene Hackies sind ein Indiz aufrichtiger Gasthausküche, ihr nahezu flächendeckendes Verschwinden in der Gastronomie spricht für sich.

Die Liebe zum Fleischküchle ist leicht an Kleinigkeiten zu erkennen: kleines Format statt Handtellergröße sorgt für ein überlegenes Kruste-/Masseverhältnis, sofern das Anbraten beherrscht wird. Neben den obligatorischen Zutaten wie altbackene Brötchen (einweichen und gut ausdrücken), Ei (gelb und weiß) sowie wirklich fein gehackte Zwiebel, sorgt bei den Gewürzen etwas fein geschnittene Petersilie für einen erfreulichen Anblick im sonst eher indifferenten Längsschnitt der Klöpse. Varianten gibt es zahllose: beliebt war früher der Zusatz eingeweichter Haferflokken, dafür etwas weniger Brot, was einen rösthaften, leicht nussigen Geschmack gibt, auch etwas frischer Majoran macht sich gut.

Psychologischer Exkurs: Nicht nur bei Kulthandlungen, auch in der Küche verliert das gefürchtete Objekt durch Verhackstücken seinen ursprünglichen Mythos. So löst Fleisch nach seiner Transformation ins Indifferente weniger Aversion aus als im Urzustand. Das erklärt vielleicht auch den internationalen Erfolg von Hamburgern, die ja nicht nur als Hamburger, sondern auch als Königsberger Klops, bayrisches Pflanzerl und spanischer Albondiga auftreten. Nie hätte ein Stück Fleisch, am Stück gebraten, weltweit ein Erfolgsessen werden können. Schon garnicht bei Kindern. Wahrscheinlich sind Hamburger gerade deshalb so erfolgreich, weil zum Verzehr nur ein Mindestmaß an Gewalt erforderlich ist. Gerade in einer Zeit, wo es draußen ziemlich rauh zugeht, möchte man selbst nicht noch hart zubeißen müssen, um satt zu werden. Am Eingang einer amerikanischen Hamburger-Kathedrale steht: „Come in and sink your teeth into heaven". Das ist schwer zu übersetzen, aber wer möchte das nicht, „satt werden und zugleich im Himmel versinken".

Einkehren

Münstertal: Kreuz, direkt beim Kloster St. Trudpert, nur bis 18 Uhr geöffnet, RT: Do und Fr bis 14 Uhr. Do an Feiertagen geöffnet, nur Mittagessen.Dienstags gibt's öfter mal Hackies vom Hinterwälder Kalb und dazu wirklich goldbraune Brägele - allerdings nicht immer. Vorher anrufen: Tel. 07636-818.

Freiburg: Auch im Hirschen zu Lehen wird die Kultur des Fleischküchles in Ehren gehalten, das Gericht ist immerhin in zwei Varianten auf der Karte und für gute Gäste wird zur später Stunde auch mal eine ganze Pfanne extra gebraten, tischweise versteht sich. Vereinzelt wird die Freude von Qualitätsschwankungen getrübt. Tel. 0761-8 21 18. RT: Do.

Luxusmüde bekommen gute Fleischküchle auch im Hirschen in Frbg-Merzhausen (Tel. 0761-40 22 04, RT: So und Mo) sowie - schön lokkere - im Rebstock in Scherzingen (ab 17 Uhr, RT: Mi.)

***

Fleischruhe. Vor dem Essen sollst Du ruh 'n. Die Regel gilt ausnahmslos für alle angebratenen und nicht ganz durchgebratenen Fleisch-Edelteile: Braten, Steak, Kotelette, Filet und/oder Entrecôte also erst servieren oder tranchieren, nachdem sich das Teil ein paar Minuten im Warmen ausruhen konnte. Die Fleischruhe - bei 50-60 °C im vorgeheizten Backofen, das gute Stück bei Bedarf in Alufolie einwickeln - Fleischruhe sorgt dafür, daß Spannungen in der Fleischfaser nachlassen, entspanntes Fleisch schneidet sich leichter und wirkt im Biß mürber. Ursache: bei nachlassender Temperatur zieht sich der Fleischsaft aus den Randbereichen in die Mitte des gebratenen Stückes zurück, die Oberfläche verliert an Spannung. Beim Anschneiden verliert ein ausgeruhtes Stück zudem weniger Saft als eines, das frisch gebraten auf den Tisch kommt.

***

Foie gras. Eine Rolle im konservativ besetzten Gourmettheater wird die Gänsestopfleberpastete (schlimmes Wort) vermutlich noch eine Zeitlang innehaben. Honecker war ja auch ziemlich lang dran. Gründe für das Festhalten an Altbewährtem gibt es immer, besonders aus Sicht der Etablierten. Das Produkt erklärt sich von selbst, es bringt höchsten Ertrag bei überschaubarem Einsatz. In der Kaviarklasse geht es ja ohnehin nicht vorrangig ums Aroma, sondern eher um den Heiligenschein, der den Dingen eigen ist. Andererseits wäre zu bedenken, daß alles, was im Duty free shop angeboten wird, keine Spezialität im eigentlichen Sinne sein kann. Und im Duty free shop steht die Gänseleber gleich neben dem hochchaptalisierten Gewürztraminer von Wolfberger, dem hiermit auch der Spezialitätenstatus abgesprochen wird. In vertrauter Runde sagte ein Gastronom, als es um Fettgehalt, Verträglichkeit und Gänseleber geht: „Da wird's einem ja schwindlig!" Tja, so ist das Luxusleben, harte Arbeit. Andererseits gilt ja nach wie vor die Einsicht, nach der Freiheit wie wir sie meinen, immer auch die Freiheit des Andersschmeckenden ist.

Die klassische elsässer Spezialität kann ja auch durchaus munden, sie muß aber nicht. Im Restaurant ist die Applikation einer Spur Foie gras oft auch nur ein preistreibender Gag - ähnlich wie das Auftrüffeln im Piemont. Auf deutscher Seite besteht ohnehin ein gewisses Ressentiment gegenüber der Pastete, das freilich nur bei eingeschränktem Horizont haltbar ist. Wem die Sache mit der Tierquälerei nur und ausgerechnet beim Thema 'Gänseleber' in den Sinn kommt, kann sich ja mal einen Schweinemastbetrieb oder eine moderne Hühnerfarm ansehen (und Trockenei ist nun mal in jedem Magnum, in jeder Nudel).

Abseits moralischer Bedenken muß sich Foie gras freilich auch einer kulinarischer Wertung stellen. Manchmal stopft die Pastete nur, was einzig an der Qualität liegt: Foie gras ist vielen ja nur als typisch trapezförmiges Konservenbüchsle ein Begriff, das in Geschenkkörben zum vollen

Geburtstag auftaucht. Dabei wären Gebender und Neh-
mender mit einer Leberwurst oft glücklicher. Mit richtiger
Foie gras hat die Konserve wenig gemein. Also: Hände weg
von der Dose! Beste Stopfleber heißt entweder *Foie gras
entier* (die ganze Leber wurde verarbeitet) oder *Foie gras*
(Stücke von der Leber). Andere Foie gras enttäuscht meist:
bloc de foie gras (100%ig pürierte Stopfleber); *paté de foie gras*
(enthält einen Kern von Stopfleber, 50% des Gesamtge-
wichts). *Foie gras d'oie* (Gänsestopfleber) ist um einiges fetter als *Foie gras de canard* (Entenstopfleber), deshalb wird
auch gemischt, halb Gans, halb Ente. Die wenigsten En-
ten- und Gänselebern stammen aus dem Elsaß: zum größten Teil werden die Rohlebern aus Ungarn, Polen und Is-
rael importiert.

Einkaufen

Rhinau: Feine und teure Terrinen - foie gras d'oie, ohne Konservie-
rungsmittel, nur sterilisiert - verkauft das Restaurant Au Vieux Cou-
vent. Auch Versand nach Deutschland. Preise: 660 g = 750 FF; 300
g = 350 FF. 6, rue des Chanoines, 67860 Rhinau - direkt am Kanal,
am Quai de Pêcheur. Tel. 0033-3 88 74 61 15, Fax 0033-388 74 89.
RT: Di-abend, Mi. Ferien im Juli.

Ichtratzheim (südl. Straßburg an der RN 83, schon von der Route
Nationale aus zu sehen): Les Foies Gras du Ried, rue du Château.
Breites und preislich recht günstiges Angebot in einem spezialisier-
ten Laden, Neubau am Dorfrand: Im Sortiment Entenleber und
Gänsestopfleber getrüffelt und ungetrüffelt, frisch vom Stück oder
vakuumiert (sous vide) oder auch im Glas als Halbkonserve. Im Glas
sind die Pasteten gekühlt 6 bis 9 Monate haltbar, frisch vakuumier-
te Leber am Stück ca. 2 bis 3 Wochen. Sachkundiges Verkaufsper-
sonal. Öffnungszeiten: Mo-Fr 8.30-12 und 13.30-19 Uhr, Sa 9-12
und 13.30-18 Uhr. Tel. 0033-388 64 22 84, Fax 0033-388 64 93 16.
Auf Wunsch wird die ausführliche Preisliste geschickt.

Straßburg/Marché des producteurs (Sa), Ferme Le Kreuzweg (neben dem Essigstand von Wolfgang Höffgen): Foie gras von der Ente,
Pasteten von der Ente, feine Entenrilette. Die Ferme hat zuhause,
auf 760 m Höhe, auch eine Auberge: nordwestlich Colmar, bei Le
Hohwald, an der D 425, Tel. 0039-388 08 35 00.

***

Fond. Ein Fond ist die Grundlage einer klassischen Sauce. Im Grunde sind alle Fonds mehr oder minder stark reduzierte, also eingedampfte und sorgfältig entfettete Brühen, die aus Fleischresten, Fisch oder Gemüse gezogen werden können. Solche Extrakte sollen einer Sauce ihre aromatische Grundlage geben. Wie alle langwierigen Rezepturen, wird auch die Fondbereitung gerne verklärt (vgl. hierzu Stichwort 'Kurz oder lang?').

Die Angelegenheit bleibt schon deshalb unübersichtlich, weil in der klassischen Küche auch noch zwischen *Fond*, *Jus* und *Demiglace* unterschieden wird. Nur ist die Verwendung der Begriffe so unscharf, daß es zu zahlreichen Mischformen und terminologischem Wirrwar kommt. Wobei als Jus im engeren Sinne nur der eigene Saft des Bratenstücks *(jus de roti)* gilt, der eventuell mit Fond verlängert wird. Allerdings kann ein Jus laut Lehrbuch auch aus dem üblichen Röstansatz für Fond plus Tomatenmark und Wein gezogen werden. Als Demiglace schließlich gilt ein stark reduzierter Fond, eine Art Paste, die schon Stand hat. Früher war es üblich, diese feste Konsistenz durch Zugabe von Mehl oder Ansetzen einer Mehlschwitze zu erreichen, was heute nicht mehr als die feine Art gilt.

Wer Fonds oder gar eine hochkonzentrierte Demiglace für die eigene Küche herstellen will, sollte dies - auch wegen des hohen Zeitaufwandes - auf Vorrat tun. Also reichlich großer Ansatz (10 Liter lassen sich leicht auf einen Liter reduzieren) und das Ergebnis portionsweise einfrieren. Praktisch erweist sich hier die Eiswürfelform im Frostfach. Ansonsten lohnt der Aufwand einfach nicht. Anders in der Profiküche, wo Fonds ja praktisch nebenher geköchelt werden, weil der schlachtschiffgroße Herd ohnehin fast immer warm ist und weil ständig fondtaugliche Reste anfallen.

Schon die langwierige Geburt der Fonds zeigt, daß es hier nicht um eine leichte, frische Küche geht, sondern um hausgemachte Konserven und da liegt ein Problem: Ohne seine zwei, drei Pötte mit Brühe und Fond auf dem Herd, arbeitet noch heute fast kein Verbandskoch. Hier eine Kelle drüber, da etwas Brühe dazu, so hilfreich das Weihwasser bisweilen sein mag, so gefährlich und nivellierend kann der Einsatz der Fonds wirken, wenn sie nicht extrem sauber gekocht wurden, sondern Verwertungsformen sind. Zudem gibt es längst elegantere, schonendere Alternativen als einen schweren, oft nur dumpfen Beiguß. Zum Beispiel eine konzentrierte Spät- oder Auslese, Sherry, Fruchtsäfte oder Apfelmost als Fondersatz zu verwenden (vgl. die entsprechenden Stichworte). Das Kochen mit hochkarätigem Wein ist ohnehin eine Chance, die viel zu wenig genutzt wird. So entsteht tatsächlich à la minute eine originäre Sauce, deren Herkunft sich nicht im Dunkel stundenlanger Verkochung verliert.

Rezept Fond: *Wer auf eigene Fonds zurückgreifen möchte, legt sich gleichsam eine stille aromatische Reserve an. Am häufigsten verwendet die klassische Küche den dunklen Fond aus Rindfleischteilen, am zweithäufigsten wird man einen hellen Geflügel- oder Kalbsfond brauchen. Wild-, Fisch- und Gemüsefonds wären Sondermodelle, die für Spezialisten gerade deshalb reizvoll sind.*

Grundrezept: Fleisch, Parüren, Knochen und Schwarten zunächst ein paar Minuten blanchieren (zum ersten Entfetten in Wasser aufkochen, Kochwasser wegschütten). Das Röstgemüse vorbereiten und zusammen mit allen animalischen Teilen in einen großen Bräter (Bratreine) geben und alles zusammen im sehr heißen Ofen unter ständigem Wenden anrösten. Ja, Fonds werden im Ofen gezogen. Mehrmals Wasser, erst später auch Wein angießen und im heißen Ofen verdunsten lassen, zuletzt den gesamten Ansatz mit viel Wasser und nochmals Wein übergießen und den Bräter stundenlang im oder auf dem Herd - jetzt bei reduzierter Hitze - köcheln lassen, erkalten, entfetten. Extrakt durch ein Sieb gießen, portionsweise versorgen. Gewürzt bzw. verdünnt werden Fonds erst unmittelbar vor dem Einsatz, so bleiben alle Optionen einer späteren Verwendung offen.

Hühnerteile, Kalbsknochen, besonders aber ein Kalbsfuß, erge-
ben Fonds mit hoher Gelierfähigkeit. Beides - Huhn wie Kalb -
wird blanchiert, aber danach nicht angeröstet, sondern mit kal-
tem Wasser und Gemüse angesetzt und eher sanft runtergekocht.
Es sei denn, man möchte einen kräftigen, braunen Kalbsfond, der
wiederum wie der gewöhnliche braune Grundfond angeröstet
wird. Sie werden's schon richten!

***

Forelle. Der Reiz der Forelle bleibt nur dem Zungenblin-
den verschlossen. Auf historischen Speisekarten wertete
eine Forelle - auch eine Zuchtforelle - oft das Mehrfache
eines Filetgerichtes. In alten Quellen herrscht Einigkeit,
daß die Forelle einer der besten Süßwasserfische ist, vorausgesetzt sie ist frisch und stammt aus gutem, klarem
Wasser. Heute, wo Forellen nach industriellen Methoden
gezüchtet werden (wie viele andere Fische auch), ist es um
ihren Ruf so ziemlich geschehen. Das ist schade, denn eine
Forelle aus heimischer Zucht schmeckt immer besser als
ein tagelang in Desinfektionslösung liegender Viktoriabarsch, der immerhin 6000 Flugkilometer auf dem Buckel
hat. Gegen die Forellenzucht gibt es prinzipiell keine anderen Einwände als gegen andere Formen der Fischzucht
auch. Und gefarmt werden mittlerweile eben nicht nur
Lachs und Karpfen, sondern zahlreiche Süßwasser- und
Meerfische, teils mit fragwürdigeren Methoden als in der
Forellenzucht (vgl. 'Fische', 'Farmfische').
  Qualitätskriterien für Zuchtforellen sind: Langsame Aufzucht, gutes Futter, kühles, klares, sauerstoffreiches Wasser. Zuchten mit reichlich Frischwasserzufluß (solche in
den Bergen) sind also jenen in der Ebene vorzuziehen. Allein im Südschwarzwald gibt es mehrere Dutzend solcher
kleinen Zuchtbetriebe, die den Großzüchtern weit überlegen sind.

„Wenn das Wasser stinkt, dann stinkt der Fisch", auf die einfache Formel bringt es Forellenzüchter Meinhard Günther aus Badenweiler-Schweighof. Schnellmastforellen aus engen, muffigen Teichen haben schlaffes, mastiges Fleisch. Das zweite Problem ist die Haltung unmittelbar vor der Zubereitung, besonders jene in der Gastronomie: Seit die Wasserpreise angezogen haben, wird bei der Lebendhälterung im Becken mit Frischwasser gespart, dafür bläst man einfach mehr Sauerstoff in die engen Becken. Unter solchen Bedingungen gehalten, verkommt der Fisch. Da kann die Forelle noch so sauber aufgezogen sein, nach ein paar Tagen im überbesetzten Becken schmeckt sie nicht mehr frisch, sondern muffig. Deshalb bieten sich zur Forelleneinkehr besonders solche Gasthäuser mit natürlichem Frischwasseranschluß an.

Mythos Bachforelle: Eine gut genährte Zuchtforelle aus klarem Wasser kommt geschmacklich ohne weiteres an eine Bachforelle ran, kann diese sogar übertreffen, weil die Wildformen bei ungünstigen Lebensbedingungen, speziell in stark strömendem Gewässer, einfach zu viel strampeln müssen und ausgezehrt daherkommen. So bleibt es auch umstritten, ob kleine Forellen mit wenig Fettansatz der klassischen Portionsforelle mit 300-350 g und etwas höherem Fettanteil vorzuziehen sind. Zudem werden aus flinken Bachforellen schnell lahme Mastfische, wenn sie in einem engen Tümpel stehen müssen, umgekehrt läuft's genauso: auch aus der Teichforelle wird ein austrainierter Flußfisch, wenn das Wasser bollert. Am besten schmecken Forellen vom Frühjahr bis in den Spätsommer, zum Winter hin dann abnehmende Güte.

Geräucherte Filets: Schwach geräucherte und mild gesalzene Forellenfilets, die aus einwandfreier Frischware hergestellt wurden, sind eine weithin unterschätzte Delikatesse. Natürlich dominiert auch hier längst die übliche

Durchschnittsware. Die Filets aus der Forellenzucht Günter in Schweighof sind jedoch eine Delikatesse: Sofort nach dem Fang vor Ort mild gesalzen und dann eine Stunde über Buchen- und Wacholderrauch, es gibt keine besseren. Auf Anfrage kann man am Räuchertag die Filets auch frisch aus dem Rauch, also noch lauwarm bekommen, was dem Kenner höchsten Genuß bereitet. Ansonsten werden die Filets vakuumiert angeboten (gekühlt gut zwei bis drei Wochen haltbar). Vakuumiert schmecken die Filets im übrigen nach ein paar Tagen Lagerung besser als gleich am Anfang.

Rezept: *Forelle blau mit zerlassener Butter gilt als überlegene Zubereitung, weil der reine, leicht nußhafte Geschmack des zarten Bissens so am besten zur Geltung kommt. 'Blau' meint das Sieden in einem leicht angesäuerten Wurzelsud. Es muß übrigens kein Essig sein, um die Blaufärbung zu erreichen, feiner und dem zarten Aroma angemessener wirkt ein säurebetonter Weißwein, wie Riesling, dazu noch reichlich weißer Pfeffer in den Sud.*

Ein Hauch weißer (!) Mühlenpfeffer tut auch der fertigen Forelle gut. Das unvermeidliche Einreißen der Haut und das Aufwerfen des Körpers ist ein Frischezeichen, zudem zeigt nur frische Ware mit unversehrter Schleimhaut die typische Blaufärbung. Auch bei der anderen klassischen Zubereitung 'Müllerin' (meliert und in Butter gebraten) werfen ganz frisch geschlachtete Fische in der Pfanne auf, was beim Braten natürlich größere Probleme als beim Sieden bereitet. Deshalb bei der Müllerin mindestens eine Stunde zwischen dem Schlachten und Braten abwarten, dann läßt die Spannung im Fleisch nach.

Einkaufen & Einkehren

Badenweiler-Schweighof: Forellenzucht Günther, Klemmbachstraße 100 (am Ortsausgang, Richtung Neuenweg). Tel. 07632-234. Frische, küchenfertige Forellen aus bergwassergespeister Teichanlage. Ausgezeichnete (wacholder-)geräucherte Filets, vakuumiert und somit auch länger haltbar (bis zu zwei Wochen ohne Qualitätsverlust); frische Filets vom Tag der Räucherung auf Anfrage.

Im kleinen Weiler **Demberg** bei Wies im kleinen Wiesental: Forellenzucht Brendlin, Tel. 07629-430. Eine kleine Forellenzucht in idyllischer Bilderbuchlage (wunderschönes Wandergebiet). Wasser gut, Forelle gut. Frische Forellen gibt es immer, ganz geräucherte (keine Filets) nach Vorbestellung.

Elzach-Oberprechtal: Adler, Waldkircher Str. 2, Tel. 07682-1222. RT: Di. Spezialität sind die frischen Forellen, direkt aus einem Bekken, das von der Elz durchströmt wird. Serviert werden kleine, aromatische Fische in zwei Durchgängen (zwei Forellen gehen auf eine Portion); schöne, alte Gaststube, engagierter Betrieb. Auch Gästezimmer.

Zwischen Grafenhausen und Ühlingen: Tannenmühle, abseits gelegener Forellentempel, der den Fisch (Bach und Zucht vor dem Haus) in allen nur denkbaren Variationen anbietet, eigene Forellenkarte. Beliebtes Ausflugsziel mit entsprechendem Ambiente, viele schweizer Gäste, Kinderspielplatz. Tel. 07748-215, RT: Di.

CH/Amsteg (an der N2 Richtung Gotthard): Hotel Stern & Post (im alten Ortszentrum). Früher der klassische Gasthof an der Gotthardroute, letzter Halt vor dem Aufstieg nach Göschenen. Stets frische Forellen, zubereitet nach eigenen Rezepten. Während der Saison vereinzelt auch frische Bachforellen und Flußkrebse vom lokalen Fischer, vorzügliche Fischsuppe, gute Salate, bemerkenswerte Weinkarte. Nette Terrasse, Garten, schöne Speiseräume, Zimmer wegen der nahen Bahnlinie teilweise laut. Gesamthaft (noch) einer der wenigen sorgfältig geführten Betriebe, mit all den erbaulichen Dingen, die der schweizer Hotellerie einst den hohen Ruf einbrachten: stilvolle Innenräume, aufmerksame, aber nicht aufdringliche Gastlichkeit, solide Küche. Tel. 0041-41-883 14 40, Fax 02 61.

*** *

Frikassée. Das Frikassée ist eine Teilmenge der Gattung 'Ragout'. Alle Ragouts von weißem Fleisch werden 'Frikassée' genannt, also Kalbsfrikassée oder auch Frikassée vom jungen Hahn und nicht Hühne rragout, was außerdem gar nicht gut klingen würde. Aus den dunklen Hühnermägen wird aber ein Ragout gekocht, das nicht jedermanns Sache ist. Dennoch fahren gerade der Hühnermägle wegen manche am Donnerstagabend bis ins Albtal nach Immeneich (vgl. unten).

Ragouts von weißem Fleisch kann man auch *Blankett* oder mehr französisch *Blanquette* nennen, aber nur, wenn sie nicht angebraten, sondern im Fond geköchelt wurden. Beispielsweise das klassische 'Kalbsblankett', serviert mit Maigemüse und ein paar Morcheln. Zuvor angebratene Ragouts heißen in Frankreich wiederum *Sautés*. Ragouts aus der Keule heißen drüben auch *Navarin*, 'Lammnavarin' zum Beispiel. Alles klar soweit?

Ein *Fricandeau* gilt ebenfalls als Klassiker der französischen Fleischküche, ein gut vier Zentimeter dickes Stück aus der Kalbsnuß geschnitten, die wiederum der beste Teil der Kalbskeule ist. Fricandeau wird gespickt, hell geschmort und glaciert. Ein fast vergessenes Gericht, eine beliebte Prüfungsfrage und jedem aufrechten Verbandskoch noch ein Begriff. In der Gastronomie von heute dient das Fleisch der Kalbsnuß (natürlich ungespickt) eher als Ausgangsmaterial für ein erstklassiges Vitello tonnato. Ein Beispiel unter vielen, das den anhaltenden Landgewinn der italienischen Küche gegenüber der klassischen französischen zeigt.

Sankt Blasien-Immeneich (im Albtal): Adler, jeden Donnerstagabend Hühnermägle-Ragout. Tel. 07755-353, RT: Di.

***

Froschschenkel. „Frösche sind im Winter gut, den Kranken gibt man sie immer." So unkorrekt darf nur ein altes Kochbuch sein; in diesem Fall das Oberrheinische von 1905, als der Rhein noch unreguliert und froschreich war. Heute, zu Zeiten der Biotopbeauftragten, fallen Froschschenkel *(Grenouilles)* zweifellos unter ein Tabu, wobei schon eine flüchtige Berührung zu Perversionsverdacht führt. Unverbesserliche mögen sich an der Vergangenheit laben: Froschschenkel wurden früher auf der Südseite des Freiburger Münsterplatzes angeboten, Handelseinheit war die Portion zu einem Dutzend. Die bereits enthäuteten Schenkel wurden ringförmig gebogen, sodann auf einer Weidengerte aufgereiht. Als Frischetest wurde Salz aufgestreut, worauf noch ein Reflex zu sehen war. 'Froschschenkel altbadisch' wurde ähnlich wie helles, eingemachtes Kalbfleisch angeboten, oder eben 'in Höschen', in Bierteig getaucht oder nur meliert und kurz fritiert.

Noch in den 60er Jahren wurden im Südschwarzwald Frösche säckeweise gemetzget. Den Kindern schärfte man ein, darauf zu achten, „daß bloß kei' Grott" dazwischengerät. Heute stammt die Ware, auch die im Elsaß angebotene, durchweg aus Fernostimporten. Weil die Sümpfe dort immer froschärmer werden, nimmt in den Sammelgebieten die Mückenplage zu, Malariafälle steigen. Immer noch Appetit?

Linksrheinisch gibt es noch genug Häuser, die wie eh und je Weichtiere, also auch Schnecken und Froschschenkel auf der Karte haben. Froschschenkelfreunde versichern, daß die Lusteinbuße, bedingt durch gefrorene Rohware, durch den Reiz des Tabubruchs mehr als aufgewogen wird. So gesehen befinden sich diese Leute in der überlegenen Position von Dandy und Diva. Dem Außenseiter ist die Entrüstung des gemeinen Haufens ja stets das Salz in der Suppe. G.B. Shaw hat es einmal so gesagt: „Wer über hohe Absätze wettert, sollte wenigstens einen eleganten Hut tragen."

Einkehren im Elsaß

Überstrass (im tiefen Sundgau, südlich von Altkirch): Du Soleil/Wadel, Grand Rue, 17. Tel. 0033-389 25 60 13. Herb, solide Dorfwirtschaft mit Regionalgerichten, auch Carpe Frite und Froschschenkel. RT: Di-abend und Mi.

Gerstheim (ca. 20 km südlich Strasbourg). Au Bord du Rhin. Deftige Landküche in einfacher Umgebung, Schnecken und Froschschenkel, Tel. 0033-3 88 98 36 12, RT: Mi.

***

Gans. Die Gans, ein kluges und soziales Tier, ließ schon 1965 ausrichten: „Man solle ihr doch nicht die Dorfbäche nehmen, sie nicht betonieren und damit die Bildung des ihr so wertvollen Suppengrüns entziehen, das, ihrem Fleisch assimiliert, uns wieder zugute kommt." Die Botschaft der Gans überbrachte Franz Schneller in seinem Buch 'Zu Tisch zwischen Schwarzwald und Vogesen'.

Unerhörte Gans! Jahrzehntelang wurden Wasserläufe ins Streckbett gelegt, zur Freude von Tiefbau und Lokalpolitik. Pflegeleicht, sauber, glatt. Heute lassen sich die Denaturierer von einst als Renaturierer feiern. Wenn öffentliche Mittel fließen, muß man eben nur auf der richtigen Seite des Baches sitzen. Die dummen Gänse können sich derweil ja in Ungarn vollfressen.

Einkaufen & Einkehren

Weisweil: Heinrich Frieß, Alte Schulstraße. Große Auswahl an Gänsen, Puten, Enten, Hähnchen (alles aus Freilandhaltung am Bach). Gänse und Puten ab November bis Weihnachten oder evtl.etwas länger. Enten schon von Mitte Juli bis Jahresende. Vorbestellung: Tel. 07646-553. Siehe auch unter 'Hahn'.

Freiamt-Mußbach: Krone. Eine ganze Gans (für vier Personen) mit allen notwendigen Beilagen - das wahre Festessen. In Freiamt ab Martini bis Jahresende. Vorbestellung sinnvoll: Tel. 07645-227. Werktags ab 17 Uhr, So ab 12 Uhr, RT: Mi.

***

Geflügel. Seltsam, daß sich eine Geflügelkultur nie so recht in der ländlichen badischen Küche etablieren konnte. Die Mißachtung hat Tradition, denn schon früher verkauften Landwirte ihre besten Stücke an bessergestellte Haushalte, die das Potential des Geflügels zu schätzen wußten. Im Prinzip blieb dies bis heute so, zu erkennen am spärlichen Frischgeflügelangebot und der Sortenarmut auf deutschen Märkten. Anders im Elsaß, wo die französische Küchenhaltung immer schon Einfluß hatte. Geflü-

gel ist dort Volksnahrung und Delikatesse zugleich. Freilich gab es im Elsaß auch zu keiner Zeit einen Wienerwald
und der stand ja am Anfang einer erstaunlichen bundes-
deutschen Entwicklung: Kein anderes Nutztier wird im
Lande der Bedenkenträger und Moralapostel so intensiv
gehalten wie das Masthähnchen - in Einheiten von durch-
schnittlich 100 000 Tieren, bis zu 20 pro Quadratmeter.
Der Gewichtszuwachs eines Industriehähnchens betrug in
den 50er Jahren etwa 20 Gramm pro Tag, heute sind es bis
zu 40 Gramm. Schlachtreife oft schon nach 40 Tagen mit
1 200 Gramm, Mastbeschleuniger und Pharmazeutika inklusive.

Qualitätsgeflügel aus Frankreich hat dagegen doppelt so
lange Zeit bis zur Schlachtreife. Mastdauer und Futterart
werden sogar bei einfachem Supermarktgeflügel auf der
Verpackung angegeben (Klassen vgl. unten). In Deutschland, wo der Verbrauch von Geflügel, gerade wegen der
Fleischunruhen, enorm beliebt ist (1975: 9,1 Kilogramm/
Person, 1997: gut 14 Kilogramm), interessiert die Qualität
aber kaum jemanden. Hauptsache satt und billig. Das Resultat: Ein Hähnchen kostet heute auch noch das Gleiche
wie vor 40 Jahren, nur schmeckt es nicht mehr so.

Auch die EU-Klassen informieren den Kunden nur über
das Gewicht, nicht über die Qualität: Alle jungen Hühner
unter 700 Gramm Schlachtgewicht gelten als *Stubenküken*
(dabei sollte bei 300-400 Gramm Schluß mit Küken sein).
Brathühner zwischen 700 und 1400 Gramm gleich welchen
Geschlechts, heißen *Hähnchen*. Ab 1200 Gramm dürfen
aber diskriminierende Zusätze wie *Fleischhähnchen, Mast-
huhn, Poularde* oder *junger Hahn* verwendet werden.

Ein *Coq au vin* aus deutschem Industriegeflügel muß
zwangsläufig mißlingen, allein weil das Fleisch einfach kein
Aroma mehr bringt und schon nach kurzer Schmorzeit
auseinanderfällt. Zudem kann Frischgeflügel fast nur noch
im Elsaß so angeboten werden, wie es sich eigentlich gehört und wie es auch hierzulande lang üblich war. Als gan-

zes Tier mit Kopf und Fuß, erst unmittelbar vor dem Kauf ausgenommen. Ähnlich wie beim Fisch gilt solche Ware in Deutschland als nicht verkehrsfähig - eine Konzession an Lebensmittelketten und Großverteiler, damit diese mit Tiefkühl- und fertig portionierter Ware den Markt überschwemmen können. Dabei wäre der Kopf beim Geflügel (wie beim Fisch) wichtig zur Beurteilung der Frische. Aber bereits ausgenommene oder gar filetierte Ware kann eben viel länger gelagert werden. Warenkundliche Argumente haben gegen die Logik der Großverteiler, die problemlose verhandelbare Produkte benötigen, freilich wenig Chancen. Die deutsche Geflügelkultur ist reich an Rätseln, die beim Putengeschnetzelten Bombay längst nicht aufhören. Unsere Ämtler wollen es so, der Kunde hat sich daran gewöhnt. Also bekommt er herumkutschierte Fragmente zweifelhafter Herkunft. Aber jedes Land hat nun mal das Geflügel, das es verdient.

Hahn schlägt alle. Im Fleisch fester, im Geschmack intensiver, deshalb als Objekt für die Bratröhre viel interessanter als das junge Hähnchen, das hierzulande oft schon nach sechs Wochen Mastzeit und mit knapp einem Kilo gehandelt wird. Aus dem jungen Hähnchen beiderlei Geschlechts (in Frankreich: *poulet* mit 1½-2½ kg) wird später entweder eine weibliche Poularde mit bis zu 3 Kilogramm (in Frankreich: *poularde* mit 3-4 kg) oder eben ein junger Hahn, schließlich ein Erwachsener (elsässisch: *guler*) mit gut 2 kg und mehr. Kastrierte Hähne heißen 'Kapaun' und sind ein Kapitel für sich (früher: Jungfernhahn, franz. *chapon*, Einkauf vgl. weiter unten). Suppenhühner sind ausrangierte Hennen und diese sind dem Eierlegen bekanntlich gewerbsmäßig nachgegangen. Alte Küchenregel: „Alte Hennen geben die besten Suppen".

Rezept: *Junger Hahn in gutem Rotwein wäre vielleicht mal eine Idee für Zuhause, wenn vergleichsweise konservative Gäste ele-*

gant bekocht werden sollen. Ein ausgewachsener Hahn reicht für vier bis sechs Personen und gibt ein stattliches Essen ab. Das etwas festere Fleisch erinnert im Geschmack schon etwas an Federwild. Zähe Überraschungen lassen sich vermeiden, indem eine altbadische Geflügel-Zubereitungsart angewandt wird: Das gute Stück mit etwas Suppengrün ansetzen in bereits siedendem Wasser und eine Stunde, oder noch mehr - die Zeit ist ziemlich unkritisch - garköcheln lassen. Erst im zweiten Waschgang folgt dann eine leichte Bräunung und Überkrustung in der Bratröhre.

Professionelle Köche mögen ob solcher Methoden Bedenken anmelden, allein das Ergebnis zählt, es ist dem jedes anderen Edelvogels ebenbürtig.

Illhäusern anno 1952: „Der Haeberlin in Illhäusern hatte damals ja schon einen Stern. Es gab rosa Crevetten auf ein paar Salatblättern, ein Viertel Brathähnchen mit frischen Pommes und dazu das mild opalisierende Licht auf der Ill." Erinnerungen eines Feinschmeckers aus dem Freiburger Norden.

Warenkunde - Geflügel

Frisch geschlachtetes Geflügel hält sich ausgenommen und auf 4-8 Grad gekühlt fünf Tage lang frisch. Industriell verpackt mindestens sieben Tage, sofern unter 4 Grad gekühlt. In den ersten drei Tagen nach der Schlachtung gibt es bei entsprechender Kühlung keinerlei Qualitätsverlust.

Maishähnchen: Maisfütterung färbt nicht nur die Haut gelblich, auch das Fleisch schmeckt aromatischer als bei normal gemästeten Hähnchen. Freilich gibt es auch bei Maishähnchen Plagiate, so wenn nach kurzer Normalmast erst in den letzten fünf Tagen vor der Schlachtung mit Karotin-Zusatz gefüttert wird. Gute Maishähnchen haben mindestens 80 Tage Mastzeit. Solche Qualität gibt es bei uns nur beim Feinkost-Apotheker, in den großen elsässer Supermärkten (mit Angabe von Fütterung und Mastzeit auf dem Etikette) in jeder Kühltheke.

Kapaun (franz. 'Chapon'), kastrierter Hahn. Älter als fünf Monate, Gewicht über 2 Kilogramm. In Deutschland schwer zu finden, in Frankreich beginnt die Saison im November, der Kapaun gilt dort

- ganz zu Recht - als winterlicher Königsbissen. Auf Weihnachten und Neujahr auch in den großen Supermärkten wie Carrefour zu bekommen.

Frankreich: Im Elsaß ist tagesfrisch geschlachtetes Geflügel, erst vor den Augen des Kunden hergerichtet, noch auf einzelnen Märkten zu bekommen (z.B. in Belfort). Auch das Angebot an Frischgeflügel ist umfassender als hierzulande. Stubenküken, Hähnchen, Hahn, Ente, auch in diversen Alters- und Gewichtsklassen. Die Fahrt nach drüben lohnt sich. Besonders gutes Angebot auf dem kleinen und feinen Erzeugermarkt in Straßburg (siehe unter 'Märkten'). Im Elsaß ist die Aufzucht in kleineren Mastbetrieben, den eigentlichen Fermier-Betrieben, noch üblicher.

Poulet Fermier wird auf allen Märkten angeboten. Über die genaue Haltung und Fütterung sagt diese Bezeichnung aber nichts aus (vgl. unten).

Selbst für industriell aufgezogenes Geflügel, wie es in Supermärkten verkauft wird, gibt es bereits seit 1965 das **Label Rouge** (Klasse A), gleichsam eine erste Qualitätsstufe. Auf dem Etikett stehen genaue Angaben zur Fütterung (Anteile in %: Soja, Getreide, Minimum: 75%; Aufzuchtdauer in Tagen, Minimum: 81 Tage) und Haltung, sowie zum spätest erlaubten Verkaufstermin, der bei verpackter Ware höchstens 7 bis 9 Tage nach der Schlachtung liegen muß. Höhere Qualitäten wie nur mit Korn bzw. mit Mais gemästetes Geflügel, sowie Hähnchen mit längerer Mastzeit, bis hin zum höchstwertigen, aber auch gerne plagiierten Bresse-Huhn, tragen eigene Kennzeichen.

Bresse-Huhn: wie beim Wein und Käse gibt es für das Bresse-Geflügel ebenfalls genaue AOC-Regeln, neben der Perlhuhn-Klassifizierung AOC-Pintadeau de la Drome, bis heute das einzige AOC-Geflügel und somit eine Marke mit genau festgelegten Reproduktionsbedingungen, die von einem 'Institut National des Appellations d'Origine' überwacht werden: Rasse, Freiland-Aufzucht in der betreffenden Region; Fütterung; Alter: im Falle des Bresse-Huhns mindestens 3 Monate.

Einkaufen

Bad Krozingen-Tunsel, Bauernladen Cammerer: Frisches Geflügel in guter Qualität (Hähnchen, Puten, Suppenhühner, auch Hähnchen- und Putenteile), alles aus eigener Aufzucht, nur Getreidemast. Cammerers Bauernladen, Eisenbahnstraße 1, Tel. 07633-3797. Schlachttage für Geflügel sind Dienstag (bei Bedarf) und Donnerstag. Im stattlichen Laden, der zu einem der größten Selbstvermarkter in der Region zählt, noch zahlreiche weitere Hofprodukte, Stallhasen auf Bestellung. Verkauf jeden Werktag 9-12, Di, Do, Fr 14-18, Sa 8-13 Uhr, Mo geschlossen.

Weisweil, Heinrich Frieß: Große Auswahl an frischem Geflügel aus Freilandhaltung: Puten, Gänse, Enten, Hähnchen. Tel. 07646-553. Vgl. auch 'Gans'.

Ballrechten-Dottingen, Gasthaus Schmid ('Hähnchen-Schmid'), Tel. 07634-82 32. Die intensive Hühnerbrühe entsteht zwar nur als Nebenprodukt der dortigen Geflügelzucht, verglichen mit ihr schmecken andere Dosenbrühen aber nur wie übersalzener Absud. Gut zu wissen, daß so eine Brühe - mit Einlage - in zweierlei Größen eingedost zu haben ist (ebenso Ragout fin). Traditionelles Gasthaus mit zahlreichen Hähnchengerichten (Sonderkarte), alle von frischen Masthähnchen. Ab 17 Uhr. RT: Mo, Di.

Kandern: Ein Kleintiermarkt - oder die Idylle am Bach. In Drahtverhau und Bananenkarton werden flaumige Küken von Gans und Ente feilgeboten, das Stück ab vier Mark. Feierabendzüchter bringen Stallhasen an Mann und Kind. Professionelle bieten hochwertiges Zuchtvieh vom Perlhuhn bis zum italienischen Paradegockel für 200 Mark. „Giovanni isch' no müd, er war heut' nacht bei tausend Henne." Geißenzüchter aus dem oberen Wiesental sind auch da, sie tragen geschnürte Lederhosen im Heavy Metal Look. Drinnen im Vereinsheim der Kleintierzüchter C 807 gibt es Kaffee und Kuchen, Bockwurst und Bier. Die Älteren sitzen am Bollerofen und bringen ihr kühles Blondes auf magenfreundliche Werte. Dazwischen Stände mit Bauernbrot, Dosenwurst und Speck. Ein Ort für mehrere Generationen aus allerlei Welten. Im eigentlichen Wortsinne multikulturell. Jeden ersten Samstag im Monat von 8 bis circa 12 Uhr, in Kandern am Vereinsheim (Richtung Fußballplatz/Kräutergärtnerei Sprich).

Basel: Hähnchen und Eier aus penibel kontrollierter Freilandhaltung gehören in der Schweiz mittlerweile zum Standardsortiment von Migros bis Coop. In Basel genügt ein Gang ins Kaufhaus Globus am Markplatz oder ins Manor in der Greifengasse in Kleinbasel. Beide Lebensmittelabteilungen sind vorbildlich sortiert, bei Manor umfassende Infos zur Herkunft der Frischprodukte. Beste Qualität auch bei Fisch und Fleisch, freilich zu hohen Preisen.

F-Boesenbiesen (ein kleiner Weiler südöstl. Sélestat): Ferme Braun (Fermeverkauf, nach Anruf auch an Feiertagen, Tel. 0033-

388 85 30 90). Mit einem gut sortierten Stand auch in **Colmar:** Stand jeden Sa auf dem Josephsmarkt in Colmar, Bedarf am besten vorbestellen, weil Frau Braun zum Markt immer nur soviel mitnimmt, wie sicher weggeht (sie spricht deutsch). Im Angebot nur Frischgeflügel aus eigener Aufzucht - gefüttert 100 % mit Korn (Erbsen, Mais, Getreide) - in allen Größen und Gewichtsklassen, auch Küken, Tauben, Perlhuhn, Enten, Hähne, sowie Kaninchen. Auch geräucherte Entenbrust.

F-Drusenheim (nördlich Straßburg) Ferme Robert Elchinger. Breites Frischgeflügelangebot, in etwa wie oben. Verkauf direkt ab Ferme (Rue Moder), Tel. 0033-388 53 30 26. Stand auf beiden Märkten in **Colmar** (Do auf der Place L' Ancienne Douane und Sa am Josephsplatz); in der gedeckten Markthalle von **Mulhouse** (nur Sa). Außerdem auf dem Markt in D-Freistett-Rheinau (Fr).

***

Glutamat. Das waren noch Zeiten, als man zappelige Kinder oder einen Brummschädel einfach dem Glutamat in die Büchse schieben konnte. Das vielzitierte 'China-Restaurant-Syndrom' (= Schädelweh nach dem Genuß exzessiver Glutamat-Küche) taugt heute nur noch sehr partiell als Sündenbock. Die Aromaindustrie hat die umsatzdämpfende Funktion der alten Helfer wie Glutamat (E 621) längst begriffen und entsprechend reagiert. So wird heute anstelle von Glutamat häufig ein Milchderivat namens 'Savorlac' verwendet, und Savorlac taucht in der Zutatenliste nur als 'Trockenmilcherzeugnis' auf, was ja viel besser klingt. 'Natürliche Aromen' heißt eine weitere, unverfängliche Antwort zur Beruhigung einer nur vermeintlich aufgeklärten Kundschaft. 'Natürliche Aromen' können auch aus Sägespänen extrahiert sein, sodann mit weiteren Komponenten, die dem Firmengeheimnis unterliegen, in Richtung Himbeere oder Erdbeere gestylt werden. Natürliche Aromen ab Fabrik gibt es für schier jeden Bedarf, vom Wein bis zur Suppe, vom Joghurt bis zur markgräfler Früchtemischung, mit dem der ach so heimische Magerquark von breisgauer Auen aromatisiert wird.

Glutamat oder Savorlac muß schon deshalb nicht sein, weil es natürliche Alternativen gibt: In Öl oder Salz eingelegte Sardellen beispielsweise sind eine uralte Methode, um den Eigengeschmack von Fisch- und Pastasaucen zu heben. Auch die klassische, fast vergessene Sardellenbutter (eventuell noch mit Kapern bestückt) hilft fadem Fleisch oder Fisch auf die Sprünge. Wichtig ist es, die Sardellen feinst zu zerkleinern und lange zu wässern, sofern sie nach alter italienischer Tradition nur in Salz konserviert wurden. Gerade in den etwas dickeren Sommersaucen auf Tomatenbasis verschwindet die Sardelle durch Verköcheln praktisch vollständig, verschreckt also niemanden, sondern erfreut nur mit einer Spur maritimen Geschmacks. Ohne E 621.

Lesen: 'Vorsicht Geschmack' informiert über virtuose Praktiken der Aromaindustrie, die heute zu einem wichtigen Illusionsgewerbe geworden ist. Das Buch räumt auch mit einigen Vorurteilen gegenüber den alten chemischen Aroma- und Konservierungsstoffen auf. Deren Wirkung und Nebenwirkung scheinen im Vergleich zu den modernen Zauberpulvern geradezu bieder und klar kalkulierbar. Manches neue, auf gentechnisch oder enzymatischem Weg gewonnene 'natürliche Produkt' ist eben nicht so harmlos wie es heißt, sondern eher für den berüchtigten Yoyo-Effekt verantwortlich: zwischen Diät und Freßorgie, zwischen 'Du Darfst' und 'Dickmanns' pendelt der zeitgenössische Kalorienjunkie. Die eigentliche Stärke des Buches ist aber eine komplette Liste der Lebensmittelzusatzstoffe, mit einer Beurteilung von Verträglichkeit und Herkunft. Pädagogische Nebenwirkung des Buches: Die Arbeit der Aufrichtigen lernt noch mehr schätzen, wer die Tricks der Illusionisten kennt. Ohnehin motiviert solche Lektüre ungemein. Zum Arbeit am eigenen Herd, zum Essen mit Sinnesbrüdern.

Pollmer, Hoicke, Grimm: Vorsicht Geschmack. Was drin ist in Lebensmitteln. Mit einem Lexikon der Zusatzstoffe (dies auf gut 200 Seiten). Hirzel Verlag, Stuttgart 1997, 344 Seiten, 49 Mark.

***

Hinterwälder. Ach Europa! Die kleinen Schlachthöfe müssen wegen unsinniger Hygienevorschriften schließen und die großen Viehtransporter dürfen weiter durch die

Union brettern. So geht das Rindfleisch auf Reisen. Massenware, aber auch die wohlklingenden Imagesorten wie *Angus, Galloway* und *Charollais*, und kein Weg ist zu weit. Hauptsache, die Tiere haben vor dem Schlachthof noch mal die Autobahn erlebt. Dabei geht es auch anders. Ein Rind, das Hinterwälder heißt, ansonsten aber ein ganz zeitgemäßes Tier ist, zeigt den Weg. Hinterwälder sind leichte und widerstandsfähige Bergrinder mit elegant geschwungenen Hörnern. Eine Rasse, die Gutes tut, weil sie optimal an die Weidebedingungen der Region angepaßt ist: Hinterwälder halten die Bergweiden frei, ohne sie zu zertrampeln wie die schweren Turborassen aus der Ebene - gut für des Wanderers Aussicht - und sie liefern ein wunderbar aromatisch, mürbes, weil feinfasriges Fleisch - schön für des Wanderers Hunger.

Wer nur einmal einen Tafelspitz vom Hinterwälder Rind bekommen hat, wird die grobfasrigen Lappen, die uns heute als Rindfleisch angedreht werden, nur noch verachten. Noch ein Hinweis für die Ewiggestrigen: Es gab einmal eine Zeit, da importierten die besten Pariser Restaurants Hinterwälder Fleisch von schwarzwälder Weiden, sie zogen die Qualität sogar den heimischen Charollaisrindern vor, bei denen der Fleischertrag schon immer vor der Qualität stand.

Einige Landwirte, besonders solche im Südwestschwarzwald haben die überragende Qualität (nicht die Profitmöglichkeiten) wieder erkannt, sie pflegen die Hinterwälderzucht und tragen so zum Erhalt einer lokalen Spezialität bei, die bislang freilich nur von einem kleinen Kreis begeisterter Metzger und Köche an die Kundschaft weitergereicht wird. Charollais oder Angus klingt eben besser, kennt jeder Möchtegern aus Wuppertal - und bringt satten Profit. Speziell im Münstertal, im Großen und Kleinen Wiesental, in der Region um Breitnau und Gersbach erlebt die Hinterwälderzucht derzeit eine Renaissance. Des Gastwirts Rindfleisch kommt in der Regel aber noch immer von der Autobahn oder aus Argentinien. Nur eine verschwindend kleine Minderheit nutzt die Chancen, die vor der Haustür grasen. Ach Baden!

Einkaufen & Einkehren

Bislang bieten nur einzelne Metzgereien und diese eher sporadisch mal ein gutes Stück vom Hinterwälder Vieh an. Vieles geht direkt vom Bauern an eine interessierte Kundschaft oder an familiäre Einkaufsgemeinschaften, die sich auch mal ein Viertel oder mehr vom Rind reservieren und zerlegen lassen. Einzelkunden haben es derzeit noch schwer mit dem bequemen Einkauf dieser Qualitäten. Wenn die Kundschaft aber gezielt (und penetrant) nach Hinterwälder fragt, werden mehr Metzger ihr Angebot entsprechend einrichten. Am ehesten wird man in den Aufzuchtregionen Wiesental, um Breitnau, Münstertal, Gersbach fündig werden. Hier ist auch der Kunde in der Pflicht, Ramsch liegenlassen, Qualität fordern - und bezahlen (wobei erstklassiges Hinterwälderfleisch - wegen der geringeren Schlachtgewichte - nur um 20 % teurer käme).

Hochrhein, Hotzenwald: Schmidts Märkte. Als Folge der andauernden Rindfleisch-Verunsicherung hat sich diese mittelständische Lebensmittelmarktkette, die sich ohnehin dem lokalen Produzenten verpflichtet sieht, schon vor Jahren entschlossen, gezielt nach Rindfleisch aus lokaler, artgerechter Tierhaltung (nicht nur Hinterwälder) umzusehen, den Erzeugern faire Preise zu bieten und die Vermarktung in eigener Regie durchzuführen. Eine beispielhafte Aktion, die es endlich auch dem Kleinkunden ermöglicht, wieder an das Fleisch zu kommen, das vor seiner Haustür aufwächst. Schmidts Märkte in: Bad Säckingen, Wehr, Herrischried, Todtmoos, Schluchsee, Lenzkirch, Rickenbach. Das Fleisch wird als eigene Marke angeboten und ist in den Auslagen entsprechend gekennzeichnet: 'Weiderind aus artgerechter heimischer Tierhaltung'.

Im **Münstertal** bieten einige Gasthöfe Gerichte von Hinterwälder Rind an - teils nur fakultativ:

Kreuz (direkt beim Kloster St. Trudpert). Nur bis 18 Uhr geöffnet, RT: Do und Fr bis 14 Uhr. Do an Feiertagen geöffnet.

Obermünstertal-Stohren: Zähringerhof, Tel. 07602-256. RT: Mo ab 14 Uhr und Di.

Berghotel Wiedener Eck. Tel. 07673-909-0, Fax 1009. RT: Di, Betriebsruhe im November.

Gasthof und Romantikhotel Spielweg, Obermünstertal: Tel. 07636-709-0, RT: Mo und Di.

∗∗∗

Humor. Selten verwandte Zutat in der Gastronomie. Alte Speisekarten hatten zumindest noch welchen. Das Dreikönigsessen im Engel zu Horben wurde im Jahr 1907 so annonciert:

Erster Gang: *„Allerlei verschied'ner Tand,*
                  als Vorspeis ist benannt."
Sechster Gang: *„Eine Hühnergalantine mit Gelée*
                  in hübscher Mine."
Siebter Gang: *„Kompott aus den Gläsern Weck,*
                  daß es jedem Gaumen schmeckt."
Zehnter Gang: *„Mandelaufsatz, Tort, Dessert*
                  und die Öbstler hinterher."

Und wie lesen sich die bemühten Darbietungen der Gesellschaftsköche von heute: Zitronengrasknötchen, Haifischröllchen und kein Land in Sicht.

∗∗∗

Indifferenzpunkt. Wie im Leben, so kommt es auch beim Kochen bisweilen darauf an, die Dinge in einen Schwebezustand zu bringen. Extrem kochen kann jeder, scharf oder fad, süß oder sauer, mastig oder leicht, Rohköstler oder Grillbacke - entschiedene Positionen sind leicht zu besetzen. Mehr Gefühl und Sachverstand fordert der Indifferenzpunkt. Bei einer Sauce liegt er irgendwo zwischen Suppe und Sirup, aber wo genau? Eine Sauce für eine warme Sommerterrasse kann, muß leichtläufiger daherkommen als eine für den Winterabend am Kachelofen.

  Manche Gerichte leben regelrecht vom Indifferenzpunkt, ein Grund weshalb Grobfinger an ihnen scheitern müssen. Ein guter Kartoffelsalat bezieht seinen Reiz aus der Indifferenz zwischen stückig und schlonzig (Details vgl. dort), die richtige Nudel pendelt zwischen Samt und Biß, der gekonnte Eintopf balanciert zwischen Autonomie und Emulsion. Allgemein sollte das Gekochte immer noch an das Rohe erinnern, nur Babynahrung ignoriert den Indifferenzpunkt. Aber auch das ist Programm, denn erst mit der Ausbildung der Sinne, bekommt auch der Geschmack Konturen. Bekanntlich ist der Mensch das einzige Wesen, das „Nein" sagen kann, oder „zu weich", oder „zu süß". Und erst dann lohnt das Spiel mit Vorlieben und Abneigungen. Summe: Das vielbesungene 'gewisse Etwas' einer Küche hat oft mit sehr kleinen Akzentverschiebungen zu tun, mit Feinabstimmung, die viele nicht beim Namen nennen können, aber doch schmecken, fühlen.

Eben deshalb sind starre Mengenangaben in Rezepten so fragwürdig. Kochen mit dem Maßband bringt allenfalls befriedigende, selten beglückende Ergebnisse. An die Relativität von Rocklänge und Salzmenge erinnert schließlich eine in Vergessenheit geratene Abkürzung: q.s.; für 'quantum satis' (vgl. dort).

***

Käse. Die handwerkliche Käseherstellung war im Badischen lange Zeit vom Aussterben bedroht. Die wenigen Sennereien konnte man an einer Hand abzählen. Anders im Allgäu, in der Schweiz, aber auch im Elsaß, wo allein durch die Münsterkäseproduktion und Fermewirtschaft eine längere Tradition bei der Eigenvermarktung und Hofkäserei besteht. In Baden hat dagegen der genossenschaftliche - und damit letztendlich der industrielle - Weg der Milchverarbeitung Tradition. Fast alle Höfe liefern ihre Milch an eine Molkerei ab, die in ihrem Einzugsgebiet praktisch als Monopolist auftritt, damit ist der Einfluß der Erzeuger auf die Veredlung und Vermarktungsweise ausgeschlossen. Mit der Folge: Jahresscheck statt Produktgestaltung.

Noch vor gut zehn Jahren gab es in Südbaden höchstens eine handvoll Rohmilchkäsereien. Die meisten davon wurden interessanterweise von Quereinsteigern betrieben oder von Familien, die sich bereits damals nicht der Mengenproduktion, sondern einer biologischen, qualitätsorientierten Landwirtschaft verpflichtet sahen. Anfangs wurden solche Betriebe eher als Störfaktor gesehen und als Außenseiter mit behördlichen Auflagen behindert, die gerade in der Milchwirtschaft extrem sein können. Mittlerweile sieht man die Selbstvermarkter auch von Seiten der Großen gelassener.

Seit den 90er Jahren nimmt die Hofkäserei einen bescheidenen, aber kontinuierlichen Aufschwung. Die Zahl der Betriebe dürfte sich mittlerweile verdoppelt haben. Mengenmäßig gesehen bleibt die heimische Käseproduktion natürlich immer noch eine reine Nischenerscheinung. Die Qualitäten einzelner Hofkäsereien können mittlerweile aber mit denen traditioneller Käseländer gut mithalten, die meisten Senner haben ohnehin einen Kurs in der Schweiz absolviert. Schwarzwälder Bergkäse aus Rohmilch braucht sich vor schweizer oder französischen Produktion nicht mehr zu verstecken. Vgl. auch unter dem Stichwort 'Ziegenkäse'.

Einkaufen

Die meisten Käsereien verkaufen direkt ab Hof, fast alle bieten mittlerweile auf den Märkten der Region an, wo auch die aktuellen Öffnungszeiten der Hofläden zu erfragen sind. Bitte beachten: Zufallsbesuche belasten den ohnehin schon vollen Arbeitstag ungemein. Niemand kann wegen einem halben Pfund Käse eine halbe Stunde mit dem Kunden parlieren. Im folgenden nur Erzeuger mit einem größeren, sortenreichen Angebot, das auch mal einen Umweg lohnt. Das Angebot der Klein- und Einzelerzeuger ist mittlerweile schier unüberschaubar geworden.

Glottertal: Bauernkäserei Käskessele (Birklehof), Hartererweg 6. Tel. 07684-16 60. Professionell geführter Hofladen (wg. Öffnungszeiten vorher anrufen!) mit einem breiten Angebot durchweg erstklassiger Rohmilch-Sorten, darunter auch Ziegenkäse aus der Region. Nach Vielfalt und Qualität eine der ersten Adressen in Südbaden. Auch auf diversen Märkten im Freiburger Raum.

Emmendingen-Mundingen: Lyerumiv e.V. (ein Verein für Rehabilitation), Dorfstraße 66, Tel. 07641-2032. Hofverkauf und Straußenwirtschaft. Gute Ziegenkäse, Schafskäse, Rohmilchquark, auch Kuhmilchkäse, außerdem hausmacher Wurst und sehr guter Speck aus eigener Schlachtung. Durchweg qualitätvolle Produkte. Verkauf auch auf dem Freiburger Wochenmarkt Mi und Fr auf der Nordseite Münsterplatz, Höhe Stadtbibliothek.

Gersbach (bei Schopfheim): Gersbacher Chäskuchi, Fam. Schmidt, Tel. 07620-1579. Die Käserei - mit Ladengeschäft - verarbeitet bislang die Milch von vier Höfen. Da weiterverarbeitender Betrieb, muß mit pasteurisierter Milch gearbeitet werden, die Rohmilchverarbeitung zu Käse bleibt auf die Erzeuger beschränkt (der Staat kümmert sich halt um unser Wohl). Im breiten Sortiment auch Quark, Frisch- und halbfeste Käse (Typ Camembert), diese Sorten aus pasteurisierter Milch. Mo und Mi 11-12, Do 15-18 und Sa 7.30-12 Uhr.

→ Im gleichen Ort das Landhotel/Gasthof **Mühle**, Gersbach (Fam. Buchleither). Komfortable, ruhige Gästezimmer. Sonnenterrasse, gute Küche. RT: Di und Mi bis 15 Uhr. Tel. 07620-9040-0.

Pfaffenberg bei Zell (Anfahrt über Zell im Wiesental, Abzweigung bei Atzenbach) - dann folgt eine kurze aber bemerkenswert schöne Bergfahrt ins sonnig gelegene Pfaffenberg, die sich ebenso bemerkenswert idyllisch bis Hof/Wembach fortführen ließe. Traumhafte, offen heitere Wanderregion.

Zurück zum Käs, in Pfaffenberg finden Sie im Haus Nr. 24 die Käserei Elighofer. Aromatisch-kräftiger, je nach Reifegrad halbfester bis sehr fester Kuhmilch-Hartkäse vom Typ Bergkäse, bisweilen gibt es gute selbstgemachte Marmeladen (darunter auch Walderdbeere). Tel. 07625-7876.

→ Im gleichen Ortsteil, unübersehbar in Panoramalage: Gasthof **Schlüssel**. Sehr solide, traditionelle Küche mit Ausflügen ins Leichtere und Südliche. Eine der leider selten gewordenen Gaststätten, die auch als 'Ausflugslokal' ihre Qualität hält und ein lohnendes Ziel bleibt. Wunderbar sonnige Panoramaterrasse, komfortable Fremdenzimmer. RT: Mo und Di. Tel. 07625-375.

Schwendetal zwischen Lenzkirch und Schluchsee: Schwendehof, Familie Wegener (mit kleinem Hofladen). Tel. 07656-565. Ausgezeichneter Kuhmilch-Hartkäse in unterschiedlichen Altersklassen, weitere Hofprodukte wie Wurst, Speck, Eier. Verkauf auch im Käseladen Rücker in Freiburg, im Bauernladen in Merzhausen, auf dem Markt in Neustadt.

Hinterzarten: Ospelehof, Familie Braun, Windeck 2, Tel. 07652-5482. Mit großem Hofladen (9-12/17.30-19 Uhr). Der gesamte Hof wird biologisch bewirtschaftet. Im Angebot: Bergkäse, Quark, Bibiliskäse, Vollmilch, Eier. Im Herbst auch Fleisch von Angusrindern.

Münstertal: Gasthof Spielweg, zum Gasthaus gehört eine Käserei. Für den gastronomischen Eigenbedarf, aber auch zum Verkauf außer Haus werden verschiedene, durchweg sehr gute Kuh-Rohmilchkäse produziert. Darunter ein fester Bergkäse und ein halbfester, Typ Münster. Tel. 07636-7090.

Quellen für Ziegenkäse und Münster siehe unter jeweiligem Stichwort.

Käseläden

Freiburg: Stähle, Schusterstraße; Rücker, Münzgasse (nahe dem Eingang zur Schloßberggarage).

Staufen: Käs-Lädele (Erich Wolff) in der Struve-Passage.

Straßburg: So komisch es klingt, lange Zeit gab's in Straßburg keine besonders gute Käseadresse - auch der Stand von Blondeau auf dem Markt am Blvd. de la Marne überzeugt nicht restlos. Das hat sich nun zum Glück geändert: der neue Käseladen Fromagerie des Tonneliers (32, rue des Tonneliers) hat eine sehr gute Auswahl. Zum Käseladen gehört noch das Restaurant 'La Cloche à Fromage' schräg gegenüber (27, rue des Tonneliers). Die Käseglocke am Eingang ist guinnessverdächtig, das Essens leider nicht - zudem teuer.

Ein ausgezeichnetes Käseangebot (gleich drei Stände!) auf dem kleinen Erzeugermarkt am Place du Rohan (siehe unter 'Märkte').

Colmar: Fromagerie St. Nicolas (Jacky Quesnot) im historischen Zentrum, Fußgängerzone, 18, rue Saint-Nicolas. Sehr guter Laden mit einwandfreier, optimal gereifter Ware. Gepflegte Auswahl an Rohmilchkäsen aus ganz Frankreich - im richtigen Reifezustand, auch bei Weichkäse und Brie keine überlagerte Ware. Hier können Sie auch erfahren, wie ein richtig gelagerter Beaufort nach zwei Jahren schmecken kann! Auch biologischer Käse, Yoghurt und gute offene Butter. Faire Preise. Der Beginn einer Freundschaft. Jacky ist auch Do und Sa auf den Märkten in Colmar.

Mulhouse: Bouton d'Or (Butterblume), 5, place de la Réunion (auffallend blaues Haus, direkt am alten Marktplatz). Sehr gutes Angebot, nicht überteuert, besonders gute Ziegenkäseauswahl. Gleich daneben das kleine Ladengeschäft des Chocolatier Jacques, place de la Réunion 1 (ausgezeichnete eigene Schokolade und Törtchen!).

Ferrette (Sundgau): Maître Fromager Bernard Antony, 17, rue de la Montagne. Meister Antony gilt mittlerweile als Großmeister unter den französischen Käsehändlern. Gewaltige Publicity sorgte in den letzten Jahren dafür, daß Antony in Sachen Käse um die halbe Welt flog- aber dennoch an einem ganz gewöhnlichen Markttag in seinem Verkaufswagen steht und charmant lächelt wie eh und je. Die jüngst erfolgte Erweiterung und Optimierung der Lagermöglichkeiten brachte nochmals eine deutliche Verbesserung bei Auswahl und Reifequalität, so daß das Angebot nunmehr wirklich dem verbreiteten Image des Großmeisters entspricht. Eine Institution. Breite Auswahl, auch auf Märkten, die er mit einem Wagen besucht: Riedisheim bei Mulhouse (Mi), Hüningen (Fr), Rheinfelden (Fr-nachmittag), Altkirch (Sa).

Basel: Glauser Käsespezialitäten, am Spalenberg 12 (Innenstadt), Tel. 0041-61-2618008. Das Traditionsgeschäft am Platz, besonders bekannt für Hartkäse, beste Auswahl an schweizer Bergkäse: z.B. Maientaler, Grindelwalder, Justistaler, Glarner. Natürlich auch Raclettesorten und Beiprodukte wie Butter, Gebäck, Milch.

Chäshüsli (Alex Wirth), Colmarerstr. 10. Ladengeschäft, auch Lieferant der Basler Gastronomie. Schöne Auswahl an Schaf- und Geissenkäse, außerdem span. Manchego. Tel. 0041-61-3818595.

Bottega Ticinese, Fam. Lanzarone, Leonhardsgraben 24 (am oberen Ende des Spalenbergs durch die Unterführung, dann gleich gegenüber). Tel/Fax 0041-61-2623101. Lohnend besonders wegen des guten und nicht überteuerten Sortimentes von Käse der Alpensüdseite: Tessiner Käse; auch Weine, Spirituosen, Wurst und Schinken (Mortadella, Bresaola (luftgetrocknetes Rinderfilet), sowie Süßigkeiten (Panettoni, Amaretti, Ossi da mordere etc.). Öffnungszeiten: Mo 14.30-18.30, Di-Fr 9-12.15, 14.30-18.30, Sa 9-17 Uhr.

Ausflug - CH Alpnach: Sennerei Flüeler, Grunderbergstr. 7, Alpnach-Dorf, Tel. 0041-41-6701622. Die Alpnach-Sennerei liegt am Rande des kleinen Ortes, der wiederum an der Strecke von Luzern zum Sarner See liegt. Abzweigung zur Sennerei und Auffahrt zur

Almgaststätte Lütholdsmatt gleich am nördlichen Ortseingang, beim Bach namens Chli Schliere, sodann über den Ortsteil Grund. Einmal mehr wären hier Restbestände eines noch halbwegs intakten, dezentralen Molkereiwesen zu bewundern, das die Schweiz einmal auszeichnete, das nun aber auch hier verschwindet. Die kleine, blitzblanke Sennerei am Ortsrand gibt einem jedenfalls die Chance, den Käse der durchwanderten Region noch am gleichen Abend zu genießen. In einem separaten Verkaufsraum der Sennerei gibt es: drei Sorten hervorragenden Sbrinz (die schweizer Variante des Parmesan), dazu regionaler Alpkäse verschiedenen Alters - natürlich alles Rohmilch. Außerdem Vorzugsbutter, Eier, Marmelade. Die gesamte Milch von den Hängen des Pilatus wird hier verarbeitet. Geöffnet: werktags 8-11.30/18-19 Uhr. Siehe auch unter 'Butter'.

→ Weiter auf gleicher Strecke beginnt eine reizvolle Bergfahrt auf schmaler, aussichtsreicher Straße. Zunächst über Almen, später durch Hochwald nähert man sich der Südseite des Pilatusmassivs. Der für den allgemeinen Verkehr offene Teil der Straße endet an der **Lütholdsmatt**: Ein einfacher Berggasthof (1 149 Meter hoch gelegen, nur von Frühsommer bis Herbst offen). Rasenterrasse mit Seeblick, Kuhgebimmel und gehißter Fahne. Tel. 0041-41-670 11 85. Für Wanderungen in die überaus lohnende Umgebung: Landeskarte der Schweiz 1:50 000, Blatt 245 (Stans), besser noch die Zusammensetzung Nr. 5023, Pilatus, Entlebuch, Engelberg. Diese nützliche Karte vereint alle Südbaden nahen alpinen Wanderregionen und gehört daher ohnehin in jedes Handschuhfach. Für Detailversessene gibt es entsprechende 1:25 000 Blätter.

Nochmals Käse & Baden: Das sehr gut sortierte Käsefachgeschäft Molkerei Seiler, liegt im historischen und auffallend schönen Zentrum von Sarnen (Bitzighoferstr. 11). Bademöglichkeiten im See wenig südlich von Sarnen am Ufer (Strandbad) und im kleinen Freibad von Sachseln. Wandern, Almwirtschaft, Baden, Käse kaufen - alles zusammen auch vom Raum Freiburg aus gut an einem Tag zu machen. Bringt mehr als manche Grillwoche am Strand.

Über die Südhänge des Sarner Sees: Wo wir schon da sind, eine wunderschöne, praktisch verkehrsfreie Panoramastraße führt über die Südhänge zwischen Sarner See und Arnigrat. Die kaum bekannte Strecke wird ebenfalls über Sachseln am Sarner See Westufer erreicht. Von Sarnen über Sachseln bis Edisried auf der Nationalstraße, in Edisried dann im Ortskern den Wegweiser nach Flüeli suchen. Bis Flüeli zunächst noch auf schmaler, aber stets gut ausgebauter Nebenstraße, ab dort auf einer atemberaubend schönen, befestig-

ten Bergstrecke über Schwanden bis Bitzlischwand (1 241 m, ab dort
lohnender Aufstieg auf den 2 086 m hohen Arnigrat möglich), aber
auch schon unten von Bitzlischwand wunderbarer Blick auf den See
und die Almen. Weiterfahrt über Bachswengen, Altersboden (mehr-
fach Picknickplätze zwischen Himmel und See, mit Panoramasicht).
Später in großer Schleife Abfahrt über Obstocken bis Edisried. Insgesamt eine der schönsten Nebenstrecken im Raum Luzern. (Detaillierte Karte zum Auffinden der oben genannten Punkte unerläßlich;
am besten die bereits empfohlene Zusammensetzung der Schweizer Landeskarte, Nr. 5023.)

***

Kalb. Das übliche Kalbfleisch aus Schnellmast gehört zu
den unerfreulichsten Erscheinungen der leichten, fettar-
men aber nur vermeintlich gesunden Küche. Grobfasrig,
voller Wasser und Masthilfsstoffen, aber ohne spezifischen
Geschmack. Kein Wunder, sondern Methode. Denn 50
Kilo schwere Kalbsbabys werden heute in gerade mal 80
bis 100 Tagen zur Schlachtreife gepusht, die zwischen 150
und 200 Kilo beträgt. Solches Fleisch kann nur durch
Tricks oder im Verbund mit einer effektheischenden Ka-
rosserie verkehrsfähig gemacht werden. Gerade beim von
Natur aus wenig aromatischen Kalbfleisch ist es wichtig,
auf einwandfreie Herkunft und artgerechte Fütterung zu
achten, sonst gilt nach wie vor die uralte Formel: Kalbfleisch = Halbfleisch.

Kälber, die nur mit schnellmästender Tränke aufgezogen
wurden, haben zwar ein makellos erscheinendes hellrosa
Fleisch, genau da liegt aber das Problem. Solches Fleisch
verliert beim Braten ebenso rasch an Flüssigkeit wie das industriell erzeugte PSE-Schweinefleisch. Kein Stand, kein
Aroma. Weshalb aber soll man seine wertvolle Zeit mit
dem Umrubeln von Schund vergeuden?

Anders die sogenannten Milchkälber. Sie leben im Idealfall nur von der Muttermilch, liefern nach sechs bis acht
Wochen ebenfalls helles, zartrosa Fleisch, aber mit einem

deutlich geringerem Wassergehalt und mehr Aroma als die ganz jungen Mastkälber. Metzgersohn Franz Keller schildert den Unterschied: „Eine Kalbshaxe von einem Milchmastkalb geht im Ofen auf und vergrößert ihr Volumen. Sie ist hellbeige im Anschnitt. Die Kalbshaxen von heute schrumpfen und sind im Anschnitt grau wie das Fell eines alten Esels." Leider läßt sich der Unterschied zwischen üblicher Blitzmast und Milchmast beim rohen Fleisch nur von Fachleuten erkennen, allein schon deshalb lohnt sich der Gang zum Metzger des Vertrauens. Gutes Milchkalb wird ganz zu recht als 'Poularde mit vier Füßen' gelobt. Ernsthafte Metzgereien, auch Züchter auf dem Land, bieten immer mal wieder solch ein Milchmastkalb an.

Ältere Kälber, die schon Weidefutter bekommen haben, liefern ein dunkleres Fleisch, das weit aromatischer ist als das auf zartrosa getrimmte Konsumfleisch. Leider ist auch solches Fleisch nicht mehr so üblich in unserer makellosen Lätta-Welt. Zum klassischen Kalbsschnitzel eignet sich das dunklere, etwas ältere Kalbfleisch ohnehin viel besser als die zartrose Ware, die nach dem Braten wie eine Lage Weißpappe aussieht - und schmeckt.

Rezept: *Wegen des relativ schwachen Eigengeschmacks sind beim Kalb alle Zubereitungsarten am Knochen vorzuziehen, weil diese für zusätzliches Aroma sorgen: Kalbskotelette, Kalbshaxe. Schierem Kalbfleisch muß man auf die Sprünge helfen. Mit einem schicken Anzug wie beim Schnitzel; mit einer kräftigen Sauce wie beim traditionellen Kalbsblankett (vgl. auch 'Fricassée'), ähnlich beim badischen Klassiker, dem eingemachten Kalbfleisch, wo ein säure- und bukettreicher Weißwein für Aroma sorgen muß (ideal: Müller-Thurgau). Oder man macht es ganz einfach so wie im Süden: mit einem Salbeibusch, der ohnehin in jeden Garten gehört. Zwei, drei Blätter und etwas Zitrone und aus matten Kalbsschnitzeln natur werden delikate Scaloppini.*

Kalbsleber: *Ansonsten sind die Innereien das Wertvollere beim Kalb. Beim Kauf beachten, daß kleinere Betriebe nur einmal in* *der Woche, am Montag, schlachten. Montag und Dienstag also beste Auswahl gerade unter den begehrten Stücken wie Bries und Leber; möglichst vorbestellen und bei der Leber gleich das gewünschte Kaliber angeben, was einem zuhause die mühselige Arbeit des Putzens und Häutens erspart. Dünne Kalbsleberscheibchen (vom Milchkalb) in extrem heißer Pfanne sekundenkurz anbraten, innen noch rosa, außen schon etwas Kruste, danach mit Salbeiblättern und etwas grobem Meersalz bestreuen und in der Wärme vom Backofen noch etwas ruhen lassen. Am Schluß mit ein paar Tropfen Balsamico würzen. Ein Gericht, das außer Weißbrot und Wein kaum etwas neben sich duldet, ideale Vorspeise, oder lauwarm als Terrassenimbiß mit kühlem Sherry oder einem Rosé. Kann einen ganzen Nachmittag durcheinanderbringen.*

Kalbsbriesle: *Die oft gelobte Spezialität (Thymusdrüse) gibt es nur bei Kalb und Lamm. Sobald die Tiere geschlechtsreif sind, bildet sich das nahe der Speiseröhre liegende Organ zurück. In Frankreich ist Kalbsbries* (riz de veau) *als Spezialität geschätzter als hier, deshalb ist das kleine, oft nur 200 g schwere Organ bei uns eher mal im freien Handel zu bekommen. Die Zubereitung erfordert Vorarbeit: wässern, lanchieren, säubern und häuten sind obligatorisch. Also nichts für den kleinen Hunger zwischendurch. Ein schönes, sautiertes, eventuell auch leicht anpaniertes Briesle mit kleiner Gemüsegarnitur gibt freilich eine wunderbare Vorspeise ab. Die kann man sich ja mal auswärts gönnen.*

Einkaufen

Eimeldingen: Metzgerei Senn, Hauptstr. 28, an der B 3. Tel. 07621-62598. Neben dem Standardsortiment auch immer mal wieder Kalb- und Rindfleisch von hochschwarzwälder Betrieben, die noch Hinterwälderzucht betreiben (vgl. 'Hinterwälder'), zumindest aber gute Weidequalität bieten. Darunter auch Kalbfleisch vom Vollmilchkalb, das, nur einmal gekostet, die Rückkehr zum hellen, geschmacksneutralen Discountkalb unmöglich macht. In dieser Klasse gibt es ja da und dort noch Betriebe, auf die wir verschiedentlich hinweisen. Meister Senn ist ein ungewöhnlich freundlicher und kooperativer Vertreter des Standes - wenn man ihm etwas Zeit gibt, bleibt kaum ein Wunsch unerfüllt. Nicht nur Briesle und Kalbsleber. Außer-

dem sauber gemachte Wurstwaren (speziell: Leberwurst im Naturdarm, richtiger Schwartenmagen, schöne Wienerle, auch luftge-
trocknete Salami) - insgesamt das Beispiel einer hochsoliden Land-
metzgerei.

In die gleiche Klasse gehören (neben anderen natürlich): Die Metz-
gerei Feißt in **Teningen**, Bahlinger Straße 27. Dirr in **Endingen**,
Königschaffhauser Straße 17. Kindle in **Freiburg**, Hildastraße 3,
Hügle in Freiburg, Guntramstraße 29.

***

Kartoffelsalat. Ähnlich wie die Brägele wird der Kartoffelsalat gerne mit weltanschaulichen Fragen verknüpft. Zu
recht. Alle weißen Spielarten, womöglich noch mit Essig-
gurken oder Schlimmerem vermischt, müssen als nordi-
sche Verirrung gelten. Gleiches gilt für die populären, dennoch entbehrlichen Zusätze, im Besonderen für den
Speck, der im Kartoffelsalat nur den Sinn hat, Material-
mängel oder grundsätzliche Konstruktionsfehler zu kaschieren.

Auch wenn es hierzulande nicht so gerne gehört wird:
der klassische, noch lauwarme Kartoffelsalat wie er in
Schwaben regelrecht zelebriert wird, ist das Referenz-
modell.

Rezept Kartoffelsalat: *Festkochende, noch warme Kartoffeln
wie die gute alte Sieglinde werden dünn gescheibelt, mit feinst geschnittener Zwiebel, Essig, Öl und etwas Fleischbrühe liebevoll,
also innig vermischt. Kurzes Blanchieren der Zwiebeln nimmt etwas Aggressivität raus, zudem nehmen blancierte Zwiebeln keinen unangenehmen Geschmack an, falls mal ein Rest vom Salat
übrigbleibt. Lauwarmen Salat ziehen lassen, eventuell noch mal
mischen, ist Gefühlssache. Matschen, bis der Indifferenzpunkt erreicht ist. Dieser liegt beim Kartoffelsalat irgendwo zwischen
Stückchen und beginnendem Mus. „Schlonzig", sagen Schwaben
dazu, Badener haben kein ebenbürtiges Wort für diesen kulinarischen Aggregatzustand. Was - neben dem Preis des Materials -*

Schwabens Urheberschaft am Kartoffelsalat untermauert. Also: Schlonzig, lauwarm, glänzend.

Freilich bleibt es der badischen Küche vorbehalten, das Grundmodell zu verfeinern. Die Hälfte des verwendeten Öls als Nußöl bringt Extrapunkte, ein paar geschmelzte Zwiebeln als Garnitur obendrauf sind mehr als eine Zier. Schinken- oder Schäufelebrühe statt der Fleischbrühe verleiht dem Kartoffelsalat einen rustikalen Auftritt. Etwas frischer Estragon untergezogen wäre denkbar, ein Hauch Muskat gibt Chic. Aber immer gilt: zu dick gescheibelte Kartoffeln, erst recht grob gewürfelte Zwiebelstutzen zerstören alle Mühe. Zu beachten ist ferner, daß hausgemachter Kartoffelsalat (ohne Sorbinsäure E 200) schnell verdirbt, die lauwarme Materie ist nun mal eine ideale Brutstätte für Keime und abkühlen soll er ja nicht. Also am besten mit dem Glanz der Eigenwärme servieren. Der Küchenmeister warnt außerdem vor einer in der Gastronomie verbreiteten Unsitte: „Kühlschrankkalter Kartoffelsalat ist eine Schweinerei".

Was die Gurke angeht, ist eine Ausnahme denkbar: Zum Wiener Schnitzel kann ein Kartoffelsalat mit dünn gehobelter Salatgurke gekreuzt werden. Der wässrig, frische Akzent der Gurke steht dann in einem feinen Gegensatz zur trocken, hitzigen Art des Schnitzels. Das sieht man in Wien übrigens auch so.

Einkehren

Offnadingen: Adler, Tel. 07633-33 32. RT: Fr, werktags ab 17 Uhr, Sonntag auch mittags. Intakte Landschenke mit dem besten Kartoffelsalat südlich der Dreisam (Portion 3 Mark).

***

'Kamerun' hießen bei den großzügiger wohnenden Bürgern aus dem Osten der Stadt Freiburg die Geflügel-Hinterhöfe im Stadtteil Stühlinger. Handwerker und Arbeiter, die in der Wiehre und Herdern Villen bauten, zogen zunächst in den Stühlinger und schufen dort ihr eigenes Milieu. Mittlerweile wohnt aber längst der akademische

Nachwuchs im ehemaligen Arbeiterviertel, dazu im Mittelbau Hängengebliebene, wodurch wiederum ein markantes Milieu entstanden ist. Jedenfalls wurde das lebende Geflügel einst in kleinen Handkäfigen abgeholt und erst zuhause gerupft. Heute ist Kamerun bekanntlich in jeder Tiefkühltruhe.

***

Kochwein. Es gibt keinen Kochwein. Ein Koch, der meint, minderwertiger Wein sei zum Kochen gut genug, zeigt, was er von seiner Arbeit hält. Läßt etwa ein Chirurg seine Patienten mit alten Lumpen verbinden? Es gibt sehr unterschiedliche Weine, die zum Kochen geeignet sind, je nachdem, was sie leisten sollen. Von der alt gewordenen Grauburgunder-Spätlese, die einen herrlichen, konzentrierten Fond zum Dünsten von Gemüse (Blumenkohl!) liefert, bis zum herb, fruchtigen Rotwein, mit dem der Leberlefond abgelöscht wird. Die Kraft und Dichte guter Weine wird in der Küche viel zu wenig genutzt. Spitzenweine können wie ein Fond verwendet werden, sie sind auch nicht teurer als ein guter Fond. Man muß sich nur einmal dazu durchringen und mit einer Auslese einen Bratenrest verfeinern, Sie kommen nicht mehr davon los. Ich gebe mein Ehrenwort!

Vgl. auch 'Auslese'.

***

Klinisch kochen. Die modernen, klinisch sauberen Edelstahlküchen mit Dampfgarer und digitaler Temperaturanzeige sind das Gegenteil jener Mammaküchen, in der bleibende Geschmacksbilder entstehen. Klinische Küche macht vielleicht satt, aber sie stillt den Hunger nicht. Auch die Menüs vieler Kunstköche sind in diesem Sinne klinisch. Ihre Speisen wirken seltsam beziehungslos, weil für ein entwurzeltes Scheckkartenpublikum gekocht wird. Eine Klientel, die in hohem Maße über Geld, Langeweile und Stoffwechselprobleme verfügt. Die erzwungene Fadheit und Leichtverdaulichkeit, die Ausrottung von Krusten und Fettschichten, die weltweite Verwendung von normierten Luxusprodukten wie Trüffel, Gänseleber und Bordeaux, die faden optischen Tricks mit Schnitzgemüse und verknotetem Schnittlauch, alles weist in eine Richtung: Das Abschaffen des Kochens als sinnlicher Vorgang zugunsten einer klar planbaren Dienstleistung. Zu recht hat Peter Kubelka, Professor für Film und Kochen in Frankfurt, unlängst darauf verwiesen, daß ein großer Koch heute eher etwas mit einem General gemein hat. Er muß „logistisch talentiert sein, große Truppen bewegen können, den Nachschub planen." Entsprechend kampfbetont wirken denn auch die Darbietungen dieser Männerküche, die nach Schlachtplan abläuft, in der Emotionales keinen Platz hat, es sei denn als hysterischer Wutausbruch. Die persönliche Auswahl von Lebensmitteln, langwierige, gar riskante Zubereitung, alles Sinnliche wird als lästiger Störfaktor begriffen.

In Mamas Küche lernt man dagegen aromatisch hassen und lieben, man erfährt, wie schmal der Raum dazwischen sein kann und begreift, daß Vorlieben mit der Zeit gehen. Auch aus Verachtung kann bekanntlich Freundschaft werden - wie im Falle von Leber, Spinat und Co. In einer klinischen Küche wirkt dagegen schon der Glöckchenschlag der Mikrowelle wie ein letzter emotionaler Rest. Zufriedenheit entsteht in solcher Umgebung nicht; das jojohafte Auf und Ab von Imponiermenüs und Blitzdiäten müßte eigentlich allen klinisch Kochenden Warnung genug sein.

Aber dann paßt doch wieder alles zusammen: Die keimfreien Turboküchen von heute folgen ja der Logik von Geländewagen. Und mit dem fährt man ja auch nicht auf den

Acker zum Kartoffeln rausmachen, sondern in den SB-Markt zum Kühltruhen leeren.

***

Knoblauch. Genuß- und Distanzmittel erster Güte. Wobei die mannstoppende Funktion mit dem Alter der Knolle zunimmt, am stärksten wirkt der überjährige, der bereits grüne Triebe in der Zehe gebildet hat, die unbedingt entfernt gehören. Frischer Knoblauch, der aus dem Süden bereits im März, April auf Markt kommt (feucht im Griff, mit saftigen Häuten und Stilansatz) ist im Aroma feiner und weniger penetrant als alter mit den seidig, trockenen Papierhäutchen. Frische Zehen lassen sich auch mit der Schale kurz in Olivenöl anbraten und im Ofen fertiggaren, sie passen perfekt zu anderen frühen Genüssen wie Lamm, Kaninchen oder Gitzi.

Botanisch wache Augen finden eine heimische Variante des Knoblauch (*Allium angulósum* = Kantenlauch) verwildert auch in unseren Breiten. Kantenlauch wurde früher in Bauerngärten gezogen, das seltene Liliengewächs gedeiht wild auf Lehmböden, die im Frühjahr feucht sind, im Sommer überdauert Kantenlauch selbst längere Trokkenheit. Die rosa Blüte sitzt auf einem langen, blattlosen Stengel. Frischer Kantenlauch läßt sich so vielseitig wie frischer Knoblauch verwenden, im Garten gut zu kultivieren.

Mühelos gelingt auch das Selbstziehen von frischem Knoblauchgrün aus den einzelnen Zehen. Hierzu zerteilt man eine Knolle und setzt die einzelnen Zehen (mit dem Hintern nach unten!) drei Zentimeter tief in gut feuchten Gartenboden. Bei einigermaßen warmer Witterung zeigen sich schon nach ein, zwei Wochen die ersten Keime, die schnell ein würziges, aber nicht penetrantes Schnittgrün liefern. Das Knoblauchkraut gehört neben dem Schnitt-

lauch zu den ersten Frischkräutern im Garten. Die Anzucht funktioniert auch auf einem Fensterbrettgarten.

***

Knöpfle. In der Schweiz trennt der 'Röstigraben' die fran-
kophone Westschweiz von den röstiliebenden deutsch-
schweizer Kantonen. Ein in Tübingen verlegtes 'Spätzle-
Brevier' verweist auf eine verwandte Problematik hinsichtlich der Grenze zwischen badischen 'Knöpfle' und schwäbischen 'Spätzle': „Heute gibt es das Land Baden-Würt-
temberg, dessen Integration nicht allein hinsichtlich der
Spätzlequalität noch nicht abgeschlossen ist." Allerdings
taugt der Unterschied zwischen Spätzle und Knöpfle nicht
für Grabenkämpfe nach schweizer Muster. Auch der Autor des Spätzlebreviers sieht dies so, allein schon wegen
der sehr unscharfen Grenzverläufe. „Es ist ein brüderliches
In- und Durcheinander ohne jegliche Problematik."
   Wichtiger als die Form ist die Teigqualität der aleman-
nischen Standardbeilage. Und neben der Materialfrage löst
auch das Handwerkszeug Diskussionen aus. Hier vor allem
die Frage, ob vom Spatzenbrett mit Hand geschabte
(schwäbisch: *geschärrte*) Spätzle besser sind als jene, die ihre
Form einer mechanischen Hilfe verdanken. Besonders eine
zylindrische Handpresse, genannt 'Spätzleschwob', ist heute noch oft im Einsatz. Außerdem gibt es Spätzler, Spätz-
le-Mühlen und Spatzenhobel, sie alle bringen freilich die
typische Knöpfle-Form hervor.
   Wie bei allen volkstümlichen Rezepten gibt es nicht mal
für den Urteig eine eindeutige Rezeptur. Schon die Zahl
der Eier, die angeblich auf ein Pfund Mehl kommen sollen, schwankt zwischen vier und acht. Aber starre Zahlen-
angaben verlieren ja ohnehin an Bedeutung, wenn man
nur einmal über die Grenze schaut. In der alten Nudel-
provinz Piemont gilt es als regelrechter Qualitätsbeweis,

möglichst viel Eigelb im - natürlich hausgemachten - Pasta-
teig zu versenken. 20 Eigelb pro Kilo Teig (nicht pro Kilo
Mehl!) sind dort die Regel, mancherorts wird auch mit
doppelten Werten gearbeitet. Das Eiweiß, das für die Bindung des Teigs sorgt, wird freilich nur von jedem vierten
Ei mitverwendet. (Ein guter Nudelladen in Alba/Piemont:
an der Piazza Garibaldi, auch am Sonntag geöffnet; ein
zweiter in der Via Emanuele 9.)

   Auch bei der Weiterverarbeitung des Teigs, Salzmenge,
Ölzusatz ja oder nein, Dauer der Teigruhe, Schabe- oder
Preßtechnik gibt es so viele Varianten, daß man nur zum
individuellen Versuch raten kann.

Fazit: Spätzle und Köpfle sind kein Nebenhergericht für
Gelegenheitsköche. Allein schon, weil sie wie frische Pasta (vgl. auch dort) à la minute zubereitet und heiß serviert
werden müssen. Auch das Teighandling erfordert gewisse
Routine, möglicher Frust und Ertrag stehen bei Anfängern
in einem kritischen Verhältnis. Vorsicht also bei Einladungen, oder vorher trainieren!

Freilich können Knöpfle oder Spätzle mit Gewinn aufgewärmt werden, am besten mit Butter in der Pfanne anrösten. Bei solcher Gelegenheit läßt sich der eventuell anä-
mischen Ausgangsware noch leicht ein goldbraunes Finish
verpassen. Für Manche entsteht durch solche Nachberei-
tung überhaupt erst der wahre Knöpflegenuß, Andere
schwören auf ein kleines Dressing. Klassisch wäre hier das
Krönen mit Brotbröseln, die zuvor in brauner Butter ge-
schwenkt wurden. Auch die Zugabe geschmelzter Zwie-
belringe ist üblich, besonders wenn die heißen Spatzen
durch untergezogenen, geriebenen Emmentaler zu Käse-
spätzle angereichert wurden. In Kombination mit einem
grünen Salat (und nur mit diesem) gibt so ein Gericht
schon eine vollwertige Schüssel ab. Gleiches gilt für die
unstrittig schwäbische Kombination mit Linsen und Sai-

ten (Wienerle). Dies würde auch zu einem Wechsel beim
Besteck führen, nach der Regel:

> *Mit der Gabel ist's ne Ehr,*
> *mit dem Löffel kriegt man mehr.*

***

Kombinatorik - über Geschmack läßt sich eben nicht
streiten. Manche Regeln der Physik gelten auch auf dem
Teller: gleiche Pole stoßen sich ab, Ungleiches zieht sich
an. Das Prinzip wohl gewählter Gegensätze reicht von *Goe-*
thes Farbenlehre (Purpur fordert Grün) bis zum Kulinarischen: Brot fordert Butter, Weißwurst will süßen Senf,
Bratwurst scharfen. Es geht freilich auch etwas gewählter:
„Bei einem Gastmahle nimmt sich neben dem wohlzuge-
richteten Fasan eine Schüssel grüner, frischer und schmack-
hafter Salat nicht übel aus." *(Cervates)* - Oder: „Kartoffel-
klöße schicken sich zu Sauerbraten sehr wohl." *(Antonius*
Anthus) - Oder: „Wurstsalat fordert Brägele." *(Badisches All-*
gemeinwissen). „Material und Arbeit haben ein Recht, nicht
alle Jahre durch neue Modeströmungen entwertet zu werden." So sah es der gute alte *Adolf Loos* - bis heute uner-
hört.

Das theoretische Prinzip, dem eine kulinarisch überzeugende Kombination folgt, hat ein deutscher Autor zuerst
formuliert und damit vor 160 Jahren einen immer noch
weithin unbekannten Gastronomie-Klassiker geliefert. Kurioserweise fand sein Buch bis heute keinerlei Verbreitung
und es erreichte auch damals nicht einen Bruchteil der Auflage von französischen Klassikern aus derselben Zeit, etwa
Brillat-Savarins 'Physiologie des Geschmacks'.

Unter dem Pseudonym *Antonius Anthus* erschienen von
dem Arzt und Psychiater *Gustav Blumröder* im Jahr 1838
zwölf sogenannte 'Vorlesungen über Eßkunst'. Blumröder
hielt diese Vorlesungen tatsächlich vor einer illustren

Tischgesellschaft mit der Absicht, eine umfassende „Ästhetik der Tafel" zu liefern.

In der kultivierten Kombination animalischer und vegetabiler Gegensätze sah Blumröder das Grundprinzip eines gelungen komponierten Mahls. Aus diesem so schlichten wie universalen Gedanken leitete Blumröder mit feinem Sinn für Geschmackshierarchien und mögliche Kontraste einen heute noch gültigen Leitfaden ab. Viele seiner Gedanken schmecken unmittelbar, andere erinnern an längst vergessene Genüsse: „In liebenswürdigem Einklang steht ein gebratenes, junges Hähnchen mit zartem lenzentsproßtem Gartensalat. Fricassiertes Kalbfleisch verlangt Champignons oder Kapern. Rebhühner gehen mit den waldbewohnenden Morcheln eine freundnachbarliche Verbindung ein." Erst recht: „Wie schön ist der Anblick eines scharlachrot gesottenen Krebses und das zarte Grün von frischer Petersilie, dazu das lichte Braun von Kümmel darauf." Selbst Blumröders Ausführungen zum Butterbrot, das ja für sich schon eine gelungene Kombination von Vegetabilem und Animalischem darstellt, sind beispielhaft für seinen kulinarischen Spürsinn: „Einfach ins Vegetabilische hinüber gesteigert wird es durch aufgestreuten gehackten Schnittlauch oder frische Rautenknospen. Eine doppelte Steigerung ergibt sich, wenn man noch Radieschen beifügt. Eine einfache Steigerung ins Animalische wird durch beigesetzten Käse erreicht. Ebenso verhält es sich mit zugegebenem Schinken, welcher jedoch nicht zu fett sein darf, weil die beiden Indifferenzen Butter und Schinkenfett als nichtssagend zu erachten sind. Setzt man dem Schinken noch Kalbsbraten und Sardellen bei, so erhält man dreifach gesteigerte animalische Gegensätze, welche durch Zervelatwurst noch bedeutend vervielfältigt würden. Doch schmeckt das schon stark nach Manier."

Überhaupt darf man es mit den Gegensätzen nie zuweit treiben, bestimmt Saures paßt nie zu ausgeprägt Süßem,

denn „Zuckerbrot und Hering ist schlechthin lächerlich".
Manchem Kreativling von heute, der drauflos arrangiert
nach dem Motto 'Hirschröllchen an Himbeerschaum',
könnte die Lektüre von Blumröder eine Menge Peinlich-
keiten ersparen. Ganz nebenbei lieferte Blumröder mit
seiner Theorie auch eine Erklärung für den überaus reizlosen Auftritt einseitiger Küchen, gleich welcher Richtung.
„Ein bloß vegetabilisches, wie ein bloß animalisches Gast-
mahl ist für den Eßkünstler schlechthin ein Absurdum, ein
Gemälde ohne Licht und Schatten, also gar nichts."

***

Kurz oder lang? Kann auch eine Frage bei der Saucenbe-
reitung sein. Lange Saucen basieren auf jenen 'Fonds' oder
'Grundsaucen', die bis heute als Fundamente einer gepflegten Küche gelten. *Escoffier* (1846-1935) sah in Fond und Jus
gar den „Schlüssel zum kulinarischen Gebäude". Bis heute
neigen Köche mit traditioneller Ausbildung zur Mystifizie-
rung der Fonds. Unbestritten bildet ein sauber gezogener
Fond die Basis einer Sauce. Aber fünf Grundkochbücher
liefern fünf Varianten der Fondbereitung und somit gleicht
die Saucenküche der Philosophie, die auf der Suche nach
den letzten Dingen auch mehr Fragen als Antworten liefert. Zusätzlich hat jeder erfahrene Koch noch Abfällig-
keiten gegenüber der Lehrmeinung parat, so daß es leicht
wäre, mit zig Grundrezepten zu langweilen (vgl. Stichwort
'Fond').
  In der klassischen Gasthausküche stehen meistens ein,
zwei Behälter mit Fonds oder Grundsaucen am Herd. Je
nach Tagesbedarf wird dann in die eine oder andere Richtung zurechtfrisiert, mit Mehl gedickt, mit Butter aufmontiert, gestreckt, speziell gewürzt und so fort. „Die Sauce fer-
tigmachen", heißt das in verblüffender Offenheit.
  Das Prinzip der langen Extraktion wurde zunächst in der
französischen Küche des 18. Jh. praktiziert, danach immer

subtiler verfeinert, bis es schließlich in den klassischen Hotelküchen seinen Höhepunkt fand. Das war einmal um die Jahrhundertwende und es war damals wohl gut so. Reichlich Schlachtabfälle, zimmergroße Herde, die nie kalt wurden, ruhige Zeiten im Saisonverlauf, Personal, das beschäftigt werden mußte - ideale Bedingungen zum stundenlangen Rösten und Einköcheln. Escoffier empfiehlt beim braunen Fond mindestens 12 Stunden langsames Kochen, beim Kalbsfond immerhin noch 6 Stunden. Zudem war der hierarchische Aufbau der Saucen auch eine praktische Sache: Aus ein paar Grundsaucen konnten unzählige Spezialrezepte abgeleitet werden. Sehr treffend 'Beiguß' genannt, gehörten solche Tunken zum kulinarischen Standard, sie sind auf allen badischen Hochzeitskarten der Jahrhundertwende zu finden.

Der Küchenmeister erinnert sich noch an seine Lehrzeit in einem großen Haus in Baden-Baden: „In der ruhigen Zeit haben wir eimerweise Fonds runtergekocht. Der Küchenchef hat die auch gläschenweise an Gäste verkauft, da ließ sich richtig was dazuverdienen. Grad im Winter, wenn es ruhiger war." In der heutigen, zeitarmen Küche erscheint die klassische Fondzubereitung wie ein Anachronismus. Entsprechend vielfältig ist das Angebot von Surrogaten. Es beginnt beim Viertellitergläschen von Lacroix und es reicht bis zum Mehrkilokübel „Extra feine Bratenjus, Gourmet Qualität, pastös", wie ihn *Knorr caterplan* dem kochenden Profi andient. Im Grunde sind Fonds nichts anderes als ein Vorläufer der heute so viel gescholtenen Halbfertig- oder Convenience-Produkte. Lange vor der eigentlichen Speise gekocht, bequem zu handhaben, in jede gewünschte Richtung zu tunen.

So gesehen entspricht die alte, die oft idealisierte Küche mit den langen, intensiven Saucen aber ganz und garnicht dem heutigen Ideal einer frischen, am Grundprodukt orientierten Küche. Einmal abgesehen von den ärgerlichen

Plumpssaucen auf der Basis von Billigprodukten, oft hat eine intensive Sauce vor allem die Funktion, Mittelmäßigkeit zu kaschieren. Immer fragwürdigere Fleischqualitäten, überlagerter Fisch, belangloses Zuchtgeflügel. All dies läßt sich mit einer langen Sauce, mit aufmontiertem Konzentrat geschmacklich immerhin in irgendeine Richtung wenden. Wie auf Parteitagen, wo das Rahmenprogramm immer wichtiger wird.

Die **kurze Sauce** bietet dagegen weniger Möglichkeiten zum Tarnen und Täuschen. Sie entsteht à la minute und verlangt nach erstklassigen Produkten. Besonders von der italienischen Küche, die seit eh und je weniger mit Auskochung und Extrakt arbeitet als die französische Hochküche, läßt sich etwas über die kurze Sauce lernen. Oft genügt es tatsächlich, den Bratenjus mit erstklassigem Stoff (Wein, Öl, Butter, Brühe, Obstsaft, Essig) abzulöschen und danach eventuell noch kurz reduzieren, fertig. Die transparente, im Gegensatz zur langen Sauce wenig verhüllende Kochweise unterstreicht die Funktion der kurzen Sauce. Sie will nicht purer Geschmack sein, sie wird auch nicht zum schweren Mantel, den die meisten Tunken abgeben. Eine kurze Sauce will vermitteln, Übergänge schaffen; und sei es der zum Brot, das als treuester Freund der kurzen Sauce gilt.

Offensichtlich, daß kurze Saucen und beste Zutat zusammengehören. Bestes Olivenöl kommt gut bei kurzen Saucen, auch guter Apfel- oder Orangensaft, natürlich Wein. Crème fraîche, besonders aber Sahne unterläuft das Prinzip der kurzen Sauce. Sahne kaschiert, sie ist somit der würdige Nachfolger einer schlechten langen Sauce. In der Handhabung aber schneller, billiger und primitiver. Womit auch die weite Verbreitung der zeitgenössischen Sahnetunken erklärt wäre. Summe: keine Ehrfurcht vor den Fondsköchen. Statt dickem Beiguß öfter mal was Leichtes aus dem Handgelenk.

***

Kratzete. In der Pfanne zerrissene, 'mit der Kraft eines Hennenfußes' zerkratzte Pfannkuchen. Erst durch die mutwillige, aber liebevolle Zerstörung entstehen jene ausgefransten Rißkanten, die zur Kratzete gehören. Dünn und luftig wie ein Pfannenkuchen, nicht dick und teigig wie ein umgebautes Omelette, sollen die Kratzete-Flecke sein. Die im Idealfall nur buchenblattgroßen Fragmente gelten als oberbadische Standardbeilage zum Spargelessen. Wie bei allen volkstümlichen Beilagen gibt es reichlich Zubereitungsvarianten und schon bei der Teigbereitung allerlei Chancen zum Scheitern, Eiergeiz gehört zu den Standardfehlern. Freilich sind auch charmante Tricks im Umlauf: Manche schwören auf einen Schuß kohlensäurehaltiges Mineralwasser. Unmittelbar vor der Zubereitung in den fertigen Teig gegeben, wird dieser damit etwas aufgeschäumt. So wird aus der Sättigungsbeilage eine leichte Begleitung.

Zu den Entgleisungen gehören alle in der Friteuse ausgebackenen Varianten. Anhänger der Fettsiederei verlieren schon deshalb an Glaubwürdigkeit, weil in der Friteuse gegarte Fladen ja garnicht mehr zerkratzt werden müssen.

***

Lachs. Keine Bange, das leider zutreffende Lamento über die Verschweinung einer Delikatesse wird nicht weitergesponnen, allein schon, weil es mit dem Lachs wieder aufwärts geht. Anscheinend gehört es zum Produktzyklus jeder Massenware, daß zunächst ein Tiefpunkt an Verschundung erreicht sein muß, bevor einige Anbieter wieder nach Qualität streben (schön zu sehen auch bei der Holland-Tomate, die mittlerweile manches Produkt aus dem Süden schlägt).

Beim Lachs scheint der Umkehrpunkt jedenfalls erreicht. Natürlich nicht in der Masse. Neben dem untadeligen, aber oft falsch ausgezeichneten Spitzenprodukt 'Wildlachs'

gibt es mittlerweile auch akzeptablen 'Farmlachs'. Lachs,
der nach den Kriterien biologischer Anbauverbände gezogen wurde, ohne den üblichen Einsatz von Antibiotika
und Masthilfsstoffen. So teilt sich nun beim Farmlachs der
Markt: einerseits der alte, billige Schund (zu weich im
Fleisch, zu fett, zu tranig), daneben gibt es aber vernünf-
tige Farmqualitäten. Es lohnt sich also, beim Zuchtlachs
wieder auf Herkunft und Qualität zu achten. Glaubwürdi-
ge Händler informieren ihre Kunden in dieser Hinsicht,
und sie verzichten vor allem auf irreführende Bezeichnun-
gen wie 'Wildwasserlachs'. Jedes Zuchtgehege wird von
'wildem Wasser' umspült, von was denn sonst?

   Flußaufwärts gesehen steht der Lachs - dank verbesser-
ter Rheinwasserqualität - vereinzelt schon vor den Stausfu-
fen von Iffezheim. Neu gebaute Treppen (sog. Fischpässe)
werden während der nächsten Jahre seine Wanderschaft im
Strom ermöglichen. Derzeit wird bei Iffezheim mit 30 Millionen Mark Aufwand gebaut, im Jahr 2 000 wird der Lachs
dann bis Gambsheim kommen, danach soll auch dort ein
Fischpass entstehen. Und irgendwann und viele Millionen
später soll der Lachs wieder bis nach Basel schwimmen
können. Dort war er freilich schon mal, vor 100 Jahren.

   Ausgelöst wurde all der Aktionismus durch das Che-
mieunglück 'Schweizerhalle' vor zehn Jahren ebendort.
Nach der totalen Verseuchung des Rheins kam es zum Programm 'Lachs 2 000'. So braucht es auch hier erst den
völligen Niedergang, bis eine Umkehr einsetzt. Und leider drängt sich auch bei Programmen wie 'Lachs 2 000' der
Verdacht symbolischer Handlung auf. Was auch durch das
neue Unglück vom Juni 1998 bestätigt wird: durch uner-
laubte Gifteinleitung in den Basler Rheinzulauf Birs wurde die gesamte Lachsbrut der basler Aufzuchtstation vernichtet, mit welcher der Rhein einmal hätte belebt werden
sollen. Wieder einmal gab es kein effizientes Warn- und
Krisenmanagement, wieder einmal wird nach ein, zwei Jah-

ren alles vergessen sein - vielleicht gibt es auch ein nettes Umweltprogrämmle als extra Trostpflaster.

Gleichwie, beim einst verrufenen Zuchtlachs sollten jene eine Chance bekommen, die sauber arbeiten. Die Regeln der biologischen Anbauverbände schreiben vor, daß die Hochseegehege in absolut sauberem Wasser plaziert sein müssen, gefüttert werden darf nur mit Fischprodukten, die Zahl der Fische pro Gehege ist beschränkt, gegen Krankheiten dürfen keine naturfremden Stoffe (wie Antibiotika) verwandt werden. Solcher Lachs könnte den Ruf des edlen Tieres wiederherstellen. So gilt mehr denn je, lieber ein paar Mark mehr für Lachs aus einer seriösen Quelle, als sein Geld für einen tranigen Fettsack opfern.

Übrigens: Es muß nicht immer Sekt im Stehen sein, auch Brägele im Sitzen passen zum Lachs. Zur Delikatesse wird Lachs im Verein mit einem lauwarmen Linsensalat. Meerrettichsahne begräbt den feinen Lachs eher.

Einkaufen

Irischer Räucherlachs aus erstklassigem Wildlachs: Patricia Keenan, West End, Bundoran, Co. Donegal, Irland. Tel. 00353-72-41280, Fax: 42006. Eine vertrauenswürdige Adresse, der geräucherte Wildlachs von Patricia Keenan ist: Garantiert kein Wildwasserlachs, Farmlachs oder Zuchtlachs - sondern wirklich aus Wildfängen. Er hat wenig Fett, ist nicht übersalzen und mild über Eichenholz geräuchert. Der Lachs schmeckt nicht tranig, muffig oder überlagert, wie die meisten vorweihnachtlichen Sonderangebote, sondern aromatisch und zart - eben Wildlachs. Patricia verschickt den Lachs vakuumverpackt rund ums Jahr per Luftpost, natürlich auch auf Weihnachten, die Lieferung funktioniert zuverlässig. Bestellungen für Weihnachten sollten spätestens am 12. Dezember vorliegen. Der Preis pro Kilo beträgt 18,50 irische Pfund, eine Seite hat knapp ein Kilo. Die Luftpostgebühren von ca. 20 Mark pro Sendung gehen extra (es lohnt sich also, wegen der Portokosten ein paar Interessenten einzusammeln!). Bei größere Bestellungen gibt es einen Kurierdienst. Sonderrabatt bei Bestellungen von mehr als 50 Seiten.

***

Lamm. Erst mal beim Metzger gelandet, verschweigt das Lamm sein Alter. Wann genau das Kind des Schafes Hammelbeine bekommt, ist nicht leicht zu sagen. Sowohl zwischen den Ländern als auch zwischen den Begriffen herrscht Verwirrung. Brüssel, wo bist du! Im Süden, wo das Lamm am jüngsten auf den Tisch kommt, wird auch beim Heranwachsen am feinsten unterschieden. So ist in Frankreich ein Milchlamm zwischen 5 und 8 Wochen alt. Es muß aber schon mehr als sieben Kilo wiegen, weil leichtere Tiere im Geschmack allzu neutral wären. Ab 10 Kilo, erst Recht aber, wenn das Lamm neben der Muttermilch auch reichlich vom frischen Grün gekostet hat, wird aus dem Milchlamm, der Klasse *Agneau blanc* ein Milchlamm der Klasse *Broutard*, ein Fresser.

Ein deutsches Milchlamm hat dagegen oft schon 5 Monate und 20 Kilo auf dem Buckel. Mit einem solchem Alter und Gewicht wäre es in Frankreich längst ein sogenanntes Metzgerlamm. Nach einem Jahr wiederum wird in Frankreich das Lamm endgültig zum Schaf. Auch in Deutschland liegt die Grenze zu Schaf oder Hammel um den ersten Geburtstag. Diese an sich klare Trennung wird aber wieder verwischt, weil hierzulande Lämmer, nein Schafe, bis zum Alter von 18 Monaten noch als 'Einjährige' gelten und folglich als Lamm verkauft werden können. Zudem wird diese Klassifizierung weiter erschwert, weil immer wieder Leute daherkommen und behaupten, alles sei ganz anders.

Im Zweifelsfall muß der Lammkäufer also davon ausgehen, daß er statt Lamm auch mal mehr oder weniger junges Schaffleisch erhält, was überhaupt kein Unglück sein muß. Mit dem Wuchs nimmt der Eigengeschmack zu, was in Grenzen durchaus erfreulich ist. Der gefürchtete, muffige Hammelgeschmack fehlt bei Tieren bis zu einem Jahr völlig, auch ein Alter bis zu 18 Monaten ist noch unbedenklich, ganz gleich ob männlich oder weiblich. Deshalb ist auch das verbreitete Einlegen oder Beizen in Buttermilch überflüssig, es nivelliert eher den feinen Geschmack.

Auch bei Fleisch von noch älteren Tieren hat ein bokkiger Geschmack eher mit falscher Zubereitung zu tun (mutlos angebraten oder gar aufgewärmt), sowie mit Schlacht- oder Transportmethoden, die dem Tier Streßhormone ins Blut getrieben haben, was hinterher garnicht gut schmeckt. Allein dies spricht für den Einkauf bei einer vertrauenswürdigen Quelle oder gar direkt bei einer Schäferei (Adresse vgl. unten). Gegenüber der vakuumierten Dutzendware aus Übersee sind heimische Anbieter jedenfalls klar im Vorteil.

Die Herkunftsfrage ist beim Lamm ohnehin von Bedeutung, weil auch Fütterung und Haltung auf das Fleischaroma einwirken. Wenn auf der Weide besonders feines Würzkraut gedeiht - wie in der Provence oder auf den meernahen Salzwiesen zwischen Bretagne und Friesland - dann wird das Lamm zur teuren Spezialität. Freilich auch, wenn es aus Polen kommt und nur ein paar Wochen am heiligen Thymian von Sisteron in der Hochprovence knabbern durfte. Wenn Kraut und wilder Thymian aber an allzu steilen Hängen wachsen, das Lamm also zum Gang der Bergziege genötigt wird, dann schrumpfen seine Filets. Manche Lämmer aus dem Schwarzwald haben Filets wie Katzen. Und Katzen gehören nicht in den Ofen.

„Lamm muß man heiß braten und heiß essen", rät der Küchenmeister. Wer also das scharfe Anbraten oder den Grill nicht beherrscht, sollte die Finger von Ragout und Rücken lassen und lieber eine Keule in den Ofen schieben. Nach Siebeck im Niedertemperaturverfahren langsam gegart, kann dies zu erstaunlichen Ergebnissen führen.

Kenner schwören mehr auf die archaische Zubereitung der Hirten: Am ganzen Stück, unter dem Himmel, über der Glut. Für die Sauce gilt die alte Regel, nach der Lamm und Tomate sich immer mögen. Dazu gehören dann nur noch jene Kleinigkeiten, die ein sardischer Hirte ohnehin stets im Rucksack hat: Olivenöl, Knoblauch, Kräuterbündel.

Kein Wort zum Lammkotelett? Doch, aber von *Baron Vaerst,* einem Altmeister der Gastrosophie: „Eine Lammkotelette sautée aux champignons, sauce tomate, ist das Sublimste, was die Küche bieten kann; man sollte es nur au petit souper, unter vier Augen genießen." Der Herr Baron hielt im übrigen das Mailamm für unübertroffen. Sofern es von einer „gelehrten Sauce" begleitet wird.

Bremgarten: Die Schäferei Fehrenbacher verkauft heimisches Lamm bester Qualität auch direkt ab Hof (Hälften und ganze Tiere, auf Wunsch auch fertig zerlegt). Schlachttage je nach Bedarf, Voranmeldung drei Tage im Voraus erforderlich. Tel. 07633-134 31 (ab 19 Uhr). Hinweisschild am Rheinsträßle Grißheim-Hartheim.

***

Leberle. Ob geröstet oder sauer ist zunächst einmal nicht die Frage. Das 'kleine Warme' unter den badischen Nationalgerichten steht und fällt mit perfektem Timing. Die geschnetzelte Leber muß in recht heißer Pfanne kurz und heftig angebraten werden. Eben so, daß außen schon etwas Kruste entsteht, während innen noch der Zustand rosa vorherrscht (französisch), zumindest eine Ahnung davon (badisch). Erst das Spiel von äußeren Röstaromen und innerer Zartheit macht die Delikatesse. Wie alle Gerichte, die von einer Balance leben, droht auch beim Leberle der Absturz. Das wäre dann die graubraun durchgebratene, womöglich noch zähe Variante, üblicherweise in einem Bad Fertigsoße dümpelnd.

Lange her, da gehörte Leberle mit Brägele zum klassischen Repertoire der gehobenen Eckgaststätte. Nicht überall kamen sie so perfekt zu Tisch wie im legendären *Sternen* in der Freiburger Brombergstraße. Ein vergangener

Ort, wo von der Karte über die sekttrinkenden Wiehre-Witwen bis zum langen Ofenrohr alles stimmte. Schade.

Harte, durchgebratene Rindsleber, womöglich als eine Halde grober Stücke serviert, verdirbt einem allen Appetit. Wer's zuhause versucht, nimmt lieber wenig, dafür aber erstklassige, frische Qualität vom Kalb, im Idealfall von der Lokalsorte Hinterwälder. Schlachttag ist Montag, also kauft man frische Leberle Montag oder Dienstag (oder man ißt auswärts). Am bequemsten ist es, die Leber gleich beim Metzger häuten und schnetzeln lassen, circa 200 Gramm pro Person.

Leberle werden mit Brägele oder - noch besser - mit einem frischen, hellen Bauernbrot gegessen. Dazu gehört dann nur noch ein ebenso frischer Gutedel. Diese Kombination galt einmal als typisches Elf-Uhr-Gericht, nach Besorgungen in der Stadt oder nach einem Notartermin. Aber das kulinarische Besiegeln von Geschäften ist heute ja nicht mehr selbstverständlich. Schade, ein gutes Geschäft macht hungrig: Vielleicht haben auch nur die Geschäfte zugenommen, bei denen einem der Appetit vergeht.

Rezept: *'Geschnetzelt' kann in Streifen oder in Scheiben geschnitten bedeuten. Fünfmarkstückgroße Scheiben, etwa bleistiftdick sind ideal. Sie lassen sich gerade noch so anbraten, daß die gewünschte Balance zwischen außen rehbraun/innen rosa zu erreichen ist. Kalbsleber reagiert in der Pfanne noch weit empfindlicher als Rindsleber. Vertrauter Umgang mit eingefahrenen (am besten beschichteter Pfanne) ist Voraussetzung. Öl oder Butterfett gut heiß werden lassen, Leberle anbraten, Klitzekleines von Zwiebeln, besser von Schalotten erst in der zweiten Hälfte der ohnehin kurzen Spielzeit zugeben. Salz und Pfeffer nach dem Braten.*

Für 'saure Leber' (auch für Nierle): Den Bratensatz mit herbem Rotwein ablöschen und rasch eindampfen, am Schluß ein Spritzer Balsamico oder dunkler Rotweinessig dazugeben. Das Ganze eventuell mit einer Kelle Bratenjus anreichern. Sehr leich-

*tes Melieren vor dem Anbraten erhöht die Saucenbindung und
gibt mehr Röstaromen.*

*Zum 'Leberle geröstet' gehört in jedem Fall ein Blattsalat, erst
dadurch erhält die ausgeprägt basische Innerei einen sauren Kontrapunkt. Leberle sauer ist der Versuch, diesen Kontrapunkt in
das eigentliche Gericht hinein zu verlagern. Wie bei allen Kombi-
packungen wird die Bequemlichkeit mit einem Verlust an Eigen-
ständigkeit bezahlt.*

Emmendingen-Wasser: Gasthaus Ochsen, Basler Straße 32, Tel.
07641-8902. Leberle, Nierle und Sulz. Serviert wird in den Variante geröstet und sauer, mit Brot oder mit Bratkartoffeln und Salat.
Dünn geschnittene Nierle, guter Kartoffelsalat, ohne dicke Zwiebel-
splitter und selbstredend auch ohne Speck. Gut gezapftes Bier!
Unverkrampfte, volksnahe Atmosphäre, preiswert. RT: Mo.

✳✳✳

Leberwurst. Der bereits beim Stichwort 'Blutwurst' gewür-
digte 'Verein zur Förderung des Ansehens der Blut- und
Leberwürste' bemerkt zur landläufigen Qualität der Leberwurst: „Das Sorgenkind der Alemannen. Offensichtlich
gelingt sie viel seltener als die Blutige. Neben geläufigem
Schweinefleisch, soll das Fleischgemisch frische, nicht zu
grob gehackte Schwarte und Innereien beinhalten: Leber
(höchstens 5-10%), Herz, Magen. Das Fett der Flamme
von der Brust sorgt für Geschmeidigkeit. Zur Veredlung er-
setzten Feinschmecker den Schweinskopf durch einen vom
Kalb. Kocht man einen großzügig ausgebeinten Knochen
mit, bis sich das Fleisch abgelöst hat, verbessert sich der
Geschmack, besonders wenn noch 'Wirz' beigefügt wird.
Der Lebergeschmack soll präsent, aber nicht penetrant
sein. Ganze Knorpelstücke sind verpönt, ebenso Metallab-
klemmer. Bitte keine Pfluderschläuche! - Wiibeeri (d.s.:
Rosinen, Anm. Oase) sind Geschmackssache und ortsty-
pisch. Einige wenige davon setzen manchmal das Tüpf-
chen auf's i."

✳✳✳

Lila Tankstelle (vereinzelt auch 'Rosa Tankstelle' genannt). Schnurrige Landschenke im hinteren, oberen Elztal, besonders wegen dem unlängst verstorbenen Wirtsoriginal bekannt. Gelegen in einem Weiler namens Oberspirzenbach (nette, erfreulich luftige Wanderregion im Hochsommer). Der Besuch lohnt seit eh und je mehr aus folkloristischen, denn aus kulinarischen Motiven. Volkskundler finden beim Besuch der Tankstelle reiches Material, sofern sie dem Volke auf's Maul schauen. Dialog zwischen Gast und Wirtstochter: „Was gibt es denn heute Besonderes." „Isch egal, wir räume heut' eh die Küch auf."

***

Linsen - kommen in der Badischen Küche eher als Notessen vor, können aber eine durchaus elegante Beilage abgeben. Aus der bürgerlichen Küche fast verdrängt, bedurfte es der neuen Küche, um die Linse zu rehabilitieren. Anders im Schwabenland, wo Linsen mit Spätzle und Saiten (Wienerle) als Samstagseintopf, gleich nach dem Trottoirfegen, nie ernsthaft zur Disposition standen.

Wie so oft wurde auch die Renaissance der Linse von Irrtümern begleitet. Gesellschaftsköche glauben, ihrer Kundschaft mit artifiziellen Pürees von 'dreierlei Linsen' imponieren zu müssen. Dabei würde - nach altägyptischem Vorbild - ein Linsenpürree mit Olivenöl, Zwiebel und Minze vollauf genügen. Die besonders putzigen, kleinen gelben Linsen tauchten plötzlich in banalem Beilagenreis auf, um diesem, wenn nicht aromatisch, dann wenigstens farblich auf die Sprünge zu helfen. Und noch heute wird mit Linsen gerne rumgespielt. Dabei geben gut gemachte Linsen eine robuste, aber nicht derbe Beilage ab. Mit ein wenig erstklassigem Essig gesäuert und mit etwas glatter Petersilie begrünt zum Beispiel als lauwarmer Salat.

Dazu passen übrigens ein paar Streifen dünn geschnittener Räucherlachs perfekt. Linsen und Lachs geben eine

besonders angenehme Vorspeise gerade im Winter, wenn
man nicht mit kaltem, saurem Blattsalat beginnen möchte. Für ein fortgeschrittenes Linsengemüse sollten die bereits gekochten Linsen nochmal aufs Feuer: erst Zwiebeln
und etwas Kleingemüse in Butter andünsten, dann Linsen
zugeben und sautieren. Nicht nur rund ums Mittelmeer
paßt ein Spritzer Zitrone (oder Essig) zu fast allen Lin-
senzubereitungen, er mindert die Tendenz zum dumpf
Erdigen.

Bei den dekorativen roten und gelben Sorten handelt es
sich um geschälte Linsen, die praktisch nicht mehr einge-
weicht werden müssen. Die deutlich größeren, auch mehr
linsenförmigen hellbraunen Linsen, auch Tellerlinsen genannt, sollten dem eigentlichen Linseneintopf vorbehalten bleiben. Allgemein gelten die kleineren, dunklen und
grün bis schwarzgrünen Linsen als die feineren, was auch
kürzere Einweich- und Zubereitungszeit bedeutet. Die
französischen Sorten aus dem Zentralmassiv um *Le Puy*
stehen in hohem Ansehen. Aber Linsen wachsen auch in
Umbrien, in der Schweiz wie in den Anden, sogar auf
Lanzarote und jedesmal gilt die Sämerei der einjährigen
Wickenart als die feinste, besonders am Ort der Erzeu-
gung. Spätestens da nimmt die Linse menschliche Züge an.

***

Löwenzahn. Frühes Salatkraut, das heute zu unrecht etwas stiefmütterlich behandelt wird. Löwenzahn (badisch
auch: *Saustude*) gehört zum ersten Grün im Jahr und gibt
- sorgfältig zubereitet - einen erstklassigen, mild bitteren
Salat ab. Löwenzahn wird in sehr unterschiedlicher Qualität angeboten: 1. Als ganze gelb-bleiche Pflanze. Die langen Blätter sind oft noch mit dem oberen Teil des Wur-
zelstrunks verbunden. Solcher Löwenzahn stammt praktisch nur aus Zuchtbetrieben. Die Wurzeln werden dort in

dunklen, temperierten Räumen während des Winters getrieben (ähnlich dem Chicorée). Besonders in Frankreich im Angebot, vereinzelt auch in Südbaden (vgl. Chicorée-Hof Bohrer). 2. In umbrochenen Äckern und Feldern, in offenen Rebzeilen findet man oft schon in einem milden Januar, spätestens aber im Februar frischen Löwenzahn. Nur die oberen, sichtbaren Blattspitzen werden grün, die umbrochene Erde läßt sich aber leicht beiseite schieben und so kommt man an die milderen, bleichen Unterteile der Pflanze. 3. Die frischen Blätter werden ab Februar, März an Wiesen und Rainen gesammelt. Nur frische Triebe eignen sich, ältere Blätter sind hart und bitter. Gesammelt wurden früher auch die jungen, noch ganz geschlossenen Blütenknospen (sauer eingelegt auch als Kapern-Ersatz).

Rezept: *Serviert wird Löwenzahn mit einer Vinaigrette, diese möglichst mit Nußölanteil, der gut mit den Bitterstoffen im Salatblatt harmoniert. Etwas Dijon- oder Löwensenf gibt der Vinaigrette Halt. Klassische Zutaten sind angeröstete Speckwürfel, auch geröstete Brotwürfel und besonders gekochte Eier, halbiert oder noch kleiner gewürfelt. Das Eigelb harmoniert aber nur mit den im Freien gesammelten grünen Blättern, nicht mit den bleigelben aus der Zucht. Löwenzahnsalat sollte auf jeden Fall im Voraus angemacht werden, damit er etwas ziehen kann: die harten Blätter verlieren dadurch an Biß. Die Blätter werden auch durch ein paar Minuten Liegenlassen in lauwarmen Wasser etwas weicher und verlieren zudem an Bitterstoffen.*

Im Hotzenwald wird Löwenzahn mit frisch gekochten, nur zerdrückten Pellkartoffeln innig gemischt, mit den Händen regelrecht verwalkt, verdatscht. Dazu Essig, Öl, Salz und gemörserter Pfeffer. Das Ganze kommt dann lauwarm als 'Saudatsch' auf den Tisch. Die Schüssel schmeckt allerdings nicht viel eleganter als sie heißt.

Wesentlich feiner: Zu absolut geschlossenen Löwenzahnknospen und ein paar kleingeschnittenen Blättern eine reine Oli-

venölvinaigrette geben, in die zusätzlich noch ein paar Sardellen-filets eingeschlagen wurden. Dazu mit Knoblauch abgeriebenes Röstbrot.

Einkaufen

Hartheim-Feldkirch: Chicorée-Hof Bohrer (siehe unter 'Chicorée').

Freiburg: Feinkost Schwörer. Ohne die Marktstände verkümmert der Münsterplatz am Nachmittag ja gerne zum Treffpunkt ratloser Touristen, doch ganz hinten auf der rechten Seite - an Winterabenden eindrucksvoll beleuchtet: Ein fast mediterranes Obst- und Gemüseangebot. Es mag hier etwas teurer sein als bei den südländischen Kollegen, aber nicht nur das Auge freut sich: Löwenzahn, Lattich, Rucola, Staudensellerie etc.

Vgl. auch 'Salat'.

***

Märzenspargel. Je früher der Spargel, desto mehr Kilometer hat er auf dem Buckel. LKW-Spargel aus dem Süden hat in einer badischen Küchenkunde wenig zu suchen. Er bietet der Gastronomie aber die Chance, die einträgliche Spargelsaison auf vier Monate auszudehnen. Vor ein paar Jahren waren es noch acht Wochen Spargelzeit (Mitte April bis Ende Juni) - und das reicht ja auch. Aber nach dem Aroma fragt ja ohnehin niemand mehr.

***

'Mannigfalt'. Altbadisch für saure Leber oder Nierle. Früher als klassisches Vormittagsgericht auch in besseren Wirtshäusern serviert. Gutedel und frisches Brot gehörten dazu. Vgl. 'Leberle'.

***

Mehlbutter *(Beurre manier).* Mehlbutter gilt unter Profiköchen alten Schlags als Maria Hilf zur Saucenbindung. In der Haushaltsküche ist die Methode wenig verbreitet bzw.

durch 'Mondamin' verdrängt, was noch schlimmer ist. Im
Restaurant funktioniert Mehlbutter schnell und effizient
- und spärlich dosiert mögen die kleinen Helfer ja durchaus in Ordnung sein. „Es gibt keine Küche ohne Mehlbutter, wer was anderes behauptet, lügt", so die Erfahrung
des Küchenmeisters. Es gibt mittlerweile aber eine Küche
ohne die standfesten Saucen Escoffiers.

   Mehlbutter herstellen: Einfach kalte Butter und Mehl innig verkneten, im Kühlschrank lagern, schon ein trauben-
großes Stückchen gibt einer haltlosen Tunke den nötigen
Stand.

∗∗∗

Mehlieren. Leichtes Bestäuben von Bratgut mit Mehl.
Üblich, um Kruste und Bräunungsgrad bei Kurzgebratenem zu steigern. Die Stücke zuerst salzen, dann mit etwas
Mehl nur sacht bepudern und zur besseren Verteilung von
Hand zu Hand wiegen. Meliert werden Stücke vom Fisch,
besonders Filets, Geschnetzeltes aller Art, aber auch derbe Stücke wie ein Ossobuco. Der Effekt ist immer dersel-
be, das Mehl bräunt schnell, sorgt für zusätzliche Röstaromen und Kruste. Die Kunst liegt darin, nur soviel Mehl
zu verwenden, daß man es hinterher nicht mehr schmeckt.

∗∗∗

Münsterkäse. Mit dem Münsterkäse ist es so wie mit dem
Schnurrbart. Geliebt oder gehaßt. Wer aber Deftigkeiten
schätzt, sollte seine Leidenschaft auch mit der Original-
qualität befriedigen. Industriell gefertigter Münsterkäse aus
pasteurisierter Milch, wie er mittlerweile in den meisten
Supermärkten auch in Frankreich angeboten wird, hat mit
Munster Fermier, der aus unbehandelter, also auch nicht
erhitzter Rohmilch erzeugt wird, so viel gemein wie ein
Milchbart mit einem drahtigen Schnauz.

Ein wenig Warenkunde: Der Münsterkäse ist eine der insgesamt 32 französischen AOC-Käsesorten (AOC = *Appellation d'Origine Contrôlée)*. Herstellungsgebiet und Herstellungsverfahren der AOC-Sorten sind reglementiert und geschützt. Allerdings lassen die AOC-Bestimmungen für den Munster einigen Spielraum, so reichen die heutigen AOC-Grenzen weit über das traditionelle Produktionsgebiet in den Vogesen hinaus. Außerdem darf zur Herstellung sowohl pasteurisierte als auch Rohmilch verwendet werden. Einzig der *Munster Fermier* muß aus Rohmilch aus den Vogesen hergestellt werden.

Eine Spezialität, die auch dezidierten Münster-Verächtern gefallen könnte, ist ein ganz junger Munster. Die Frischlinge sind meist nur bei den Herstellern direkt zu bekommen, der Laib ist weiß und wundervoll cremig unter einer zartrosa Rinde - auf jeden Fall eine kleine Reise wert. Vorsicht vor Kümmel-Münster: der Kümmel verdeckt nur den Geschmack!

Aufbewahrung: im tiefen Keller nach der alten Käseregel: Im Keller, zwischen zwei Teller! Oder im hoffentlich gut schließenden Gemüsefach des Kühlschranks, ebenfalls ausgepackt zwischen zwei Tellern. Nicht vergessen: eine Stunde vor dem Essen herausnehmen. Kalter Käs ist Käs!

Einkaufen: Natürlich im Münstertal - kleine Käsereien mit Direktverkauf liegen konzentriert in der Gegend um Orbey (Anfahrt: Colmar - N-415 Kaysersberg, nach der Ortschaft Hachimette links ab):

Orbey: Caves Schuster, 1 Rue Paul Munier, Tel. 0033-389 71 20 08. Die Schusters veredeln seit 1889, ein traditioneller Betrieb, der unter Affineuren besten Ruf genießt. 'Petit Orbelais', wie Schuster sein Produkt olfaktorisch etwas verharmlosend nennt, ist im Käseladen von Jacky Quesnot in Colmar und manchmal sogar im Supermarkt Carrefour in Mulhouse erhältlich.

Orbey-Basses Huttes: An der Straße von Orbey-Basses Huttes zum Col du Wettstein liegen gleich zwei ausgezeichnete Munster-Adressen: Christine et Patrick Chaize, Tel. 0033-389713042. Die beiden verarbeiten nur die unbehandelte Rohmilch eigener, kleinwüchsiger Vogesenkühe. Einer Rasse, die ihrer Umgebung angepaßt ist, die lange auf der Weide bleibt und heimisches Futter bekommt. Ein Munster Fermier der Familie Chaize hat derbe Finesse. Jene Mischung aus stallig und cremig, die den handwerklich gefertigten Münsterkäse vom dumpfen Massenmünster unterscheidet. Christine und Patrick Chaize verkaufen ihre Fermeprodukte - Munster, guten Bergkäse, Butter, Milch und Crème - auch direkt ab Hof. Stand auf dem Sa-Markt in Colmar, zu kaufen auch beim Stand von Jacky Quesnot schräg gegenüber und in seinem Käseladen Saint Nicolas im Zentrum von Colmar (siehe auch 'Käse').

Oberhalb der Chaize-Ferme, direkt an der Straße: La Ferme Pré du Bois, ein bestens sortierter, täglich - auch sonntags - geöffneter Bauernladen. Neben sehr gutem Münsterkäse und Ziegenkäse auch himmlische Marmeladen und andere Ferme-Produkte guter Qualität.

Lapoutroie (direkt am Kreisel Orbey-Lapoutroie): Jacques Haxaire ist einer 'der' Großerzeuger von Münsterkäse, bei guter Qualität. In der Käserei Gelegenheit zu Probe und -kauf. Im Angebot: Munster Gérômé Haxaire, ein sehr guter Rohmilch-Münsterkäse (au lait cru) und etliche Münster aus pasteurisierter Milch, natur oder verkümmelt.

***

Morcheln. Mit bis zu 100 Mark fürs Kilo rangiert die frische Morchel auch vom Preis her ganz sicher unter den exklusiven Delikatessen. Während der kurzen Saison, die eigentlich nur einen Monat währt (bei uns so etwa ab April und selten länger als Mitte Mai) sollte man aber ruhig mal schwach werden. Ein paar frische Maimorcheln, so um die 100 Gramm pro Person, auf einem Bett breiter Nudeln duften für sich und sprechen für den Gastgeber.

Frische Morcheln werden viel in den Vogesen gesucht (im Elsaß etwas preiswerter als hier auf den Märkten), aber auch im Kaiserstuhl, im Rheinwald und - wie bei Pilzen so oft - an ganz unvermuteter Stelle gefunden.

Bei der Zubereitung lohnt es sich schon aus Respekt vor dem feinen, waldbodenähnlichen Aroma, auf die übliche Rahmtunke zu verzichten: Morcheln von außen gut abbürsten, die Pilze mindesten einmal der Länge nach teilen und inspizieren. Oft sitzt innen noch ein kleiner Waldbewohner, größere Morcheln vierteln, oder in Streifen schneiden. Das Fleisch behält auch nach dem Dünsten einen schön festen Biß, der Pilzfuß ist voll verwendbar. Dünsten lassen sich die Pilze in Brühe, in Butter, Olivenöl oder in einer Mischung von allem, am Schluß kann noch etwas Tomatenklein etc. zugegeben werden, oder barock mit Butter aufmontiert werden, was in der traditionellen Küche noch immer die Methode der Wahl ist. Jedenfalls soll das Ganze etwas Bindung bekommen, was beim Einsatz zusammen mit Pasta besonders wünschenswert ist. Ansonsten passen Morcheln natürlich auch zum ersten Wild, hier besonders zum Jährling, namens Rehbock (dort eleganter als Pfifferlinge) und zur Taube. Kurz: als Feinstgemüse zu allem Feinen.

∗∗∗

Muscheln. „Mein Gondolier aß zu einem Stückchen Brot rohe kleine Muscheln, welche er sich von der Mauer abgelesen hatte." Heute ist der Gondolier längst zum Chauffeur geworden und wer sich einen solchen leisten kann, dürfte kaum mehr Zeit und Worte finden, eine solche Szene festzuhalten, wie die 1838 vom Eßkünstler Anthus aus Venedig überlieferte. Der Gondolier chauffiert heute allenfalls zum Arbeitsessen. Dafür haben wir Selbstfahrer nun die Chance zum Muschelkonsum bekommen. Man sieht: Die Geschichte kommt doch voran.

Einkaufen & Einkehren

Mulhouse/Ile Napoleon: Carrefour, direkt an der Zufahrt Grenze Neuenburg - Mulhouse. Breite Auswahl - auch der kleinen klackernden Sorten für wahre Spaghetti veraci. Während der Saison gibt es dort - neben Säcken von Miesmuscheln - meist drei oder vier Sorten kleiner, heller Schalenmuscheln, auch Seeschnecken.

Mulhouse: Le Bistrot à Huîtres, 2, rue du Moenchschberg (an der Straße Richtung Altkirch, ca. ein Kilometer südlich vom Bahnhof-Mulhouse). Die Adresse für Schalentiere im oberen Elsaß, unprätentiöse, aber sachgerechte Zubereitung. Das einfach eingerichtete Lokal ist gut erkennbar an der grünen Markise und den Muschelständen im Freien. Tel. 0033-389640160. RT: So, Mo-mittag.Siehe auch unter 'Fisch'.

***

Obst. Eine reife, saftige Birne gibt das beste Dessertobst ab. Reifes Obst hat gegenüber den üblichen artifiziellen Zucker-, Eis- und Cremedesserts den Vorteil natürlicher Leichte. Dabei ißt, schlürft sich eine Birne etwas komfortabler als ein Apfel, der ebensogut die klassische Dessertfunktionen - Deodorierung, Reinigung, Umstimmung - übernehmen kann. Je nach Saison kommen noch andere, besonders aber die saftigen Obstsorten in Frage: Kirschen, hellfleischige Weinbergpfirsiche. Auch gute Aprikosen, die heute leider immer schwerer zu bekommen sind. Früher wurde die Aprikose - ähnlich wie der Pfirsich - auch in Weinberglagen da und dort dazwischengesetzt oder vor einer warmen Hauswand gepflanzt. Verwilderte Aprikosen wuchsen sogar rings um den Breisacher Münsterberg. Breitere Anpflanzung würde sich auch heute wieder lohnen, gerade weil die steinharte Handelsware nichts mehr taugt.

- **Regionale Obstsorten** in besonders breiter Auswahl, darunter viele Hochstämme und Lokalsorten: Baumschule Klaus Ganter in Wyhl am Kaiserstuhl, Baumstraße 2, Tel. 07642-1061. Informativer Katalog mit Sortenbeschreibungen, auch einiger Lokalsorten.

Alte Obstsorten (sowie Gemüsesamen) auch über: **Pro Spezie Rara**, einem schweizer Verein zur Erhaltung der alten landwirtschaftlichen Vielfalt, informativer Jahreskatalog. Geschäftsstelle: Engelgasse 12a, CH-9000 St. Gallen, Tel. 0041-71-2227420 (vormittags), Fax: 2237401. Lieferadressen von entsprechenden Baumschulen in der Schweiz auch über die Pro Specie Rara-Sortenzentrale, Postfach 95, Ch-5742 Kölliken, Tel. und Fax: 0041-62-7237301.

Überaus ergiebig in dieser Hinsicht ist der Jahreskatalog der Österreicher Vereinigung Arche Noah, A-3553 Schiltern, Tel. 0043-2734-8626, Fax: 8627 (DM 15 Schutzgebühr).

- **Alte Aprikosensorte**: In der Schweiz, besonders in den warmen Lagen des Wallis wurde bis vor kurzem die alte Aprikosensorte Luizet kultiviert. Diese Sorte war dem mitteleuropäischen Weinbauklima optimal angepaßt. Luizet liefert ab Mitte Juli vergleichsweise kleine, aber sehr saftige Früchte. Süß und schmelzend, aromatisch mit samtweicher Haut und kleinen, tiefroten Pigmenttupfern. Nach geschmacklichen Kriterien eine optimale Sorte, die auch bei uns gut gedeihen würde. Nun wird die jahrhundertelang angebaute Luizet auch im Wallis großflächig gerodet. Die Früchte sind im Vergleich zur Euroware zu klein, sie reifen angeblich zu schnell aus, sind zudem recht transportempfindlich, auf Druck reagiert die Sorte mit braunen Stellen. Im Zeitalter des LKW-Obstes ist Luizets Schicksal damit klar. Baumschulen in der Schweiz führen die Sorte aber noch und wer sich beeilt, hat lebenslang Freude im Garten. Adressen einschlägiger Baumschulen in der Schweiz über Pro Spezie Rara.

***

Ochsenschwanz. Ein sauber runtergekochtes Ochsenschwanzragout - gleichsam die badische Variante des international erfolgreichen *Ossobuco* - ein Ochsenschwanzragout gehört mittlerweile leider zu den seltenen Genüssen. Wirte machen sich kaum mehr die Arbeit und kassieren lieber mit Kurzgebratenem ab - ist halt einfacher, geht schneller. Was ein Grund mehr wäre, das Gericht bei privaten Einladungen am Leben zu halten. Zumal es sich, wie alles im Ofen Fertiggeschmorte, optimal vorbereiten und streßfrei servieren läßt.

Nur eventuell bietet sich die Ochsenschwanzzote als Beilage an: Was ist der Unterschied zwischen einer Krawatte und einem Ochsenschwanz? Der Ochsenschwanz bedeckt das ganze Arschloch.

Einkehren: In der versteckt, aber überaus reizvoll gelegenen Pension Haus Friede in Müllheim-Vögisheim wird das Ochsenschwanzragout noch sorgfältig gepflegt (am Knochen serviert mit intensiv, dunkler Sauce und breiten Nudeln). Das Gericht gehört zu den Standards der dortigen Abendkarte, welche ohnehin die eine oder andere angenehme Überraschung bietet. Wunderbare Sommerterrasse. Vor dem Genuß steht im Haus Friede freilich die Aufnahmeprüfung in Form schwer durchschaubarer Öffnungszeiten. Neulinge sollten sich von der Vielzahl geschlossener Gesellschaften jedenfalls nicht irritieren lassen. Die Einkehr auf der abends besonnten Terrasse rechtfertigt eine gewisse Hartnäckigkeit. Tel. 07631-17730, Ruhetage in der Regel Mi und Do; warme Abendgerichte bis ca. 20 Uhr, auf Anfrage auch Mittagessen.

***

Öl. Es gehört zu den Rätseln deutscher Küchenkultur, daß die meisten Haushalte ihr Motorenöl sorgfältiger als das Speiseöl auswählen. Auch bei den Preisen scheint man bereit, eher dem Auto als dem Körper etwas Gutes zu tun. Dabei gehört kaltgepreßtes Öl erster Qualität zu den Fundamenten jeder guten Küche. Speiseöl ist eben mehr als ein kulinarischer Hilfsstoff. Mit unraffinierten, von Natur aus aromatischen Speiseölen lassen sich besonders in der kalten Küche und bei Salaten Akzente setzen, die längst vergessen sind. Und was wird einem geboten, landauf, landab: Geschmacksfreie Industrieware.

Industrielle Extraktionsverfahren, speziell der Einsatz chemischer Lösungsmittel, bringt zwar eine hohe und schnelle Ausbeute, die so gewonnenen Rohöle müssen aber nachbehandelt, deodoriert, gebleicht und stabilisiert werden. Bei dieser sogenannten Raffination werden erneut Chemikalien eingesetzt und mitunter Temperaturen bis zu 200 Grad Celsius erreicht. So entstehen die im Geschmack weitgehend neutralen, lange haltbaren, freilich denaturierten Handelsöle.

Zur Qualität: Bei kaltgepreßten Ölen sollte während des langsamen, mechanischen Preßvorgangs die Temperatur nie über 42 Grad Celsius ansteigen. Bei höherer Erwärmung würde Eiweiß gerinnen, Vitamine und Aromastoffe müßten unweigerlich leiden oder sich verflüchtigen. Ein handwerklich erzeugtes Öl birgt einen natürlichen Ausdruck und damit all jene wertvollen Inhaltstoffe, die eigentlich für den Nachwuchs der Pflanze sorgen sollten. Zur Ölgewinnung wird die Saat zunächst in einem Kollergang von Sandsteinen zermalmt, so aufgeschlossen wird das Mahlgut in einem Kessel milde erwärmt und dann in Stempelpressen unter Druck gesetzt, aber kaum erwärmt.

- Das goldbraune **Walnußöl** ist längst ein Salatklassiker geworden, der besonders gut zu allen grünen und leicht bitteren Blattsorten paßt. Eins zu eins mit einem neutraleren Öl (oder Olivenöl) gemischt, ideal zu Feldsalat. Walnußöl verfeinert aber auch jeden Kartoffelsalat. Wobei sich gerade beim Nußöl das schonende Herstellungsverfahren auf die Qualität auswirkt. Gutes Walnußöl hat nichts mit den penetranten, oft schon ranzigen Ölen aus Industrieproduktion gemein, die den Ruf des Walnußöls etwas ramponiert haben. Walnußöl ist gekühlt bis zu 12 Monate haltbar, es eignet sich nicht zum Erhitzen.

- Neben dem Walnußöl wird auch **Kürbiskernöl** in der fortgeschrittenen Salatküche gerne verwendet. Ideal auch für aromatische Mayonnaisen. Das intensiv rot-grüne Öl hat einen feinen nussigen Geschmack. Öl aus den Kernen des steirischen Ölkürbis ist der Importware aus Übersee überlegen. Anders als beim österreicher 'Kernöl' werden die Kürbiskerne vor der Pressung aber nicht geröstet, sondern naturbelassen gepreßt. Haltbarkeit 12 Monate.

- Zartsüßes **Mandelöl** harmoniert besonders mit Reisspeisen, taugt aber auch - wie Weizenkeim- und Sesamöl - für Massagen und kosmetische Zwecke. Wobei das fast neutrale **Sesamöl** auch ein gutes Anbratöl abgibt. Das aromatische Sesamöl aus gerösteten Saaten, wie es in der asiatischen Küche verwendet wird, eignet sich dagegen mehr als Gewürz.

- Das helle, nur zart aromatische **Mohnöl** eignet sich zum Einsatz in der kalten Küche, besonders bei Salaten, gekeimten Sprossen etc., aber auch bei Saucen. Gekühlt 9 Monate haltbar.

- Kaltgepreßtes **Weizenkeimöl** enthält die wertvollen Stoffe des Kornkeimes, der beim Mahlen von Auszugsmehlen ja entfernt wird. Das neutrale Öl hat eine rotgoldene Farbe und ist 12 Monate haltbar.

- **Leinöl**, unter Quark gezogen, ergibt zusammen mit Pellkartoffeln ein Gericht. Ursprünglich bekannt aus der Schlesischen und Berliner Regionalküche.

- **Rapsöl** ist gut und hoch erhitzbar, mit ihm gelingen wunderbar krustige Brägele. 12 Monate haltbar. Wissende Elsässer verwenden schließlich das eigentümlich duftende Öl bis heute zum Aromatisieren von Flammenkuchen, der vor dem Backen damit bestrichen wird. In der traditionellen Brotbäckerei im Elsaß wurden auch die Laibe vor dem Backen mit Rapsöl eingestrichen. Rapsöl paßt auch zu vielen Fischgerichten.

- Das leuchtend gelbe, ausgeprägt würzige **Senföl** hilft - ähnlich wie Kürbiskernöl - dem einen oder anderen Salat ganz entschieden auf die Sprünge, besonders auch Kartoffelsalat! Die weithin unbekannte Spezialität kann aber auch eine plumpe Marinade in eine Spezialität verwandeln, besonders bei Fischbeizen *(Graved Lachs!)*. Eine seltene, weithin unterschätzte Spezialität. Gekühlt bis zu 10 Monaten haltbar, verliert aber mit der Zeit deutlich an Aroma, frischer Einkauf ab Ölmühle (vgl. unten) ist deshalb besonders wichtig.

- **Erdnußöl** gilt wegen seines niederen Preises und neutralen Geschmacks als ideales Frittieröl (in Frankreich in diversen Qualitäten in jedem Hypermarché zu bekommen).

- Beim **Distelöl** ist zu beachten, daß auch kaltgepreßte Qualitäten teilraffiniert werden müssen. Das extrem bittere Distelöl wäre unbehandelt garnicht genießbar. Die anspruchslosen Distelkulturen waren zunächst in Amerika üblich, um ausgelaugten, erodierten oder verseuchten Böden noch den letzten Ertrag abzuringen. Der Anbau ist also nicht unproblematisch, er widerspricht zumindest dem Gedanken einer nachhaltigen Landwirtschaft.

Einkaufen

Oberkirch: Ölmühle Walz, Appenweierer Str. 56, Tel. 07802-501 83. Ladenzeiten von 8-12.30/14-18 Uhr, Sa bis 12.30 Uhr. Ein kleiner Naturkostladen ist angegliedert, Versand möglich. Acht Ölsorten stellt die Ölmühle Walz selbst her, alle nach guter, alter Manier, an der es seit Jahrzehnten nichts zu verbessern gibt. Seit 1832 läuft das Mühlrad, 1952 hat Familie Walz die Mühle übernommen, eine rührige Seniorchefin prägte über Jahrzehnte den Betrieb. Ein Muster für einen kleinen, engagiert geführten Laden, der Erstklassiges leistet. Die 20-seitige Broschüre 'Kleiner Ölratgeber' informiert ausführlich über Zusammensetzung, Geschmack u. Verwendungsmöglichkeiten der verschiedenen Sorten; im Laden kostenlos erhältlich.

Es gibt neben Walz noch weitere lokale Kleinproduzenten, die meisten produzieren - ausschließlich erstklassiges - Walnußöl. Die kleine Mühle in Badenweiler-Oberweiler bietet neben Walnußöl neuerdings aber auch wieder ein sehr feines **Haselnußöl** an, das unter Freunden der französischen kalten Küche hoch geschätzt wird (zwei Monate haltbar, kann bis 180 Grad erhitzt werden). Ölmühle Eberhardt, sehenswerte historische Anlage vom Klemmbach getrieben, Badenweiler-Oberweiler, Weilertalstraße 8 (am Ortseingang eines der ersten Häuser rechts, hinter einem kleinen Innenhof), Tel. 07632-7604.

Endingen-Königschaffhausen: Werner Reinacher, Endinger Str. 66, Tel. 07642-7675 (vorbestellen, abends oder morgens), gutes Walnußöl aus eigener Mühle.

Schopfheim: Ölmühle Kaucher, Himmelreichstr. 5, Tel. 07622-3497, Verkauf Mo - Fr 9-12/14-18.30 Uhr. Kaltgepreßte Öle: Sesam, Lein, Sonnenblumen, Mohn, Walnuß (Nüsse ausschließlich aus heimischer Ernte).

***

Olivenöl. Die Butter des Südens macht auch in der Küche des Nordens eine gute Figur. Olivenöl aus der ersten, kalten Pressung (ital.: *Olio extra vergine di Oliva,* span.: *Aceite de Oliva virgen extra),* nach deutscher EU-Nomenklatur: *natives Olivenöl extra.* Gutes Olivenöl sollte deutlich unter dem gesetzlich vorgeschriebenen Säurewert von 1% liegen. Allein der tiefe Säurewert ist aber noch kein hinreichendes Qualitätskriterium. Spitzenerzeuger erreichen durch sofortige Verarbeitung ausgesuchten Erntegutes, sowie bei schonender Extraktionsmethode (Pressung bzw. Zentrifugierung) leicht Werte unter 0,5 %. Säurewerte *können,* müssen aber nicht auf dem Etikette angegeben werden. Gute Olivenöle - mit Säurewerten unter 0,5 % - schmecken fruchtig, ohne den beißend scharfen Nachgeschmack minderer Qualitäten. Wie bei allen Trendprodukten (Olivenölimport nach Deutschland 1988: 550 Tonnen, 1997: knapp 20 000 Tonnen) ist Verfälschung durchaus üblich. So schätzt man, daß nur noch jede zehnte Flasche toskanischen Öls tatsächlich und ausschließlich von dort stammt. Industrielle Erzeuger - auch die in Ligurien - befriedigen die steigende Nachfrage durch Import von Rohware (aus der Türkei, aus Süditalien und Andalusien, wo Oliven in Plantagenkultur gezogen und maschinell geerntet werden können). Durch Verschnitt diverser Qualitäten werden dann konstant schmeckende Handelsqualitäten erzeugt - und unter dem guten ligurischen oder toskanischen Namen verkauft. Zudem ist zu beachten, daß durch die italophilen Einkaufsgewohnheiten immer mehr mittelmäßige italienische Öle teuer angeboten werden, obgleich es natürlich auch spanische oder griechische Öle bester Qualität für weniger Geld gibt. Wegen fehlender Importeure ist man aber gerade hier auf den Einkauf vor Ort angewiesen. Also bei der nächsten Urlaubstour die Augen offenhalten, erstklassige Adresse in Ligurien und Andalusien weiter unten.

Hochwertige Olivenöle halten sich ca. 15 Monate, das frische Öl schmeckt unmittelbar nach der Pressung am rauhesten, freilich auch besonders aromatisch. Unfiltrierte, trübe Öle (ital.: *mosto*) deuten auf besonders hohe Qualität beim Ausgangsprodukt hin, sie schmecken wunderbar fruchtig, halten aber nicht ganz so lange wie die filtrierten Öle. Wichtig ist kühles (möglichst nicht über 16°C) und dunkles Lager. Ein Trub, der sich mit der Zeit auch bei den klaren Ölen absetzt, ist normal, ebenso das Ausflocken bei tiefen Temperaturen.

Olivenöl in der Küche: Entgegen immer wieder verbreiteter Meinung eignet sich auch hochwertiges Olivenöl sehr gut zum hohen Erhitzen und damit zum Anbraten. Wobei hier freilich zu beachten wäre, daß Olivenöl beim Braten sein feines Fruchtaroma einbüßt. Deshalb muß nicht mit der allerfeinsten Qualität angebraten werden. Bei Fisch und anderen Gerichten wird nach dem Braten so verfahren: Anbratöl abgießen und kurz vor dem Servieren oder erst bei Tisch, mit neuem, erstklassigem Öl beträufeln. So wird es auch in Ligurien gemacht, wo die Ölflasche am Herd und auf dem Tisch steht.

Einkaufen

Ligurische Olivenöladressen siehe unter 'Olivenölreise', S. 214.

Freiburg: Enoteca, Gerberau. Ausgesuchte toskanische Olivenöle. D.O.C. Pellegrini, Gerberau 9, vgl. Seite gegenüber unter 'Pasta'. Weinhandlung Peter Dirr, Insel Nr. 2: diverse Öle aus Italien, auch Selbstimport von ligurischem Öl.

Südspanien/Andalusien: Neben den Massenproduzenten wie Carbonell (die freilich auch gute Konsumqualität produzieren) gibt es einige kleinere, bei uns unbekannte Hersteller, die Spitzenqualität anbieten, z.B.das biologische Olivenöl der Cooperative von Pozo Blanco, Andalusien. Ebenso das Olivenöl 'Almasol' der Cooperative von Bràcana.

Herausragend der Traditionsbetrieb Nuñes de Prado in Baena, Calle Cervantes 15. Wie eh und je werden dort nur handgepflückte Oli-

ven verarbeitet, abgefallene Früchte werden an andere Betriebe verkauft. Die Tagesernte wird sofort zu Tropföl verarbeitet (das erste,
unfiltrierte Öl, ohne Pressung: 'La Flor del Aceite'), danach schonende Pressung auf der Anlage von 1914. Die Ölmühle 'Fábrica Santa
Lucia' stammt aus dem 18. Jh., eine wunderschöne Anlage. Öl aus
neuer Ernte ab März. Das hervorragende Tropföl von Nuñez de
Prado (mit 0,2 % Säure) wird in numerierten Halbliterflaschen verkauft, mit Jahrgangsangabe, versiegelt mit dem Familienwappen.
70 % der ca. 70 000 Liter Gesamtproduktion werden exportiert.Ein
Importeur in Deutschland: VinEspa, Hauptstraße 161, 41236 Mön-
chengladbach Tel: 02166-92 42 92, Fax: 92 42 91.

Erstklassiges Öl auch auf dem Mercado Sánchez Peña, u.a. am Stand
Nr. 9. Der wunderschöne Markt, in der erst 1989 komplett renovierten Markthalle von Cordoba (im historischen Zentrum, an der
Plaza Corredera) ist für sich fast schon eine kleine Reise wert: 47
feste Stände mit Köstlichkeiten Südspaniens.

***

Pasta. Derzeit ist es schick, gegen Fertigprodukte zu wet-
tern. Dabei wird gerne übersehen, daß die Ankündigung
'Hausgemacht' öfter Drohung als Verheißung ist. Besonders bei der heiklen Pastaherstellung führt der an sich löbliche Wille des Heimwerkers öfter mal zu mangelhaften
Ergebnissen. Zahlreiche Profiküchen schätzen Risiko und
Aufwand der frischen Pastazubereitung realistisch ein -
und beziehen ihre Ware vom Spezialisten, wo sie schließlich auch hausgemacht wurde.

Einkaufen

Freiburg: D.O.C. **-** Angelo Pellegrini, Gerberau 9, Tel. 0761-38241.
Pellegrini & Co bringen mit ihrer Osteria, dem angeschlossenen
Spezialitätenladen und Partyservice Italienità in die Gerberau. Täglich Antipasti, ein feines Pastagericht, Risotto, italienische Spezereien
zum Mitnehmen, darunter Pasta, Wein, Öle, Kaffee. Mille Grazie!

Die schweizer Firma Rieder - Le Patron in **Böckten** bei Basel, Rohr-
mattstraße 1 (Autobahnausfahrt N2 Sissach), versorgt renommierte
Restaurants und Edelkaufhäuser in der Schweiz (u.a. Globus in Basel), auf Vorbestellung aber auch jeden Pastafreund mit tagesfrischer

Ware erster Qualität. Das Angebot ist vielfältig, es gibt allein 10 Sorten ungefüllte Teigwaren, 14 Sorten gefüllte, dazu Saucen und Terrinen. Die Abgabe erfolgt in Einheiten ab 1,3 kg (vorzüglich Z.B. Ravioli 'Nouvelle Classique'), die sich ohne Qualitätseinbuße einfrieren lassen und portionsweise verpackt sind. Bis 9 Uhr Bestelltes kann nachmittags abgeholt werden. Eine hilfreiche Adresse, besonders wenn sich ein Heuschreckenschwarm angesagt hat. Preisliste, Bestellung: Tel. 0041-61-9858500, Fax 9858586.

***

Pfeffer. Die schwarzen Körner stammen von unreif, also grün geernteten Beeren, die sich erst beim Darren dunkel färben. Der mildere weiße Pfeffer stammt von den reifen, aber geschälten Früchten. Die Frage 'weiß oder schwarz' wird - auch unter Profis - eher nach ästhetischen als nach aromatischen Kriterien entschieden. Allgemein wird heute eher der schärfere schwarze Pfeffer eingesetzt, der weiße nur dort, wo schwarze Sprengsel unschön aussehen würden. Roter Pfeffer ist eigentlich garkeiner, er stammt von einer südamerikanischen Strauchpflanze, die mit dem südostasiatischen Pfefferstrauch *(Piper nigrum)* nicht identisch ist. Der schwarze Pfeffer wird umso mehr geschätzt, je schwerer, härter und dunkler die Körner sind.

Ausflug Meran: Den besten Pfeffer hat der Spezereienhändler Seibstock. Der hochinteressante Laden liegt unter den Arkaden, im alten Zentrum von Meran. Dort gibt es u.a. auch einen wunderbaren südtiroler Speck und erstklassige Salami vom Splügen-Paß.

***

Preiselbeerkonfitüre. Funktioniert als Sättigungsbeilage zum Wild. Küchenhistorisch gesehen stammen solche Arrangements aus einer Zeit, in der es darum ging, den Gast trotz kleiner Fleischportion satt zu bekommen. Auch die alte Birne Helene gehört in diese Kategorie, wie andere Fleisch-Fruchtauflagen, man denke nur an das gefürchtete Kalbschnitzel 'Bombay'.

Die Zeiten sind vorüber, aber noch immer verdirbt einem der süße Batzen den Appetit. Kulinarisch gab es ohnehin nie einen Grund, Marmelade zum Wild zu reichen, es sein denn zur Neutralisierung von überlagerter Ware mit Hautgoût. Seit es Kühlräume gibt, muß auch das nicht mehr sein. Noch eines spricht gegen die Zutat: Die süße Konfi harmoniert mit keinem anständigen Wein.

***

q.s.: in Vergessenheit geratene lateinische Abkürzung; q.s. steht für *quantum satis,* was auf medizinischen Rezepten bedeutet: 'soviel als genügt'. Auch bei den meisten Kochrezepten wäre q.s. die einzig sinnvolle Mengenangabe. Das sklavische Nachkochen von Kochbuchrezepten mit starren Mengenangaben führt ja allenfalls zu mäßigen Ergebnissen auf dem Teller und zu Frust bei den Ausführenden, sofern sie über frei schaffende Phantasie verfügen. Zu recht weisen erfahrene Köche in diesem Zusammenhang noch auf ein Problem hin, das erst mit der modernen Lebensmittelerzeugung aufkam: Fleisch, Gemüse und Obst kommen heute in so unterschiedlicher Qualität auf den Markt, daß besonders bei den Gewürzen nur q.s., nur mit Gefühl und Erfahrung, gearbeitet werden kann. Gleiches gilt auch für Grundstoffe wie Butter, Öl und Essig, die sowohl in liederlicher als auch in erstklassiger Qualität zu bekommen sind.

Wobei die hellen unter den Kochbuchautoren die geistlosen Mengenangaben und sklavische Schritt für Schritt-Rezepte bereits vor Jahrhunderten vernichtend kritisiert haben. Spätestens nach Erscheinen des Klassikers 'Geist der Kochkunst' von *Rumohr* müßte es ein Ende haben mit der gegenseitigen Abschreiberei von sinnlosen Daten und Bastelanleitungen. Bereits 1822 sah Rumohr im damals sicher noch überschaubaren Sortiment der Kochbücher, „planlose Anhäufungen von allerlei häufig höchst widersinnigen Vorschriften". Rumohr bemerkt schließlich, Kochbücher seien, „nichts weiter als kleine Winkelinstitute der Schlemmerei, in denen wenig von dem die Rede ist, was jede gute Hausmutter, oder jeder andere Vorsteher einer Haushaltung, eigentlich zu wissen bedarf".

***

Quitte. Eine ganz zu Unrecht vergessene Frucht, die zum Außenseiter geworden ist. Aber es ist die alte Leier, was nicht im Speicher der SB-Elektronikwaage ist, existiert auch nicht im ähnlich begrenzten Speicher der Verbraucher. Als Rohkost mag die flaumige Quitte problematisch sein, verarbeitet liefert sie bekanntlich ein interessantes Gelee, sowie einen der aromadichtesten Obstbrände, ganz unbekannt schließlich ihre früher gelobte Funktion als Odorant der Mundhöhle. Verliebte im alten Griechenland haben vor dem Küssen eine Quitte gegessen. Kaugummi der Antike.

***

Rauke (ital.: *Rucola*, franz.: *Roquette*). Ein aus dem Mittelmeerraum zugezogener Kreuzblütler, dessen längliche, nussig bitter schmeckende Blätter gerne unter deutsche Blattsalate gemischt werden, zur zeitgemäßen Modernisierung derselben. In seiner italienischen Zuchtform hat das alte Ackerunkraut eine regelrechte Karriere hinter sich. Vollreife Tomatenscheiben auf einem dunkelgrünen Bett von Rucola machen sich nicht nur gut, sondern die Kombination schmeckt auch wirklich überzeugend. Rucola kann auch als Gemüse gedünstet werden. In Olivenöl angehen lassen und zusammen mit etwas Tomatensugo und Rohschinken unter die Pasta gezogen eine feine Sache, die wenig Mühe macht. Rucola in der badischen Küche? Natürlich, die Trendpflanze hat sich aus den Gärten längst an warme Rebböschungen verwildert. An den steilen Südhängen des Tuniberg, westlich der St. Ehrentrudiskapelle, wächst das Kraut schon ab Februar und bis weit in den Herbst an den Hängen zwischen den Rebterrassen. Auch im Garten oder Balkongarten läßt sich die relativ winterharte Pflanze gut kultivieren.

Einkaufen

Läden mit einem besonders vielfältigen Salat-, Kräuter- und Gemüsesortiment:

Freiburg: Feinkost Schwörer, Münsterplatz.

Basel: Globus, Manor, Wochenmarkt.

Mulhouse: Les Petites Halles, 22, rue du Sauvage.

Neuf-Brisach: Fruits-Primeurs Geiss, rue Général Herr 3, auch So von 9-12.

Colmar: Au Cours des Halles, 28, rue des Turennes.

Detaillierte Erläuterungen siehe unter 'Salat'.

***

Räuchern. Wenig Rauch und viel Luft, so sollte es sein und so war es einmal. Einem Tag im kalten oder abgekühlten Rauch folgten ein paar Tage im Luftzug und dann nochmal und nochmal. Mindestens drei Monate lang und möglichst mit Tannenholzrauch. Das Speck- und Schinkenräuchern im Schwarzwald war eine Mischung aus Konservierung und Reifung im Luftzug, der ohnehin immer durch den Räucherschrank zog. Daher stammt der gute Ruf des Schwarzwälder Schinkens, als er noch seinen feinen Lachsgeschmack hatte. Natürlich war auch die Schweinefleischqualität früher eine andere: Speck und Schinken waren fetter, aber das Fett hatte - da langsam aufgebaut - eine viel festere, kernige Struktur. Wie bei allen Hausrezepten gab es unzählige Variationen zwischen den Regionen, vom mehr trockenen Einreiben mit Salz und Gewürzen bis zum Einlegen in Pökelsalzlake.

Lange her. Heute wird schneller und konzentrierter geräuchert, eigentlich mehr imprägniert. Sogar das Impfen
mit konservierender Salzlösung ist üblich, nach ein paar
Tagen ist solcher Schinken fertig. Die Ware kommt rasch
auf den Markt und bringt umgehend Geld. Gute Räucherwaren können dagegen wegen der langen Verfahrensdauer
und dem Gewichtsverlust nie billig sein.

Die übliche Handelsware, gleich ob Speck, Schinken
oder andere dicke Dinger, ist aber längst zum Billigartikel
verkommen. Die imprägnierten, mit Pökelsalz vollge-
pumpten Räucherwaren haben in der fortgeschrittenen
Küche nichts zu suchen. Sie verderben mit ihrem penetranten Geschmack jedes feine Aroma. Insofern sind auch
alle überlieferte Rezepte, die das Einwickeln, Spicken oder
Umlegen mit Speck oder Rohschinken empfehlen - und
gerade in Baden sind es einige - mit Vorsicht zu genießen.
Oder durch einen luftgetrockneten Schinken zu ersetzen,
wie er in Italien, besonders aber in Spanien noch in erstklassigen Qualitäten produziert wird.

***

Reh. Ein junges Reh ist allem anderen heimischen Wild,
speziell dem doch recht derben Hirschfleisch geschmacklich weit voraus. Das zarte, mürbe Fleisch wächst in be-
achtlicher Zahl gleich um die Ecke auf, es harmoniert mit
Teigwaren, heimischem Gemüse und Spätburgunder und
paßt somit bestens zur Regionalküche. Eigentlich müßte
Reh eine der großen Saisonspezialitäten sein - müßte. Leider beginnt die Wildsaison nach allgemeiner Auffassung
erst im Sommer oder gar im Herbst, was gerade beim Reh
ein ärgerliches Mißverständnis ist. Die Jagdsaison auf junge Böcke beginnt in Baden nämlich bereits Mitte Mai und
somit kommt ein erstklassiger Bissen, der Jährling nämlich, schon ab Frühsommer auf den Markt. Wenn er denn
auf den Markt kommt - wie bei anderen Wildspezialitäten

(man denke nur an Rehleber) gibt es genug Kenner, die sich der Delikatesse in geschlossener Gesellschaft widmen.

Problematisch bleibt die gastronomieübliche Kombination von Rehgerichten mit frischen Pfifferlingen. Einmal, weil mit dem Anbieten von Wild oft gewartet wird, bis es genügend preiswerte Pfifferlinge gibt, was den Saisonbeginn unnötig verzögert. Zum anderen ist die Kombination von Pilzen mit Wild zwar üblich, dennoch problematisch: Pfifferlinge gehören zu den eiweißhaltigsten und am schwersten verdaulichen heimischen Pilzen. Was soll Eiweiß zu Eiweiß, viel besser paßt ein zartes Gemüse der Saison.

Spezialitäten wie Rehleber werden eigentlich nur unter Freunden gehandelt, aber es lohnt sich ja immer, neue Freunde zu gewinnen. Häufiger ist noch ein ganzes Rehfilet am Stück zu bekommen, was auch noch eine vorzügliche Tafel abgibt. Das Beizen von Reh ist entschieden mehr eine Konservierungs- als eine Verfeinerungsmethode, zudem eine historische. Das unüberschaubare Spektrum an Beizen wurde vor der Zeit der elektrischen Kühlung ersonnen, um eine Halbkonservierung der wertvollen Fleischvorräte zu erreichen. Bei den heutigen Kühlmöglichkeiten ist es kulinarischer Unsinn, gute, besonders aber junge Wildqualitäten in Beizen zu legen. Dies gilt für alles Wild mit rotem Fleisch.

Schlachthof Schönau: stome (Hubert Lais), Tunauer Straße 11, Tel. 07673-7184. Eine gute Adresse für frisches Wild aus heimischer Jagd. Also nicht alles und nicht immer, sondern Wild zu seiner Zeit. Für Privatkunden wird das Fleisch auch in familienfreundliche Portionen geteilt und auf Wunsch vakuumiert. So bleibt es ein, zwei Wochen länger haltbar. Sonderwünsche (Filet, Rücken und anderes) kann man vormerken lassen, Herr Lais ist Jäger. Das kleine Verkaufslokal liegt im alten Schlachthof von Schönau. Der ist ohnehin mal einen kleinen Umweg wert. Schinken, Speck und diverse Landwurst gibt's dort in ordentlicher Qualität. Und da wäre noch diese zart angerauchte Leberwurst im Naturdarm. Sie gehört ins Goldene Buch der Leberwürste.

***

Reste. „In der Küche gibt es keine Abfälle, nur Reste." Der Küchenmeister sagt es mit einem Schmunzeln, denn er weiß, wie weit das Recycling bisweilen getrieben wurde. „Die alten Köche haben ja noch die Tomatendosen ausgekocht."

***

Riesling. Der Riesling gehört nicht unbedingt zu den südbadischen Paradegewächsen. Steile Schieferböden oder verwittertes Kalkgestein, auf denen die Rieslingreben beste Ergebnisse bringen, gehören hierzulande nun mal zur Ausnahme. Weiter nördlich am Rhein, besonders aber an der Mosel, Nahe und Saar, sind ideale Rieslinglagen einfach verbreiteter. Auch jene kalten Nächte, die dem Riesling im Reifestadium noch genug Säure lassen, die sich später in jahrelangem Flaschenlager zur Finesse wandelt - die kalten Nächte also fallen bei uns im September schon mal aus, was ja andere Vorteile hat. Nach wie vor gehört aber ein restlos trocken ausgebauter, knackiger Riesling - und nur um solche geht es hier - zu den reizvollsten Weißweinen überhaupt. Es folgen deshalb zwei außerbezirkliche Empfehlungen zum Rieslingkauf an Mosel und Nahe. Nach Tradition und Struktur ganz unterschiedliche Güter, beide aber mit einem Qualitätsbegriff, der besonders bei Kabinett, Spät- und Auslesen zum Tragen kommt. Zudem Adressen, die von den sogenannten Weinpäpsten noch nicht rauf und runter gefeiert wurden, ohne Allüren und mit vernünftigen Preisen.

Riesling-Weingüter

Bingen-Büdesheim: Weingut Angela Rosset, Saarlandstr. 176, 55411 Bingen-Büdesheim, Tel. 06721-99 52 10. Eine mutige Freiburgerin produziert - mitten im restsüßen Exil - seit 1995 ausschließlich trockenen Wein vom eigenen Weinberg, gradlinig und ohne Tricksereien ausgebaut. Angela Rosset gelang schon im ersten Jahr ein vielversprechender Auftakt mit fruchtigem Riesling (Kabinett,

Spätlese und Auslese) und einem wunderbar schlank, eleganten Weißburgunder. Die folgenden Jahrgänge bestätigten und übertrafen die Erstlinge - also Können und kein Zufall. Auslieferung und Proben in Freiburg können über den Bruder Christoph Rosset (Büro-Tel. 0761-70 52 50) organisiert werden. Eigenes Weinlager in Freiburg.

Pommern: Alois Schneiders, Weingut Josefshof, Bahnhofstr. 3, 56829 Pommern, Mosel. Tel. 02672-25 50, Fax 28 25. Spezialisiert auf den Rieslinganbau seit 1845, ein kleines Weingut mit hervorragenden Lagen und ebensolchen Qualitäten zu vergleichsweise moderatem Preis: Auslesen ab 13 Mark, hervorragender Riesling Sekt 'extra brut' - ohne Dosage, für 16 Mark. Typisch für das Angebot sind lagentypisch ausgebaute Rieslingweine mit ausgeprägter Säurestruktur, im höheren Alter bisweilen mit dem für Schieferböden typischen Petrolton. Problemloser Versandservice auch bei kleineren Mengen, jährlich zwei Lieferfahrten nach Südbaden.

***

Roquefort. „Zu Roquefort schmeckt das zarte Innere von Staudensellerie köstlich." Fand *Franz Schneller* in seinem (seit langem vergriffenen) Kulinarium 'Zwischen Schwarzwald und Vogesen'. Schneller hat recht. Außerdem ein Gericht, zu dem man sich einen Müller-Thurgau gut vorstellen kann.

***

Röstgemüse *(Mirepoix)*. Gleichmäßig und möglichst klein geschnittene Würfel von Wurzelgemüse, Lauch, Zwiebeln werden in der Pfanne in Öl oder Butter angebräunt, aber nur etwas. Beim Anrösten karamelisieren die im Gemüse enthaltenen Zuckerstoffe, beim Verbrennen werden sie bitter. Röstgemüse bringt Farbe und zusätzliche Aromen in Saucen und Brühen; eben die oft zitierten Röstaromen.

Idealerweise wird das Gemüse im Ton so geröstet, wie später die Sauce erscheinen soll. Kleine Würfel, größere Hitze = mehr Farbe, große Würfel, weniger Hitze = we-

niger Farbe. Besonders bei Brühen und Suppen scheiden
sich aber die Geister, selbst bei den Profis. Die einen machen ihre Fleischbrühe mit zuvor angeröstetem Gemüse,
andere mit Rohem. Auch bei Saucen wird die etwas mü-
hevolle Vorarbeit der gleichmäßigen Würfelung und kon-
trollierten Bräunung oft durch einen Plupp Tomatenmark
ersetzt, das sich ja auch anbräunen läßt. Röstgemüse ist ein
sinnvolles Relikt aus der Zeit der großen Hotelküchen, als
es noch reichlich Personal gab. Zum Hof fegen und zum
Gemüse würfeln.

***

Rösti. Mit zunehmender Nähe zur schweizer Grenze werden Brägele zu Rösti. Bei der, jawohl bei der 'Schweizer
Rösti' ist nochmals zu unterscheiden zwischen der 'Berner'
und der 'Zürcher' Rösti: Die Berner Rösti wird aus zuvor
gekochten und dann mindestens einen Tag ruhenden Kartoffeln gemacht (vgl. Brägele). Angebraten wird mit Butter (urban) oder mit Schmalz (rural), Zwiebeln, ebenso fein
wie die Kartoffeln gestiftet, gehören zur Berner Rösti. Für
die Zürcher Rösti werden rohe Kartoffeln in Butter geröstet und erst zuletzt gesalzen.

Rösti aus dem Kanton Baden heißen 'Bademer Bräusi',
sie werden wie Zürcher Rösti mit Butter gemacht, zusätzlich mit Schalotten. 'Sennerösti' sind Rösti (so oder so,
zusätzlich mit Käse und Speckwürfeln), sie gelten als
Touristenspeise.

***

Salat. „Von der Art, wie ein grüner Salat bei Tisch erscheint, sind Rückschlüsse auf alles, was eine Küche her-
vorbringt, zu ziehen." Leider wahr, denn ein Salat läßt sich
mit allem anrichten, so oder so. Und wie bei allen freien
Gerichten ist die Fallhöhe beträchtlich. Dafür sorgt schon

die enorme Spannweite möglicher Salatzutaten: Von Kraut
und Rüben über die luftige Welt der Blattsalate bis zu jenen neurotischen Bereichen, die im Wechsel von Diät-
fanatikern oder Zeitgeistnarren besetzt werden: Salat ist
das deutsche Langweilergericht Nr. 1, die gemischte Salatplatte mit Ei ebenso wie das ungeschriebene Kreativencre-
do: Rucola, ergo sum. Dabei geht der klassische gemischte Salat in Baden ganz einfach so: Grüner Blattsalat und
dazu etwas Kartoffelsalat, fertig.

   Sicher verlangt die Zubereitung von Salat mehr Gefühl
und Verstand als gemeinhin vermutet wird und noch immer gilt, 'Salat ist alles, aber kein Essen'. Folglich gleicht
Sattessen mit Salat einer kulinarischen Höchststrafe. An
altklugen Salatweisheiten ist ohnehin kein Mangel. „Wer
einen guten Salat zu bereiten versteht, wird unstreitig ein
gutes Buch zu schreiben imstande sein." Soweit war schon
Baron Vaerst anno 1851. In seiner 'Gastrosophie' gibt der
Edelmann wenig später die bemerkenswerte Anregung,
Blattsalate dürften überhaupt nur von Mädchenhänden
unter 18 Jahren angemacht werden. Danach zählt Vaerst
allein vierzehn verschiedene Sommerlattichsorten auf.
Herr Baron wußte, wovon er schreibt.

   „Man darf seine Gäste nicht mit Salat plagen", sagt der
Küchenmeister und er meint all jene Irrungen, die der
Fanatismus auf den Teller spült, auch der Rohkost-Wahn.
Fazit: Mit dem Versalaten sollte man vielleicht etwas zu-
rückhaltender umgehen als es die Modezeitschriften emp-
fehlen.

   Der Rat, statt exotischer Zutaten, lieber erstklassigen Essig und Öl zu verwenden, ist zwar so alt wie wichtig, dennoch hält sich kaum jemand dran. Den hungrigen Magen
gleich zu Beginn eines Essens mit naßkalten, sauren Blättern zu erschrecken, ist besonders in der kalten Jahreszeit
ein Unding. Viel passender wäre - gerade bei kalter Witterung - ein Salat als neutralisierender Zwischengang, oder
wie früher üblich, gegen Ende einer Menüfolge serviert.

Und noch was: auch die beliebte Applikation von Keimlingen, Sprossen oder gar Kokosraspeln rettet einen verunglückten Salat nicht. Eine Rostlaube ist ja auch nicht mit lustigen Aufklebern zu retten.

Salate aus angebratenem, dann mariniertem Gemüse bilden eine eigene Familie, die in Mittelmeerländern häufig, bei uns eher selten zu Tisch kommt, leider. Auberginen, Zucchini, Fenchel. Das Lachen marinierter roter Paprikazungen, ein verwitterter Holztisch, etwas Sand zwischen den Zehen. Das Leben könnte doch so einfach sein…

Zumindest die Bitternis der Aubergine läßt sich jetzt sofort vertreiben: Dünne Auberginenzungen schneiden, einsalzen und ziehen lassen. Zungen kräftig ausdrücken (auf Küchenkrepp legen reicht nicht). So entbittert, vor allem aber gut entwässert, läßt sich die Aubergine bestens in der Pfanne bräunen und sodann marinieren.

Ein paar Salate, schön arrangiert, bilden einen kalten Teller. Ein kalter Teller ist der kleine Bruder vom kalten Buffet, das nach strengeren Regeln aufgebaut wird und opulenter ausfällt. Ein Salatarrangement bleibt dagegen offen und läßt dem Gastgeber viele Möglichkeiten. Besonders jene der Überleitung von der Vorspeise zum Hauptgang. Wie bei allen kleinen Formen ist es auch beim Salat wichtig, den richtigen Ton zu treffen. Nicht zu leise, nicht zu laut. Ein Salat soll keine Wellen schlagen.

Vgl. auch die Stichworte: 'Öl', 'Essig'.

Einkaufen

Freiburg: Feinkost Schwörer, Münsterplatz, Südseite. Das bestens sortierte und attraktiv präsentierte Obst- und Gemüseangebot in der Stadt (mit Erlebniszuschlag).

Basel: Kaufhäuser Globus, am Marktplatz (edel, teuer und gut) und Manor (eher volkstümlich, qualitativ dennoch hervorragendes Angebot, im Sortiment auf die große Gemeinschaft südländischer Kunden eingestellt). Wochenmarkt, täglich Mo-Sa auf dem Marktplatz. (Teuer und nicht allzu vielseitig, vgl. 'Märkte'.)

Mulhouse: Les Petites Halles, 22, rue du Sauvage. Eine sympathische geräumige Halle, die mit ihrem großen Angebot an Obst, Gemüse, Pilzen, Kräuter, Käse und Brot wirklich Marktatmosphäre schafft. Hier finden Sie die ersten Kirschen aus der Provence, Ananas aus La Réunion, Papayas, Kumquats und die kleinen lila Artischocken. Was stört: Auch zur Unzeit Flugobst von weither, am Wochenanfang sieht das Angebot oft nicht mehr so knackig aus, denn frische Ware kommt erst wieder am Mittwoch.

Neuf-Brisach: Fruits-Primeurs Geiss, rue Général Herr, 3. Großes Angebot im sympathischen Gemüseschuppen, keine vornehme Ladenatmosphäre, sondern original elsässer Provinz. Geöffnet auch am Sonntag von 9-12!

Colmar: Au Cours des Halles, 28, rue des Turennes. Nicht weit vom Quai de la Poissonnerie, an der breiten rue des Turennes, einem früheren Truppenaufmarschplatz. Äußerst üppig sortierter Groß- und Einzelhandel, vorne raus ein moderner, großer Obst- und Gemüseladen, hinten in den Hallen der Großhandel.

***

Salatsauce. Zwei Köche, drei Meinungen. Wie in der Rechtssprechung so herrscht auch im Bereich der Salatsaucen ständiger Disput. Natürlich bekommen bei so viel Unsicherheit auch die Alchimisten gewaltig Auftrieb. Von der zähweißen Pampe bis zur wässrigen, essigsauren Schlempe ist alles möglich. Aber erst wer eine Vinaigrette sicher beherrscht, sollte mit dem Radschlagen beginnen und selbst bei der einfachen Vinaigrette herrscht ja kein Konsens. Allein schon die Vielzahl der möglichen Öl- und Essigsorten erlaubt unendliche Variationen. Privatrezepte wohin man hört - viel Durcheinander. Nur Olivenöl, oder halb und halb? Nur Essig und welcher, oder doch etwas Zitronensaft. Kartoffelsalat mit Nußöl oder mit Senföl? Letztlich gilt hier wohl eine modifizierte Medizinerweisheit: Nicht nur wer heilt, auch was schmeckt, hat recht.

Rezept: Klassische Vinaigrette. *Escoffier verordnete drei Teile Öl, ein Teil Essig, Pfeffer, Salz, basta. Wichtiger als die exakte*

Menge ist aber auch hier wieder die Qualität der Produkte. Die
in billigen Schänken verwendete Essigessenz zerstört mit ihrer penetranten Säure jede Salatsauce, ruiniert nebenbei bemerkt auch
Tausende von Wurstsalaten, gleich wie stark sie verdünnt wird.

- Jeder Vinaigrette kann man freilich noch ordentlich Beine machen: Am einfachsten mit etwas (Dijon-)Senf, der gleichzeitig als
Emulgator wirkt und für eine innigere Verbindung von Essig
und Öl sorgt, wodurch aus der einfachen, ungebundenen Vinaigrette eine gebundene, emulgierte wird. Ebenfalls vom eher Wässrigen zum mehr Sämigen führt die Zugabe von konzentrierter
Fleischbrühe (schicker noch Geflügelbrühe), Eigelb, etwas Tomatenconcassé. Üblicherweise wird die einfache, ungebundene Vinaigrette für einfache Salate, speziell für Blattsalate verwendet, die
gebundene für gemischte Salate, Spargel, Kalbskopf etc.

- Kräuter: Salatkräuter sollen - gerade bei Blattsalaten - mit
Gefühl eingesetzt werden. Wie bei der Mode kann auch beim Salat die Wahl des Accessoirs die Absicht fördern oder zerstören.
Minze und frischer Koriander sind Salatkräuter mit hohen Ab-
sätzen. Petersilie und Schnittlauch kommen eher wie biedere Lat-
schen daher. Liebstöckel liegt dazwischen. Eine Prise Zucker ist
möglich, wie ein Hauch Rouge. Es sollte aber bei der Andeutung
bleiben.

Zwiebeln und Knoblauch in der Vinaigrette bleiben problematisch. Diese Zutaten verlieren etwas von ihrer bestimmenden Art,
wenn sie kleingeschnitten in einer Schüssel zunächst nur mit Salz
bestreut und durchgerührt werden. Oder separat marinieren in
Essig und Salz. Das Salz extrahiert jedenfalls in wenigen Minuten Flüssigkeit und Aromen aus dem Zwiebelklein und nur dieser
Sud kommt hernach in die Vinaigrette. Er würzt dort, ohne die
Schleimhaut zu ätzen. Beim Knoblauch genügt oft das Ausreiben
der Salatschale mit einer Zehe. Französische Kochbücher berichten, der Koch Rothschilds hätte nur eine Zehe zerkaut und dann
den Endivie angehaucht. Ein Service, der in der modernen
Dienstleistungsgesellschaft nicht mehr üblich ist.

Werden Salate zu einem Menü mit Wein, speziell zu weichem

Rotwein serviert, sollte die saure Komponente der Vinaigrette sehr zurückhaltend ausfallen. Direkt paßt so gut wie kein Wein zum Salat, leider.

- Badische Varianten: *In die Feldsalatvinaigrette gehören zwei, drei Spritzer Maggi aus der Flasche, die tun auch jedem Wurstsalat gut (Leserbriefe zwecklos!). Passendes Feldsalatöl: halb aromatisches Walnuß-, die andere Hälfte Senf- oder Olivenöl, oder was Neutrales. Zu allen dunklen, leicht bitteren Blattsalaten (Romana, Endivie, Rucola) paßt Walnußöl vorzüglich, gerne wird zur Milderung der Nußaromen halb und halb mit anderen Öl kombiniert. Nuß- aber auch das seltene Senföl passen gut zum Kartoffelsalat.*

- *Zu Tomaten, die von Haus aus schon ordentlich Säure mitbringen, keinen Essig, auf jeden Fall keinen allzu sauren. Gut paßt ein weicher Balsamessig. Eine kulinarisch ebenso sinnvolle wie schöne alte Sitte, anzuwenden statt der unsäglichen Garnitur mit Salatblatt und Tomatenachtel: Das ganze gelbe Herz eines stattlichen Kopfsalates vierteilen, mit etwas Vinaigrette beträufeln und auf dem großen Teller des Hauptgangs mitservieren.*

***

Salz. Zu vielen Fisch- und Fleischgerichten, besonders zu solchen vom Grill und aus der Pfanne paßt Salz in grober Form besser. Anders als beim nivellierenden Streusalz entwickeln die einzelnen, größeren Kristalle einen Ausdruck, sie explodieren ein wenig. Der Effekt ist vergleichbar mit dem Unterschied zwischen feinst gemahlenem Pfeffer (banal, oft ranzig), Mühlenpfeffer (aromatisch und ausdrucksstark) und gemörsertem Pfeffer (explosiv). Wobei beim Salz die weitverbreiteten, überaus niedlichen Plexiglasmühlchen entbehrlich sind. Sinnvoller, auch sinnlicher ist die Verwendung von reinem Meersalz, das seine Körnigkeit schon von Natur aus mitbringt, zudem reicher an Spurenelementen ist als das Salz aus dem modisch-transparenten Schredder.

In Frankreich ist Meersalz sogar in Supermärkten zu bekommen, wobei noch zwischen einzelnen Qualitäten unterschieden wird. Die dünne, zartrosa schimmernde Kruste, die sich zunächst auf der Oberfläche der bretonischen
Salzgärten ablagert, gilt als erste Qualität *(Fleur de sel)*, diese
Salzblume wird von Hand abgenommen und separat getrocknet. Als nächst Qualität folgt das reine graue Meersalz *(sel gris)*, es wird üblicherweise vakuumverpackt in
1 Kilo-Dosen angeboten. Auch zum badischen Samstags-
klassiker, dem gekochten Ochsenfleisch, paßt grobes Meersalz besser als feines Salz aus dem Streuer.

Es geschah in einem einfachen Restaurant am Meer. Ein
Gast reklamierte das Streusalz, er wollte was Besseres für
seinen Fisch. Worauf der Kellner umstandslos grobes
Meersalz brachte. Das Salz reklamieren, hat auch was mit
Liebe zum Essen zu tun.

***

Scharweihe. Deftige markgräfler Mischbrotspezialität mit
Hagelsalz auf der geschlitzten Kruste, ideal zum kernigen
Vesper. Schmeckt am besten frisch vom ersten Tag.

Müllheim-Feldberg: Ortliebs Backstube, eine kleine Dorfbackstube
mit sehr guten Scharweihen aus dem Holzbackofen. Auch Brot und
süße Teile. Bürgelnstraße 24 (Schild an der Dorfwaage). Gebacken
wird jeden Werktag, Vorbestellung obligatorisch: Tel. 07631-54 37.

***

Schälnüsse. Ganz frische Walnüsse muß man eventuell
noch von ihrer grünen, aufgeplatzten Schale befreien, danach knacken und dann sollten sie nochmal geschält werden. Die helle, ziemlich bittere und etwas nach Jod
schmeckende Haut läßt sich - Fingernagel und Geschick-
lichkeit vorausgesetzt - leicht abziehen. Dann erscheint der
fast porzellanfarbene Nußkern, mild und rein schmek-

kend. Im Vergleich zur alten Walnuß etwa so wie ein Gutedel zum Grauburgunder. Deshalb schmecken Schälnüsse
gut zu jungem Wein und frischem Brot; eine luxuriöse,
fast vergessenen Vesperbeigabe. Perfekt in Begleitung von
frischen Feigen und jungem Rotwein.

***

Schieben. „Kommt um acht, ich schiebe eine Kalbshaxe."
Aus so einer Einladung kann was werden. Leider kommt
sie einem noch seltener ins Haus als ein guter Kesselflik-
ker. Stattdessen nachgekochte Rezeptkärtchen aus der
'Elle': Lachs im Blätterteig, oder zum vierundzwanzigsten
mal eine mit Käse gratinierte Belanglosigkeit, oder andere Nötigungen der Grillfestkultur. Im Winter ersetzt durch
eine als Fondue getarnte Strickstunde.

Geschoben wird in den Ofen, am besten was Edleres am
Knochen, von der Kalbshaxe über das ganze Ochsen-
kotelett bis zum Geflügel. Schon die Vorstellung vom ka-
pitalen Stück, das in der Backröhre dem Verzehr entgegen-
schmort ist ja höchst appetitanregend. Ein geschobenes
Stück sorgt für Ah und Oh beim Auftragen, wer seine Gäste damit bewirtet, zeigt außerdem, daß er seine Grenzen
als Gastgeber (ohne Personal) kennt. Geschobenes läßt sich
bestens vorbereiten, muß nicht à la minute serviert werden, kann nochmal warmgestellt werden, kurz: Was Geschobenes bringt Geselligkeit statt Hektik. Als Klassiker gilt
eine 'geschlossene Kalbshaxe', wobei mit Geschlossenheit
eine umfassende, knusprig bis glashart karamelisierte Hülle
gemeint ist.

Siehe 'Handwerkszeug - Backofen, Backblech'.

***

Schlachtplatte

Es spritzt das Blut und quillt die Leber/
Wohl dem, der Wurst und Wein vereint/
Die Sau sei unsrer Kräfte Heber/
Wenn kalt der Mond auf's Gasthaus scheint!

Motto auf einem Rundschreiben des 'Vereins zur Förderung des Ansehens der Blut- und Leberwürste' (VBL, vgl.
auch 'Blutwurst'). Der Verein hat dankenswerterweise auch
Kriterien zur Bewertung von Schlachtplatten ausgearbeitet, als da wären bei der Leberwurst: Konsistenz, Fleisch-
gemisch/Körnung, Würzung/Geschmack, Oralhaptik inkl.
Munderotik, Konfektionierung.

***

Schnecken. Als Armenessen gehörte die Weinbergschnekke zwischenzeitlich mal zum Wild des kleinen Mannes.
Nun mundet sie wieder in höheren Kreisen und das war
früher schon so: Die Römer kannten Schneckenhirten, die
für die kontrollierte Mast der Delikatesse zuständig waren.
Heute hat die systematische Verfolgung stark nachgelassen,
ohnehin ist das Sammeln wilder Exemplare bei uns nur
noch sehr eingeschränkt erlaubt (vom 1. April bis 5. Juni,
aber nur in jährlich wechselnden Landkreisen). Bei manchem 'Badischen Schneckenrahmsüpple', das die Gastronomie heute verabreicht, dürfte es sich zudem um eine
klassische Warenunterschiebung handeln: In Knoblauch
gedünstete Austernpilze lassen sich im Biß kaum von
Schneckenragout unterscheiden. Alle weiteren Unterschiede regelt dann ohnehin die Rahmtunke.
    Die elsässer Art, eine halbes Dutzend Schnecken im
Haus und mit Kräuterbutter zu servieren, läßt nur weniger grobe Täuschungsmanöver zu. Aber um das eigene
Heim dürfte es sich bei den wenigsten Schneckenhäusern
handeln und Schnecken aus der Konserve sind die Mühe

der Zubereitung eigentlich nicht wert. Konservierte Landschnecken kommen heute überwiegend aus Fernost, wo sie in sogenannten Schneckengärten mit schnell ansetzendem Körnerfutter gemästet werden. Auf ein paar Quadratmeter kommen zehntausende Schnecken. Die Schneckenzucht wird aber auch im Elsaß praktiziert, und auf dem Straßburger Erzeugermarkt ist ein Stand, der durchaus interessante Produkte anbietet (vgl. unten).

Frische Schnecken, die so gut wie nirgendwo mehr angeboten werden, schmecken am besten, wenn sie sich nach dem Winterschlaf ein paar Wochen mit frischen Kräutern ernährt haben. Vor der Zubereitung muß aber für Reinigung, innen und außen gesorgt sein. Ein mühsamer Prozeß, der fast eine Woche dauert (Fanatiker informieren sich in einem Grundkochbuch, vgl. Anhang). Etwas einfacher ist die Zubereitung einer gedeckelten Schnecke, wie sie auch in alten Kochbüchern immer wieder empfohlen wird. „Schnecken sind im Winter gut, solange sie gedeckelt sind." *(Oberrheinisches Kochbuch)*. Gedeckelte Schnecken haben sich im Herbst durch Selbstreinigung schon auf ihre Winterruhe vorbereitet. Hinweise zur Zubereitung ebenfalls in jedem guten Grundkochbuch, im Grunde genügt eine Stunde zum Entschleimen in Essigwasser und anschließendes Salzen, manche verzichten auch auf das empfohlene Entnehmen aus dem Gehäuse. Dann werden die gereinigten Tiere in einer Pfanne in Butter oder Olivenöl gesotten, wobei ständige Bewegung für das wichtige Eindringen von Öl oder Butter in das Gehäuse sorgt. Im Süden setzt man dem Bratfond gerne fein gewiegte Aromate zu. Nüsse, Thymian, Knoblauch, Minze, verlängert auch mit Gänseschmalz, hier genügt als Beigabe oft Kräuterbutter. Auch Garen im Backofen sogar auf dem Holzkohlengrill ist möglich, dies sei aber nur Spezialisten empfohlen. „Schnecken im eigenen Haus mit selbst geschlagener Kräuterbutter und Stangenbrot", so was würde man gerne mal auf einer Speisekarte der Region lesen.

Schnecken sind Zwitter, Schneck und Schnecke wohnen praktisch im gleichen Haus, ihr extrem hoher Eiweißgehalt und einige Drüsenstoffe mehr haben der Weinbergschnekke (trotz ihrer sexuellen Indifferenz) den Ruf des Aphrodisiakums eingebracht. Größere Mengen sollten also nur in geeigneter Gesellschaft genossen werden.

Einkaufen & Einkehren

Mittelhausen (nordwestl. von Straßburg): Ferme Hélicicole du Kochersberg (Bernard Kolb), 3 rue des Roses, Mittelhausen, Tel. 0033-388 51 40 33. Die Ferme bietet Schneckengerichte und Schneckenprodukte aus eigener Aufzucht, darunter: Quiche, terrine, tourte, pot au feu und baeckeoffe mit Schnecken; Schnecken im Haus auf elsässer Art, sowie Schnecken à Bourguignonne. Selbst eingemachte Schnecken. Verkauf direkt ab Ferme tägl. (außer So) 14-19 Uhr sowie auf dem Erzeuger-Markt in Strasbourg, Place du Château Rohan am Sa 8-12.30 Uhr. Die Ferme-Auberge ist zur Einkehr geöffnet an jedem ersten Samstag im Monat, zwischen März und Dezember, im Juli und August gibt es spezielle Degustationsessen an jedem Freitagnachmittag ab 16.30 Uhr.

Gerstheim (südl. Straßburg): Au Bord du Rhin, einfache Schecken- und Froschschenkelkneipe, Tel. 0033-388 98 36 12. RT: Mi.

***

Schwabenpfeffer. Badisch für Muskat. Homöopathisch eingesetzt, bekanntlich ein feines Gewürz, das selbst urbadischen Gerichten wie *Nudelsuppe in Löwenkopfterrine* gut zur Brühe steht. Als exotischer Wimpernschlag auch auf Salzkartoffeln oder anderen Arbeitspferden der Beilagenküche durchaus angebracht, zum Beispiel beim Problematiker Blumenkohl. Der Uraltspruch, daß eine Muskatnuß ein Kochleben lang hält, ist falsch. Nebenbei: aggressiv wie die Muskatnuß ist auch die schwäbische Sprache, der man den Willen zur Ausbreitung grundsätzlich unterstellen muß. Bei der Sprache sind es derzeit etwa 200 Meter im Jahr, kreisförmig nach allen Richtungen.

***

Schü. In alten badischen Kochbüchern übliche Schreib-
weise für franz.: *Jus* = Saft, gemeint ist mit 'der' Schü meist
der Bratensaft. In Crescentia Bohrers *Freiburger Kochbuch*
(1. Aufl. 1836, zahlreiche Auflagen bis zur Jahrhundertwende; heute vergriffen) findet sich noch weiteres Küchen-
badisch, das heute ziemlich fremd klingt. Forellen wurden
abgesotten, Hühner werden *flamirt* und *dressirt*, Petersilie
verwiegt, gekochter Endivie durch ein Sieb *getrieben*. Brötchen hießen *Dreipfennigbrote*, Olivenöl war *Provenceröl*. Bei
der guten Crescentia Bohrer finden sich neben unzähligen
Allerweltsrezepten, die für den heutigen Geschmack alle
recht schwer ausfallen, auch allerhand Monstrositäten wie
Junge Hühner mit Krebsen gefüllt und Kuriositäten wie *Hirn-
schnitten* oder *Frösche in Papier.*

***

Spargel. Die *heimische* Spargelsaison beginnt - witterungs-
abhängig - selten vor Mitte/Ende April und sie endet traditionell um den Johannistag, also Ende Juni. Ein länge-
res Stechen der Triebe würde die Pflanzen zu sehr schwä-
chen, im nächsten Jahr wären dann nur noch dünne Triebe zu ernten. Durch Folienanbau kommt es aber auch
hierzulande zu immer früheren Ernten. Zudem sorgen die
üblichen Importe (Märzenspargel) dafür, daß der Spargel
einer allgemeinen Entwicklung folgt, nach der zunehmen-
de Verfügbarkeit mit abnehmender Güte einhergeht. Verlängerung der Erntezeiten und massive Ausweitung der
Flächen könnten irgendwann einmal auch zum Zusam-
menbruch des Marktes führen. Seinen noblen Ruf hat der
Spargel durch Massenanbau der milden, marktgängigen,
bisweilen schier aromafreien Sorten ohnehin eingebüßt.
Wozu auch tomatenähnliche Preise beitragen, die jenen
Spöttern rechtgeben, die behaupten, beim meisten Frühge-
müse handle es sich ohnehin nur um verschiedenfarbige
Varianten schnittfesten Wassers.

Die rapide gewachsenen Erntemengen führen jedenfalls auch bei uns zum Zwischenlager in Kühlhäusern. Viele Anbaubetriebe besitzen bereits eigene Kühlzellen, grad so als handelten sie mit Flaschenbier. So büßt das heimische Produkt seinen Frischevorteil wieder ein, der gerade beim Spargel eines der wichtigsten Qualitätskriterien ist. Beim Einkauf lohnt es sich also, auf rasche Lieferung aus erster Hand zu achten. Bei wenigen Gemüsesorten bringt die biologische Anbauweise so klare Qualitätsvorteile wie beim Spargel, so lohnt sich die vergleichsweise geringe Mehrausgabe allemal.

Interessante Abwechslung bringen die Varietäten: Grüner Spargel, hat einen mehr gemüsigen, derben Geschmack. Der in den Mittelmeerländern verbreitete violette Spargel bringt manchmal deutlich mehr Eigengeschmack und bittere Aromen als die feinmilden deutschen Sorten. Der dünne wilde Spargel ist eine Rarität, die bisweilen auf elsässer Märkten angeboten wird, sofort zugreifen. Kurz in Olivenöl angebraten perfekt zum Risotto.

Spargelregeln: Frischer Spargel knistert, quietscht regelrecht zwischen den Stangen, wenn diese aneinander reiben. Frischer Schnitt ist unten feucht, älterer trocken mit sichtbaren Fasern.

- Spargel großzügig vom Kopf zum Ende schälen. Die Enden mit der Hand abbrechen, so wird die Sollbruchstelle zwischen holzigem und genießbarem Teil erwischt. Die Stangen erst danach mit dem Messer glattschneiden.

- Was eine Hand umfassen kann, ist eine Portion. Das sind üblicherweise 6 gut gewachsene Stangen. Überzeugungstäter greifen auch mal mit beiden Händen zu, was bei gerade mal 150 Kalorien pro Kilo diätisch kein Problem ist.

- Um die Frage 'Zucker im Kochwasser ja oder nein', gibt es leicht Glaubenskriege. Aromatischer Spargel braucht eigentlich keinen Zucker, der die arttypische, leicht bittere Note ohnehin nur abpuffert. Viel wichtiger ist die alte Regel, nach der bereits das Kochwasser schmecken sollte - im Grunde also wie eine milde Brühe abgeschmeckt werden muß: mit Salz, etwas Wein oder Zitronensaft, Pfeffer. Spargelwasser soll - wie im übrigen auch eine Brühe - nicht kochen, sondern nur lächeln, mindestens zehn Minuten, oft mehr.

- Spargel warmhalten: Küchentuch durch das heiße Spargelwasser ziehen und Spargel damit bedecken.

Einkaufen & Einkehren

Freiburg-Munzingen, Klaus Vorgrimmler, St. Erentrudis Str. 63, Tel. 07664-2489. Erstklassiger tagesfrischer Spargel (weiß, violett und grün, in verschiedenen Sortierungen) aus kontrolliert biologischem Anbau (Bioland-Betrieb). Der Verzicht auf synthetische, schnell lösliche und damit grundwasserbelastende Stickstoffdünger führt zu gesunden Pflanzen, die für Pilzkrankheiten weniger anfällig sind als Pflanzen aus überdüngten Anlagen. Schädlinge und Unkräuter werden mechanisch entfernt. Durch Zwischensaaten, die später verrotten und nährstoffreichen Humus liefern, bleibt der Boden locker und beschattet und gibt Kleinorganismen Lebensraum. So gleichen Vorgrimmlers Felder auch nicht den verkarsteten Mondlandschaften der konventionellen Anbauer, und weil der Wiesenkümmel wachsen darf, flattert im Sommer auch mal ein Schwalbenschwanz zwischen dem hochgeschossenen Spargelgrün. Während der Spargelsaison täglich Verkauf ab Hof, sowie über Bioläden in der Region.

Freiburg-Opfingen: Die klassische Spargeleinkehren liegen konzentriert im und um den Tuniberg, wo auch große Anbauflächen sind. Opfinger und Munzinger Spargel wird auf dem Freiburger Wochenmarkt als Qualitätsbegriff verwendet. In Opfingen gehören die 'Tanne' und die 'Blume' zu den traditionellen Spargeleinkehren, viele bevorzugen aber den unspektakulär gelegenen 'Löwen', weiter oben im Ort, weil der Spargeltourismus dort nicht so dominiert. Die Einkehr unmittelbar zur Spargelzeit ist ohnehin mit einigen Risiken verbunden: oft gerät man unverschuldet in das Getriebe einer größeren Gesellschaft oder eine überlastete Küche wird mit dem Andrang zur Saison einfach nicht fertig. Zum eher subtilen Spargelgenuß paßt die unvermeidliche Massenabfertigung in Ausflugsgaststätten einfach nicht. Viele Spargelfreunde reagieren entsprechend nach der alten Regel: „Den besten Spargel ißt man zuhause."

Nachtrag zum Spargel: Selbst Paschas Hände putzen mit dem 'Monopol-Spargelschäler' in einer Viertelstunde gut zwei Kilo weg (6,50 Mark, im Haushaltswarenhandel). Geeignet für Grob- und Feinmotoriker.

***

Streuselkuchen und Kaffee gab es früher nach getaner Hausschlachtung. Ein stimmiger Abschluß. Aber auch eine Überleitung, denkt man an das stundenlange schwere Hantieren mit animalischen Dingen. Der Streuselkuchen neutralisierte gleichsam die vorausgegangene Arbeitsphase und leitete mit seiner milden Süße hinüber zu einer versöhnlichen Sicht der Dinge.

***

Suppen. Wahrscheinlich haben Suppen eine Seele. Das Ende ist nah, wenn die Suppe nicht mehr hilft, den Löffel gibt schließlich keiner gerne ab. Eine Suppe kann vieles und aus vielem kann Suppe werden: Armensuppe-Hochzeitssuppe. Eben deshalb kann der Suppenkoch auch alles falsch machen. „Einfach auf den Herd stellen und renne lasse, das wird nix. Eine Suppe muß gepflegt werden", mahnt der Küchenmeister. „Sonst gibt 's eben nur a Supp'." Gleich darauf folgt die Warnung im herben Küchendeutsch: „Der Koch muß mit der Brühe anständig umgehen, sonst soll er zur Strabag. Teer kochen."

Die klassische Suppenküche folgte einer logischen Stufenfolge. Ähnlich wie beim Bau eines Hauses ist zunächst auf ein solides Fundament zu achten. Auf der Grundlage der 'Knochenbrühe' geht es etagenweise aufwärts, mit mehr oder weniger Fleisch über die 'Kraftbrühe' *(Bouillon)* zur 'doppelten Kraftbrühe' *(consommé double),* die durch Legieren mit Ei und Sahne noch zur *Samtsuppe (velouté)* veredelt werden kann. Die Fundamente:

- Am wichtigsten: Keine Hudelei, eine Suppe merkt sich alles! Schon das Tätigkeitswort Suppe 'kochen' ist falsch. „Die Suppe muß lächeln, nicht kochen." Keinesfalls heftig sprudeln, sonst wird die Brühe trüb und stumpf. Knochen zunächst unter Wasser abspülen. Kalbsknochen geben viel Leimstoffe ab, deshalb nicht länger als 2, höchstens 3 Stunden kochen, andere Knochen dürfen länger. Fleisch mit viel Leim (badisch: *Gäter, gäterig*) und ewiges Auskochen der Knochen macht die Brühe zwar substantieller (kalt geliert sie dann eher), im Extremfall aber klebrig und matt, was besonders vorne zwischen den Lippen als unangenehme Haftung zu fühlen ist. Elegante Brühe klebt nicht auf den Lippen, vielmehr netzt sie.

Für eine eher leimige Brühe sorgen Kalbsknochen, die, sparsam dosiert, durchaus eine gute Krankenbrühe abliefern. Das Leimige überzieht die empfindliche Magenschleimhaut wie mit Samt. Leimhaltig sind auch Rindfleischteile von Brust, Brustkern, Schwanzfeder, abgedeckter Leiter. Tafelspitz oder ähnliche schiere Stücke geben dagegen eine weniger viskose, sehr klare Brühe. Es kommt darauf an, was man will.

Knochen und Fleisch kalt aufsetzen, salzen und ohne Deckel langsam hochfahren. Aufsteigenden Schaum sorgfältig abnehmen. Mehrfaches Entschäumen garantiert eine klare Brühe, auch ohne Klärung mit gewolftem Klärfleisch (was eine komplizierte Sache für Fortgeschrittene wäre). Das kleingeschnittene Suppengemüse kann - muß aber nicht - vorher in Öl glasig gedünstet werden. Die Röstaromen bringen mehr Ausdruck in die Brühe. Gesamte Kochzeit ab 2½ Stunden, Gemüse erst in der letzten Stunde mitlächeln lassen (nochmals entschäumen). Erkaltete Brühe entfetten, durch ein Sieb passieren, danach müßte der Blick bis auf den Topfboden gehen. Danach Zufriedenheit, so ähnlich wie an einer stillen Bucht.

- Mit mehr Fleisch wird die Brühe zur *Kraftbrühe*. Nicht

nur das übliche Suppenfleisch, auch ein Huhn oder ein Ochsenschwanz kann die Brühe geschmacklich weiter bringen. Wird in einer Kraftbrühe nochmals ein Stück Fleisch extrahiert, entsteht die Doppelte, ein seltenes Relikt aus der Zeit der großen Hotelküchen. Nebenbei: Solange eine einwandfreie *Consommé double* auch auf den besseren Speisekarten seltener ist als der schwarze Porsche davor, kann es mit der kulinarischen Kultur doch nicht so weit her sein. Dafür spricht auch der Umstand, daß die früher obligatorischen zwei Vorsuppen heute verschwunden sind.

- Ein so edles Konzentrat wie die doppelte Kraftbrühe wird nur sehr zurückhaltend mit Beilagen ausgestattet, wenn überhaupt. Falls es noch eine Steigerung der klaren Doppelten gibt, dann jene, die durch Legieren mit einer Mischung aus Eigelb, Sahne und Curry hervorgeht. Als Basis dient idealerweise eine doppelte Kraftbrühe vom Ochsenschwanz, doppelte Rinderbrühe tut's auch. Die erwähnten Zutaten langsam einrühren und sachte erhitzen bis Bindung eintritt, bloß nicht kochen, sonst Strabag! Diese fast vergessene *Crème Rhana* ist keine badische Suppe, sondern eine Luxussuppe. Sie macht Arbeit, sie kostet Zeit und Geld. Eine solche Suppe serviert man nur guten Freunden, vermutlich muß Liebe im Spiel sein. Aber letztendlich sind Suppen ein Spiegel unserer Mühen. Das macht sie so edel - und manchmal so erbärmlich.

Badische Suppen: *Nudelsuppe* - ein Hauch Safran sorgt für jenen Goldton, der früher besonders in der südschwarzwälder Variante obligatorisch war. Später wurde die Farbe mit angerösteten Zwiebelhälften erzielt - ein schwacher Ersatz. *Kartoffelsuppe* paßt nur zu kalten Tagen. *Erbsensuppe* mit Würstchen ist ein vollwertiges Gericht an Regentagen. *Flädlesuppe* - leidet, wenn aus Flädle Fladen werden. *Markklößchensuppe* - wird viel zu selten serviert. Schon beim Einkauf der (Mark)knochen an die Einlage denken. *Eierstich:*

harmoniert mit Hühnerbrühe am besten. *Schneckensuppe*: ist oft eine billige Fälschung.

Eine Adresse für gutes und echtes Ausgangsmaterial siehe unter 'Schnecken'.

***

Suppenkultur. In einer guten Brühe steckt Zeit und Geld. Grund genug, für ein entsprechendes Umfeld zu sorgen. „Eine Brühe im Weißgeschirr ist einfach ein ästhetischer Genuß." Wohl wahr, Küchenmeister, aber leider wird - selbst in der fortgeschrittenen Gastronomie - in Primelpötten serviert und selbst das schwarze Satansgeschirr ist nicht ausgestorben. Weißgeschirr wäre also nicht schlecht, dazu vielleicht eine klassische Terrine mit Löwenkopfgriff. Mit dem Wissen zu Tisch getragen, daß eine dampfende Schüssel so therapeutisch wirken kann wie die sprichwörtliche Auferstehungssuppe.

- *Service & Suppeneinlagen* sind eine Welt für sich. Markklößchen können ähnlich wie die berühmte Briefmarkensammlung am Anfang einer wunderbaren Freundschaft stehen. Falls sie Kanonenkugelgröße annehmen oder hartleibig geraten, sollte ein Mann dies als frühes Warnzeichen erkennen. Wobei schon das Wort 'Suppeneinlage' problematisch ist, ähnlich wie die 'Musikeinlage' in Talkshows. Die meisten Einlagen könnten mit Gewinn separat serviert werden, auch zur Brühe: Nudeln, Flädle, Klöße, Croutons, aromatisiertes Röstbrot. Apart gegeben, wird aus der Einlage eine Beilage. Die Terrine rückt in den Mittelpunkt der Tafel, aus der Vorspeise wird ein Gericht. Ein geselliges dazu, weil nicht dauernd jemand in die Küche hetzen muß.

In den Nachbarländer Italien und Frankreich wird der aparte Service der Beilagen viel eher gepflegt. Man denke nur an das piemonteser *Bolito Misto* oder einen *Pot au Feu*:

zuerst kommt die Brühe auf den Tisch, dann als zweiter
Gang und schön angerichtet die gekochten Einlagen, dazu
vielleicht etwas Röstbrot. Schon wird aus dem Eintopf ein
Menü. Hierzulande ist diese komfortable Serviertechnik
leider verschwunden oder zur Kümmerform geschrumpft.
Über homöopathisch verteilten Schnittlauch kommt die
gesamtdeutsche Suppengarnitur ja selten hinaus.

- Bei manchen Suppen ist eine Steigerung der aparten
Garnitur möglich. Damit steigt die Suppe dann endgültig
zur Mahlzeit auf. Die Beilagen werden zuerst in einen
großzügig bemessenen Suppenteller trocken eingesetzt.
Beispielsweise geröstetes, tomatisiertes Weißbrot, darauf
wird der getrennt aufgetragene Suppenfisch plaziert und
zuletzt wird die Brühe in den Teller geschöpft. So lassen
sich leicht zwei oder drei Fischgänge aus einem Teller ziehen. Mal mit, mal mit weniger Brühe. Auch dies ein kom-
fortables Gericht, ohne große Rennerei.

***

Tafelschmuck. Die historische gastrosophische Literatur
schlägt vor, zum Auftakt eines Mahls sowie während der
Hauptgänge geruchlose und wenig exaltierte Blüten als
Tischschmuck zu verwenden, um unsinnige Konkurrenz
mit Ausstrahlung und Aroma des Aufgetischten zu vermei-
den. Zum Dessert hin darf der Blumenschmuck dann üp-
piger werden, auch duftende Blumen sind durchaus denk-
bar. *Karl F. von Rumohr* bemerkte dazu in seinem Werk
'Geist der Kochkunst': „Beim Nachtisch aber wirkt der
Blumengeruch wohltätig, regt auf und verdrängt den
Nachgeruch der Speisen. Voralters pflegte man deshalb so-
gar duftende Zahnstocher zu reichen."
 Die Belastung der üblichen Billig-Schnittblumen mit
Pflanzenschutzchemie dürfte hinlänglich bekannt sein.
Um so widersinniger ist es, gerade anläßlich einer festli-
chen Tafel chemisch behandelten Blumenschmuck dicht

neben den Essenden zu plazieren. Wer auf Sondermüll bei Tisch verzichten möchte, findet in Wildblumen oder biologisch gezogenen Schnittblumen eine Alternative.

Weil-Haltingen: Gärtnerei Reinhard-Hoch. Fast immer passend wirken Tulpen bei Tisch, sie verbreiten auch kaum Duft. Nicht nur die alabasterweißen mit dem beziehungsreichen Namen Meissner-Porzellan, auch die lila blühende Negrita, Orange Monarch und noch gut zwanzig weitere Sorten bietet tagesfrisch geschnitten (in der wiesenblumenarmen Zeit von Februar bis Mai) die Bioland-Gärtnerei Reinhard-Hoch in Weil-Haltingen, Willi-Baumannstr. 18, Tel. 07621-6 55 55. Marktstand u.a. in Lörrach (Di, Mi und Sa). Der Betrieb hat sich (neben der Gemüsekultur, vgl. 'Tomaten') besonders auf ein breites Angebot von biologisch gezogenen Schnitt- und Beetpflanzen spezialisiert, auch nach der Tulpensaison gibt es Schnittpflanzen, die sich gut als Tischschmuck eignen: kleine Sonnenblumen, im Herbst Astern und Chrysanthemen.

Freiburg-Lehen: Gärtnerei und Blumencafé Vonderstrass. Floristin Heidi Vonderstrass hat inmitten des elterlichen Betriebs ein Café eröffnet, und was für eines: elegant, hell, freundlich, mit zwei großen Freiterrassen zum Vogelstimmenlauschen und Buchlesen. Drinnen dient das Café zugleich als Atelier für die Arbeiten von Heidi: eine Augenweide. Humbergweg 14, Tel. 0761-1 56 05 00, RT: Mo, sonntags 10-22 Uhr, sonst 14-22 Uhr.

***

Tee (davor und danach). Nach dem Wasser ist der Grüne Tee das häufigste Getränk auf Erden. Anders als beim fermentierten Schwarzen Tee werden die Blätter Grüner Tees (wenn überhaupt) nur kurz erhitzt, gerollt und getrocknet. Die Zellwände des Teeblatts bleiben dabei unversehrt. So kann jener Pflanzensaft nicht austreten, der oxydiert dem Schwarzen Tee erst seine dunkle Farbe und sein spezielles Aroma gibt. Tatsächlich feiner Grüner Tee ist ein ebenso subtiles wie genußvolles Getränk. Entsprechende Qualitäten sind oft noch teurer als erstklassige Schwarztees. Grüner Tee kann aber mehrmals am Tag aufgebrüht werden, jedoch nur mit 80 Grad heißem Wasser, weil sonst die feinen Aromen zerstört werden (gilt auch für halbfermentierte Oolongs, hochwertige First flush Darjeelings, grüne Darjeelings). Der zweite und dritte Aufguß enthält weniger Teein, er ist ideal am Nachmittag, während der erste Aufguß von Grünem Tee in der Regel teeinhaltiger ausfällt als der von Schwarztee. Grünteefreunde sind meist fortgeschrittene Teetrinker, die für gute Qualität auch mal etwas mehr Geld ausgeben.

Auch nach dem Essen muß es nicht immer Espresso sein. Anregend (aber nicht aufregend) und die Bekömmlichkeit fördernd wirkt später Aufguß von halbfermentiertem oder Grünem Tee, oder eben der klassische Eisenkrauttee. In Frankreich, besonders in der Provence als *Verveine* (odorante) noch gang und gäbe, bei uns wird die Sorte kaum noch in Restaurants angeboten. Schade, weil am Abend, zumal nach einem längeren Essen, eine Tasse Verveine oft Wunder wirkt. In gutsortierten Teeläden erhältlich.

Tee ist in der Schweiz wegen niederer Besteuerung eher preiswerter, jedenfalls nicht teurer als in Deutschland, zudem gibt es in Basel Geschäfte mit breiter Auswahl. Freilich locken auch in Freiburg und Lörrach Tee-Adressen. Bei der Versorgung anspruchsvoller Endkunden kommt dem Versandhandel mittlerweile eine hohe Bedeutung zu. Es gibt sehr engagierte Firmen, die erstklassige, unverschnittene Partien selbst vor Ort einkaufen und - ohne Zwischenhandel - zu bezahlbarem Preis direkt an den Kunden bringen.

Über Teequalitäten: Teeversandhäuser bieten oft ein Sortiment, das mit mehr Qualitätsbewußtsein ausgewählt wurde, als die nach billigen Früchtemischungen duftende Teeboutique an der Ecke. Grundsätzliches zur Teequalität: Ursprünglich gab es zwei Varietäten der Teepflanze, *Thea sinensis* (Chinapflanze) und *Thea assamica* (Assampflanze). Der chinesische Teebusch ist kälteresistenter als der für die

Tropenregionen geeignete Assambusch, zudem liefert der
Chinabusch kleinere Blätter, die - sofern es sich um
Spitzentees handelt - auch mit mehr Sorgfalt gepflückt
werden müssen. Bei der Assamernte werden die Blätter
eher abgestreift.

Grundsätzlich liefern Teegärten in Hochlagen zwischen
1000 und 2000 Meter die wertigere Ware. Teeblätter wachsen in diesen Lagen langsamer und bringen feinere Aromen. Spitzentees, die von Chinabüschen stammen, tragen
den Zusatz Ch am Ende der Blattgrad-Bezeichnung. In
den meisten Plantagen stehen heute aber Büsche aus geklonten Setzlingen, die möglichst ertragsstabil gezüchtet
wurden und positive Eigenschaften diverser Varietäten ver-
einen sollen. Tees von geklonten Büschen sind Cl gekennzeichnet. Guter Tee hat seinen Preis: Spitzentees sind selten unter 20 Mark/125 Gramm zu bekommen.

Circa 95% aller gehandelten Tees wurden nach der
CTC-Methode behandelt, beziehungsweise malträtiert:
CTC = *crushing, tearing, curling;* zermahlen, zerreissen,
rollen. Dabei entstehen gleichmäßige Teepartikel die sich
industriell weiterverarbeiten, untereinander mischen und
leicht abfüllen lassen. Bei den traditionellen Verfahren
(gleich ob Grün- oder Schwarztee) bleibt das Teeblatt unversehrt, es wird nur gerollt, was wiederum dem Aroma
dient. Qualitätsmerkmale sind also: Individuell verarbei-
tete Ernten aus Gärten in Hochlagen. Schonend als ganzes Blatt verarbeitet, möglichst aus einer Lage und aus einem Ernteintervall. Solche Tees machen allenfalls 3-5%
der Handelsware aus! Sie werden üblicherweise mit Her-
kunftbezeichnung und Pflückdatum verkauft, meist haben
sie eine eigene Invoice-Nummer als Identitätsbeleg.

Es handelt sich bei hochwertigen Tees also meist um
Partien (oder sog. *lots*) mit individueller Note, die nicht
permanent reproduziert werden kann, sondern Ausdruck
spezieller Vegetationsbedingungen ist; ähnlich wie bei einem lagen- und jahrgangstypischen Wein. Im Gegensatz

dazu stehen die 'blends': Mischungen, bei denen versucht wird, eine konstante Qualität zu erzielen.

Tee höherer und höchster Qualität hat meist einen eher hellen Abguß (auch Schwarztee, z.B. *Darjeeling, Nilgiri*). Das nasse Blatt ist von regelmäßiger Größe, es ist nicht matt, sondern hat oft noch eine frisch schimmernde Optik. Selbstverständlich, daß solche Sorten nicht aromatisiert werden und sich nur in bestem Teewasser entwickeln können (= möglichst weiches, ungechlortes Wasser).

Wasser & Zucker: In hartem, rückstandsreichem oder gar gechlortem Wasser bringen robust, aromatische Assamtees noch die besten Ergebnisse. Subtilere Tees werden vom relativ harten, nitrathaltigen Wasser, wie es in den meisten Versorgungssystemen südbadischer Rheintalgemeinden angeboten wird, praktisch vernichtet. Dagegen eignet sich das weichere Wasser der Schwarzwaldgemeinden oft ausgezeichnet zur Teebereitung. Teeversandhäuser (wie 'The Betty Darling Company', vgl. unten) bieten aber preiswerte und tauglich Filtersysteme an. Zucker sollte bei erstklassigen Tees nur wenig (wie ein Gewürz) zugegeben werden, jedenfalls nicht so, daß er Aromen überdeckt. Am besten paßt reiner weißer (Kandis-) Zucker zu Spitzentees.

Einkaufen

Teeversand: The Betty Darling Tea Company (die Betty Darling war einer jener legendären Teeclipper, die in 99 Tagen von China nach London segelten). Ein engagiertes kleineres Versandhaus mit Spitzenqualitäten, darunter ein saison-, lagen- und jahrgangsspezifisches Angebot ausgesuchter Teegärten. Ansprechend gestalteter, informativer Jahreskatalog (kostenlos). Dieses Katalogangebot wird jährlich - je nach Marktlage - um mehrere Listen mit aktuellen, kommentierten Angeboten erweitert. Eine der interessantesten Versandadressen für Teeliebhaber in Deutschland (auch für Teezubehör, Enthärter etc.). Postfach 101064, 28010 Bremen, Tel. 0421-170663, Fax: 165 47 83.

Freiburg: Asiatische Lebensmittel, Beiprodukte, Konserven, auch frisches Gemüse (jeden Donnerstag frische exotische Kräuter), sowie einzelne hoch- und höchstwertige Tees, speziell bei den halbfermentierten Tees wie Oolong und bei unfermentierten, grünen Tees (darunter besonders zu loben der halbfermentierte Oolong Tung-Ting). Der größte Teil des Teeangebotes besteht aber aus üblicher Handelsware. Wer gerne asiatisch kocht, sollte sich den Laden aber ohnehin mal anschauen. Allein schon wegen der Krämeratmosphäre, in der manches Angebot erst auf den dritten Blick auffällt. Asia Shop, Habsburger Str. 127 (in der Zähringer Tor-Anlage), Ecke Leopoldring/Habsburger Straße, Tel. 0761-28 19 61.

Das traditionelle Teehaus in Freiburg mit breitem, auch saisonspezifischem Sortiment ist: Tee-Peter in der Kaiser-Joseph-Straße 230, Tel. 0761-40 99 74. Anregende Schaufensterdekoration mit Teespezialitäten.

CH und Basel: London Tea Company (großer Importeur von Grüntee in der Schweiz, breites Sortiment auch bei Schwarztees). Teehuus am Spalenberg 26, Tel. 0041-61-411 95 96, Fax: 411 96 06 (informative Teeliste, breite Auswahl). Teeversand und Büro in: CH-4142 Münchenstein, Reinacherstraße 97, Tel. 0041-61-411 95 06. Filiale (mit Versand) in D-79567 Weil, Berliner Platz 6, Tel. und Fax: 07621-780 79.

Teeladen Maya Preiswerk, Leonhardsberg 6 (nahe Barfüsserplatz). Kleiner, aber sehr schöner Laden ganz im Sinne der Teekultur. Tel. 061-261 46 36. Mo geschlossen. Di-Fr 10-13, 15-18.30 Uhr. Sa 9-4 Uhr. Auch Mischungen, die einer alten, in Basel gepflegten Tradition entsprechen (Russische Mischung, Englische Mischung etc.).

Teeversand Reichmuth von Reding in CH-Schwyz. Ein kleiner, überaus exklusiver Anbieter. Die Partien werden vor Ort ausgesucht oder beschafft und ausschließlich an Endkunden mit einer Lieferadresse in der Schweiz versendet. Ein Teekatalog mit ausführlicher Warenkunde informiert über das Angebot, das je nach Saison und Lieferumständen schwanken kann. Im Angebot sind nur ausgesuchte Qualitäten, darunter ein besonders breites und hochwertiges Angebot Grüner Tees mit Raritäten, die bis über 50 Franken je 100 Gramm kosten. Der Versand möchte kein rasch wechselndes Massenpublikum ansprechen, sondern den Austausch und die Kultur unter Teefreunden befördern. Deutsche Kunden sollten bei Interesse eine schweizer Lieferadresse parat haben, um den Versand problemlos abzuwickeln. Reichmuth von Reding, Postfach 460, CH-6431 Schwyz, Tel. 0041-41-8117878, Fax: 8117847.

***

Tomaten. Als die Tomaten noch Aroma hatten, wurde zur
Milderung des ungewohnten Geschmacks häufig ein paar
Gurkenscheiben unter den sommerlichen Salat geschnitten, was dessen kühlende Wirkung noch erhöhte. Wegen
eines zu starken Aromas muß man sich heute keine Sorgen mehr machen, eher um die letzten Quellen für Tomaten, die den Namen noch verdienen. Nach der weitgehend
abgeschlossenen Monopolisierung der Saatguterzeugung
ist die holländische Variante schnittfesten Wassers längst
auch nach Italien vorgedrungen. Folge: die südländische
Ware unterscheidet sich nur noch unwesentlich von der
einst gefürchteten Hollandqualität. Neuerdings schmeckt
sogar manche aus dem Norden wieder besser. Dafür wachsen nun in Sizilien die ertragsstarken, transportstabilen
Züchtungen niederländischer Saatgutkonzerne. Längst
wurden den Ertragssorten sogenannte 'longlife'-Gene ein-
gekreuzt, die eine Aromareifung verhindern, dafür bleibt
die Ware drei Wochen schnittfest. An den Hängen des Ve-
suv, wo einst die legendäre länglich eiförmige Sorte *San
Marzano* auf dunklen Vulkanböden wochenlang Sonne
aufsaugte, werden nun Tomaten auf Substrat kultiviert, das
eigens aus dem Norden herangekarrt wird. Die Transport-
stabilität der Früchte garantiert den problemlosen Rück-
transport des umgewandelten Mineraldüngers nach Norden.

　　Und selbst als Hobbygärtner kann man übel reinfallen,
weil eigener Anbau noch kein Garant für aromatische Ware
ist. Seit der Jahrhundertwende sind ca. 90% der lokalen,
dem jeweiligen Kleinklima angepaßten Sorten verschwunden. Der gesamte europäische Markt wird mittlerweile von
wenigen ertragskonstanten, dickhäutigen Anti-Matsch-Sor-
ten dominiert. Wochenlang haltbar und aromafrei! Auch
die meisten Gärtnereien beziehen nur noch fertige Setz-
linge und wissen über die speziellen Sorteneigenschaften
kaum mehr Bescheid.

Was tun? Probieren, immer wieder probieren, vereinzelt hat man Glück und bekommt was Vernünftiges. Oder wirklich zum Spezialisten und das Problem von Grund auf lösen. Die unten genannten Adressen bieten auch samenfeste Sorten, aus denen eigene Samen für die Nachkultur gewonnen werden. Die heute handelsüblichen sogenannten F-1 Hybriden können dagegen nur von Profibetrieben vermehrt werden, die über beide Elternteile des Saatgutes verfügen. Eigene Nachzucht von Hybriden bringt spätestens in der 2. Generation Zufallsprodukte, was ganz im Sinne der großen Saatguthersteller ist, die damit den Markt beherrschen.

Adressen für Pflanzen- und Samenlieferanten. Samenanbieter alter Sorten (nicht nur Tomaten, auch Gemüse) finden sich in den Zeitschriften für biologisches Gärtnern: Kraut & Rüben (am Kiosk). Weiterführend in dieser Hinsicht auch die interessante Zeitschrift: Natürlich Gärtnern, Viktoriastr. 7, 46509 Xanten, Tel. 02801-71701 (sechs Hefte im Jahr, mit zahlreichen Hinweisen und Annoncen zur Kultur alter Landsorten, auch Rosen, Obstbäume etc.).

- Ein breites Angebot seltener Nutzpflanzen und alter Landsorten bietet der Jahreskatalog des österreichischen Vereins Arche Noah. Darin allein ca. 100 verschiedene Tomatensorten (mit Kurzcharakteristik zu Standortansprüchen, Wuchs und Geschmack) sowie über 1000 weitere Pflanzenangebote, darunter auch Kartoffeln, Gartenblumen, Kräuter und Heilpflanzen (immer nur Samen). Alles mit kurzen Angaben zum Anbau und Standortansprüchen. Arche Noah hat die verschiedenen Pflanzensamen aber nicht vorrätig, sondern vermittelt (per Katalog) die Adressen der jeweiligen Züchter, dort kann dann direkt bestellt werden. Anbieter und Mitglieder können in den Katalog eingetragen werden. Nach Breite und Informationsgehalt wohl die wertvollste Quelle im deutschen Sprachraum. Katalog 13 Mark, Mitgliedsbeitrag 50 Mark, Arche Noah, A-3553 Schloß Schiltern, Tel. 0043-2734-8626, Fax: 8627.

- **Tomatensamen** direkt bei: Gerhard Bohl, Frauenlobstr. 3, 90469 Nürnberg (kein Telefon, keine individuelle Korrespondenz). Gegen 10 Mark und frankierten Rückbrief verschickt Herr Bohl eine Auswahl (ca. 40 Sorten) alter, samenfester Tomatensorten. Beiliegend erhalten Sie dann die komplette Liste seines privaten Samenarchives,

das derzeit ca. 300! Tomatensorten mit Kurzbeschreibung umfaßt;
in dieser Breite wohl eine einzigartige Sammlung. Einzelne Sorten
sind extrem selten und werden nur in kleinsten Mengen, bzw. an
Erhalter der Sorte weitergegeben. Proben einzelner Sorten sind
gegen 2 Mark Kostenbeitrag erhältlich. Alles Weitere zur Anzucht
(darunter auch eine Anleitung zur Selbstgewinnung von Tomatensamen) in besagter Tomatenliste. In dieser Liste sind noch andere
seltene Gemüsepflanzensamen: Zucchini, Gurken, Bohnen, sehr
viele Paprika, Peperoni und Chili.

Sortenhinweis: Eine dankbare Frühsorte, die sich besonders gut
für den Anbau im Hobbygarten eignet, ist die Martina. Eine rote
Stabtomate mit eher kleinen, runden Früchten und gutem Ertrag.
Laub etwas kartoffelblättrig, recht robust, geringe bis mittlere Wär-
meansprüche. Gesund und unkompliziert bei gutem Aroma.

Eine altbewährte Regionalsorte, mittel bis spät reif, freilich mit recht
hohen Wärmeansprüchen, ist die Berner Rose. Fleischig und süß mit
vollem Aroma. Kultiviert u.a. von der Bioland-Gärtnerei Reinhard-
Hoch, Weil-Haltingen, Baumannstr. 18, Tel. 07621-65555 - sowohl
Pflanzen als auch Früchte sind dort zu haben. Auf dem Markt in
Lörrach (Di, Do und Sa), Schopfheim (Mi und Sa).

***

Tourchon - steht französisch für den 'Anfasser', der in
Form eines Küchenhandtuches im Bund des Koches ver-
ankert wird und als Allzweckwaffe gegen Hitze, Qualm
und andere Unbill eingesetzt wird. Mit einem Tourchon
kocht es sich wirklich leichter, Hände bleiben sauber und
- vor allem - blasenfrei.

***

Vesper. Ein Vesper gehört im Grunde genauso gepflegt wie
jedes andere Mahl. Wer ein Vesper nebenher mit zwei linken Händen anrichtet, oder darin die Chance zum schnel-
len Abkassieren sieht, wie es in manchen Straußenwirt-
schaften praktiziert wird, vergeht sich an einem vollwerti-
gen Stück Eßkultur. Ohnehin wäre es für manche Gastge-

ber klüger, ein ordentliches Vesper auf den Tisch zu bringen, als in warmer Küche zu dilettieren. Ganz zu schwei-
gen vom kommunikativen Vorteil und der entspannten
Stimmung, die eine 'Brotzeit' bringt.

Zur Kunst des Vespers gehören Werkzeug und Material. Ein wirklich scharfes Messer mit glatter Klinge und ein
hainbuchenes Brettle, denn auf Holz lassen sich Wurst und
Käse nun mal am angenehmsten schneiden. Zu den Fundamenten gehört natürlich auch ein Brot, das den Namen
verdient, womit schon eines der Hauptprobleme angespro-
chen wäre. Gutes Brot bekommt man heute ja eher bei
Berufenen, die dem Bäckerberuf nicht unbedingt naheste-
hen (vgl. Brot).

Was könnte so ein Vesper sein - ein Vesper mit schön ge-
schnittenem, statt gesäbeltem Brot, mit weicher Landbutter
statt geschmackloser Kühlschrankschmiere, mit sinnvollen
Beilagen, die einen spitzen, pflanzlichen Akzent zu den oft
fetten Vespersachen setzen: Radieschen, Kresse, eingelegte Gurken, dazu Mühlenpfeffer, Kümmel, Senf. Nur, was
wird einem serviert, vor heimattümelnder Kulisse: Ein lieb-
los angerichteter Kombipack aus abgeschnittener Meterwa-
re, die sich zu allem Überfluß noch 'Hausmacher' nennt.
Gerne im Verbund mit einem Plastiktütchen Senf. Am
Vesper ist sie zu erkennen, die hausgemachte Gier.

***

Wein. Hier nur ein paar trockene Bemerkungen zur ver-
wirrenden Sprache der Weinetiketten. Ähnlich wie die
Steuergesetzgebung den Bürger ratlos zurückläßt, stiften
auch die gesetzlich vorgeschriebenen Angaben auf dem
Weinetikett eher Verwirrung als Klarheit.

So darf beispielsweise ein *trockener* Wein ziemlich süß
sein, denn schon 1979 wurde ein Gesetz erlassen, in dem
die erlaubte Obergrenze von 4 auf 9 Gramm Restzucker für

'trockenen' Wein erhöht wurde. Ein tatsächlich trockener, also ganz durchgegorener Wein, hatte diese Ausweitung der Obergrenze aber nie nötig, sein Restzuckergehalt liegt praktisch nie über vier Gramm. Mit dem höheren Grenzwert wurde es aber möglich, auch dünne, ausdruckslose Massenware gehörig aufzupolieren und dennoch unter dem Begriff 'Trocken' zu vermarkten. Einige der wenigen Winzer, die einen tatsächlich trockenen Wein anbieten, geben deshalb zusätzlich den Restzuckergehalt auf dem Etikett an, in Gramm pro Liter. Nur diese Angabe ermöglicht heute eine objektive Einschätzung, ob ein Wein natürlich durchgegoren ist, oder etwa nachträglich wieder mit Restsüße ausstaffiert wurde, was in den letzten Jahren leider immer üblicher wurde (Einkaufsquellen für solche Weine finden Sie im Oase-Führer: 'Freiburg-Markgräflerland-Südwestschwarzwald, vgl. den entsprechenden Hinweis am Buchende).

Ein anderes Problem, über das die Weinetiketten nur unzureichend informieren, ist die Anreicherung oder *Chaptalisierung* von Wein. Hierbei geht es um die Zugabe von Rübenzucker zur Erhöhung des Alkoholgehaltes im Wein. Dabei wird der Zucker vollständig zu Alkohol vergoren, die Anreicherung hat also nichts mit der oben behandelten Süßung zu tun. Die Praxis des Chaptalisierens ist weitest verbreitet, dennoch nicht unumstritten, ermöglicht sie doch aus einem einfachen Most, der von Natur aus vielleicht gerade mal auf 10 Volumenprozent Alkohol käme, einen wuchtigen Brummer mit 12 oder noch mehr Prozent zu machen. Der Weinbau erhält so ein mächtiges Instrument, um den dünnen Most aus liederlichen Lagen marktgängig zu gestalten. Zugleich hat man sich der lästigen Pflicht entledigt, dies entsprechend zu kennzeichnen. Im gesamten Bereich der Qualitätsweine ist die Anreicherung durchaus üblich und insofern ist schon der Begriff 'Qualitätswein' irreführend, weil eine Anreicherung eben erst ab den höheren Qualitätsstufen wie *Kabinett, Spätlese* und *Auslese* nicht mehr erlaubt ist.

Fazit: Qualitätswein dankt seinen Alkoholgehalt nicht nur der Gunst der Sonne, sondern auch dem Willen der Kellergeister. Erst bei Kabinett und aufwärts stehen die Inhaltsstoffe Alkohol und Extrakt in ihrem natürlichen Verhältnis.

Und so wäre noch schier endlos zu berichten: Von den edlen Kleinlagennamen, die verschwunden sind zugunsten von wohlklingenden, aber qualitativ völlig irrelevanten Großlagebezeichnungen, die einzig einen Sinn haben: die problemlose Vermarktung ganz unterschiedlicher Ware unter einem netten Namen (wie *Burg Neuenfels, Lorettoberg* oder *Vulkanfelsen*). Von der wohl nie erlahmenden Manie großer Anbieter, ihre Produkte irgendeinem vermeintlichen Trend anzupassen. Mal ein bißchen trockener, dann wieder süßer, mal etwas mehr Säure, dann mild und weichgespült.

***

Weiße Bohnen geben als Salat, als kalte, noch besser als lauwarme Vorspeise fast immer und zu allem eine gute Figur ab. Vorausgesetzt, man behandelt sie wie in der Toskana und nicht so wie in nördlichen Marschlandschaften üblich. Sofern zur Hand, sind frische Bohnenkerne am besten, man braucht sie nicht einzuweichen. Getrocknete Bohnen mindestens einen Tag in viel kaltem Wasser einweichen und das Wasser wegschütten. Dann in Salzwasser mit Zwiebeln, Knoblauch und einem Salbeizweig weichkochen, danach mit Zitronensaft und Olivenöl marinieren und mit Pfeffer, gehackter Schalotte, glatter Petersilie, Tomatenwürfeln, Rosmarin, Parmesanmocken, Schinkenstreifen et cetera würzen, ein paar Stunden ausruhen lassen. Entscheidend wichtig ist erstklassiges Olivenöl. Wunderbarer Zwischengang im Sommer, kalter Rosé und etwas *Paolo Conte* dazu.

***

Wildschwein. Eigentlich müßte es so sein: mit dem massenhaften Aufkommen der hochgemästeten Industriesau beginnt die Renaissance der wilden Sau, die ihren Beitrag zur feinen Schweinefleischküche liefern könnte. Natürliche Ernährung, ein bewegtes Leben im Freien, keine Medikamente, keine Transportstreß vor der Schlachtung - alles spricht eigentlich für die Wildsau. Wäre da nicht schon wieder der Mensch. Weil die Wildsauen aus jagdlicher Sicht noch immer eine kapitale Beute darstellen, sind Revierpächter daran interessiert, die Sauen im eigenen Revier zu halten. Mit massiver Maiszufütterung wird die Standorttreue belohnt. Ein Förster sagte mir dazu: „Vor 15 Jahren war es noch undenkbar, aber heute bekommt manches Wildschwein mehr Mais ab als ein Hausschwein."

Wildschweine leben zwar noch wild, fressen aber längst zahm, was auch die oft enttäuschende Fleischqualität erklärt. Also wieder nichts mit dem feinen Bissen aus heimischen Wäldern (der ist am ehesten noch vom Reh zu bekommen, vgl. dort).

Ohnehin kommt der Wildsau in der heimischen Küche allenfalls ein Außenseiterdasein zu, dabei wäre das Potential gewaltig. Wie man weiß, hat bei keinem anderen Schlachttier die Art des Futters einen so wesentlichen Einfluß auf die Fleischqualität wie beim Schwein. Eben deshalb liefern beispielsweise die halbwild gehaltenen, Eicheln fressenden spanischen Schinkenschweine jenen weltweit unübertroffenen Schinken der Sorte *jamon iberico belota* (wobei erst der Zusatz *'belota'* auf die Eichelmast verweist, *iberico* verweist auf die geschätzte, halbwild lebende, kleine, dunkle Schweinerasse). Der übliche und weit billigere spanische *Serrano*-Schinken stammt dagegen von viel größeren, weißen Zuchtschweinen, die in geschlossenen Mastbetrieben gehalten werden, ähnlich wie bei den italienischen *Parma*- und *San Daniele*-Qualitäten. Was die Reaktion auf das Futter angeht, kommt das Schwein dem Wein und hier besonders dem sensiblen Riesling sehr nahe. Denn der reagiert auf den Boden ebenso empfindlich wie das Schwein auf sein Futter. Und eben darum enttäuscht ja das mit Kraftfutter hochgemästete Normschwein so zuverlässig. Aber auch die maisgeköderte Wildsau.

Gestreifte Frischlinge und die älteren Jährlinge (= Überläufer, ideal um die 35-40 Kilo schwer) werden das ganze Jahr gejagt, in einzelnen Regionen ist die Jagd nur von Juni bis Januar offen. Wildschwein schmeckt bis ins Frühjahr gut, sehr gut im November und Dezember, im Sommer ist das Fleisch bisweilen zu mager. Ältere Keiler und Bachen schmecken in der Rauschzeit (von Oktober bis Dezember) penetrant. Das zarte, dennoch würzhafte Frischlingsfleisch, auch das der Überläufer, ist eine Delikatesse. Am besten schmecken die kleinen Stielkoteletts kurz angebraten und mit Wiesenthymian gewürzt.

Auch die wenigen vernünftig gehaltenen Säue, die hierzulande noch zu haben sind, sind eine gesuchte Spezialität. Was das Schwein bei entsprechendem Futter bringen kann, ist immer wieder verblüffend: ein kerniges Stück Speck von einer fetten schwarzwälder Sau, von einer Sau, die genug Zeit hatte, sich mit Würde vollzufressen, ist eine hochrangige Spezialität, an die ein Allerwelts-Parmaschinken niemals heranreicht.

Glückliche Hausschweine sind mittlerweile seltener zu bekommen als ihre wilden Verwandten, schon deshalb lohnt während der Saison die Ausschau nach heimischer Wildsau. Übrigens nicht nur beim Lieferanten (s.u.), sondern auch bei nächtlichen Überlandfahrten durch Wälder.

Ein Rudel kreuzender Wildsauen und nachfolgender Frischlinge gehört zu den nachhaltigen Erlebnissen, die Badens Landstraßen zu bieten haben.

Schlachthof Schönau/stome: Schlachthof mit eigener Wurst- und Schinkenproduktion und einem weit überdurchschnittlichen Wildfleischangebot (Wildschweinschinken, Wildschweinfleisch sowie anderes Wildfleisch ausschließlich aus heimischer Jagd. Außerdem Hochschwarzwälder Schinkenspezialitäten). Chef Hubert Lais (selbst Jäger) kennt seine Lieferanten und kann auf Anfrage auch mal ein Extrastück besorgen (Verkauf frisch und vakuumiert), für Wildfreunde eine sehr lohnende Adresse, bei Sonderwünschen immer vorher anrufen, was gerade da ist. Verkauf direkt ab Schlachthof Schönau an allen Wochentagen, Mi und Sa nur vormittags. Tunauer Straße 11, Tel. 07673-71 84.

***

Wurstsalat. Erst bei konsequentem Feinschnitt entfaltet ein Wurstsalat seine Qualitäten. Das Gericht lebt gleichsam von der Entmaterialisierung seiner derben Grundprodukte. Wobei es um die Wurst, um die Zwiebeln, im Falle der elsässer Variante auch um den Käse geht. Freilich wird selbst nach sorgfältiger Schneidearbeit aus dem klassischen Sportheimvesper noch lange kein Ausbund an Tafelkultur, aber immerhin ein zuverlässiger Bursche.

Wie bei den meisten Vespergerichten kommt es auch beim Wurstsalat auf die Güte der Grundprodukte an. Deshalb sind die üblichen Modelle ja so häufig nichts als eine Provokation. Fleischwurst und Schmelzkäse vom Block, beide in bleistiftdicke Streifen geschnitten, Essigessenz und Billigöl, alles mit Zwiebelkeilen versaut; solche Entgleisungen sind zur Regel geworden. Dabei gilt auch in der Vesperklasse: Oberfläche gleich Aroma, was Dickfinger nicht begreifen können. Ein Wirt, der sein Auto tieferlegt, wird nie einen guten Wurstsalat machen.

Enttäuschend enden auch die meisten Versuche, den

Wurstsalat mittels Zubehör aufzuwerten. Zierleisten in Form von rundherum gelegten Salatnestern bringen keinen Zusatznutzen, und ein Tuning durch Unterziehen von Gurkenstreifen bleibt umstritten. Vielmehr lebt ein guter Wurstsalat vom Säurespiel, in dem die fein geschnittene Wurst plötzlich ihre dumpfe Schwere verliert.

Als klassische Beilage zum Wurstsalat empfehlen sich Brägele. Diese wunderbare Kombination ist besonders in der Gastronomie weithin in Vergessenheit geraten (sie macht Arbeit). Schade, denn goldbraune Brägele setzen nicht nur ästhetisch, sondern auch aromatisch einen schönen, basischen Kontrapunkt zum animalischen Wurstsalat. Der Dreiklang aus Wurstsalat, Brägele und Bauernbrot mit frischer Rinde gibt ein perfektes Vesper, das nicht mehr weit von der Spezialität entfernt ist.

Rezept: *Wurstsalat allerfeinst gehört von der Lyoner geschnitten, auch ein wirklich erstklassiger, gut ausgeruhter Fleischkäse wäre denkbar. Wobei Puristen unter den Wurstsalatfanatikern hier widersprechen dürften. (Kenne einen, der zählt die Wurstsalate des Lebens, neulich wurde er vierstellig). Gleich, ob einer oder tausend: wichtig bleibt der Feinschnitt. Dünne Scheiben werden also nochmal in schmale Streifen geschnitten, was leichter geht, wenn die Scheiben zuvor (zu mehreren) zusammengerollt werden. Das Resultat sollte etwa so aussehen wie die flachen Streichhölzer in den Briefchen, es entsteht gleichsam eine Lyonerjulienne. Mit dem Käse ebenso verfahren. Gut paßt Emmentaler. Ein Sack Käse auf gut zwei Sack Wurst. Auch die Zwiebel muß extrem fein geschnitten sein.*

Tuning wäre, statt einer Zwiebel eine Schalotte zu verwenden, die womöglich noch lila Häute besitzt, was später sehr kleidsam wirken kann. Vinaigrette wie bei einem Blattsalat, es taugt also nur das Beste, ein milder Apfelessig paßt gut, ein würziges, kaltgepreßtes Öl (perfekt wäre Senföl, vgl. dort). Natürlich schwarzer Pfeffer grob gemahlen oder gemörsert, Salz. Alles gut mit den Händen durchmischen und - ganz wichtig: mindestens 15 Minu-

ten ziehen lassen. Eventuell doch noch ein paar feine Gurken-streifen auflegen, nicht unterschmuggeln. Wer mag, setzt ein Fi-nish mit feingeschnittenem Schnittlauch.

***

Zander. Der räuberischer Hechtbarsch wird bis zu andert-halb Meter lang und 15 kg schwer. Seine vordere Rücken-flosse kann wegen ihrer stacheligen Spitzen noch im erleg-ten Zustande für Ärger sorgen: höllisch aufpassen beim Demontieren. Zweifellos gehört ein zwei oder drei Kilo schwerer Zander zum Edelsten, was man einer Tafel von vier bis sechs Fischfreunden servieren kann. Zander kön-nen aus Wildfängen (selten) oder aus der Zucht stammen, was heute wohl die Regel sein dürfte. Mit seinem hellen, grätenarmen Fleisch und einem Fettanteil von unter einem Prozent gilt der Zander als tatsächlicher Feinfisch; eine Einschätzung, die sich freilich auch im Preis niederschlägt. Filets kommen leicht auf 60-70 Mark je Kilo; ausgenom-mener, ganzer Fisch wird in Frankreich um die 30 Mark verkauft. Wer einen ganzen, frischen Zander möchte, muß bei einer der andernorts genannten Adressen vorbestellen (vgl. Stichwort 'Farmfische-Süßwasser').

Zu Recht gilt ein frischer Zander am Stück im Ofen zu-bereitet als Festgericht. Wie bei allen Fischen bringt Zube-reitung auf der Gräte aromatische Vorteile gegenüber der bequemeren Filetbraterei. Allerdings muß der Fischhaut durch Grill oder kurze, jähe Hitze eine Kruste überge-braten werden, weil - wie bei allen Fischen - erst der Kro-kanteffekt für jenes Aroma sorgt, das die Haut vom Abfall unterscheidet.

Filets sind in dieser Hinsicht anspruchsloser, man kann sie dünsten oder braten. Die in Frankreich übliche Kaschie-rung mit Blätterteig schadet dem feinen Fischaroma eben-so wie das weit verbreitete Ertränken in schweren, einfalls-

losen Tunken. Eine kurze Sauce ist die beste Lösung: den
Bratenfond mit etwas Olivenöl und Weißwein lösen, eventuell etwas Tomatenconcassé darunter ziehen, dito Kapern,
und ab.

Rhinau. 'Das' Zanderlokal im Elsaß: Au Bord du Rhin. Falls sich ein
paar Zanderfreunde zusammentun, wird der Räuber dort auch im
Ganzen serviert. Bisweilen schlägt ein überaus beachtenswertes
Kellneroriginal das Teil aus den Gräten, und zwar so behend, wie
man es wohl nur nach Jahrzehnten kann. Auch sonst reichlich Lokalkolorit - am konzentriertesten im vorderen, volkstümlichen Raum
mit dem Tresen. Im etwas ruhigeren hinteren Speiseraum werden
weitere Fischgerichte wie Matelote und Hecht serviert. Fische meist
gut, Beilagen allenfalls deftig, Fleischgerichte gänzlich unerheblich.
Als Gesamtereignis aber durchaus einen Besuch wert, allein schon
wegen besagtem Kellner, dessen Laune freilich gewaltigen Schwankungen ausgesetzt ist, sowohl tages- als auch jahreszeitlich. Tel.
0033-388 74 60 36. RT: Mo-abend und Di.

***

Ziegenkäse. Lange war die Ziegenkäseproduktion in Süd-
baden weniger verbreitet als im Elsaß. Mag sein, daß die
Ziegenhaltung noch immer ein wenig vom Vorurteil des
Ärmlichen, Einfachen begleitet wird (Lamm und Ziege =
Bahnwärterkuh). Schade, denn ein kundig produzierter
Ziegenkäse ist eine Spezialität und kein Arme-Leute-Essen.
Gereifter Ziegenkäse und kräftiger Rotwein bilden ein har-
monisches Gespann, was bei Kuhkäse viel seltener der Fall
ist. Frischer Ziegenkäse mit Olivenöl, gemörsertem Pfeffer,
eventuell Kräutern, liefert - im Verein mit Tomaten - einen
sommerlichen Terrassenimbiß und zudem eignet sich frischer Ziegenkäse ideal für gratinierte Happen. Bisweilen ist
zu hören, Ziegenkäse schmecke nach Bock, er 'geißele' etc.
Sofern der Käse aus einwandfreier - und das heißt in erster
Linie hygienisch sauberer - Produktion stammt, ein Irrtum. Nur wo unsauber gearbeitet wird, bekommt Ziegenkäse einen penetranten Beigeschmack. Alles eine Frage

von Sauberkeit und Kühlung, wie Karen Feucht vom Salzhof erklärte.

Der *Salzhof*, das sind die Diplom-Biologin und Senne-
rin Karen Feucht, der Forstwissenschaftler Michael Riperger, drei Kinder, eine Ziegenherde und 14 Hektar Land.
Der 300 Jahre alte Hof liegt zwar in sonniger Kalender-
blattlage über dem Dreisamtal, die Geschichten vom Salzhof passen aber eher in den wilden Westen: Ziegenkäserei
als harte Pionierarbeit. Mit zwölf Ziegen haben sie ange-
fangen. „Da waren natürlich wahnsinnige Gurken dabei",
erinnert sich Riperger. „Wald- und Wiesenziegen, keine
Herdbuchtiere". Entsprechend unbefriedigend war die
Milchleistung. „Wir haben ja gedacht, eine Ziege rennt raus
und frißt a bißle Gras." Der Forstwissenschaftler Riperger erkannte aber schnell, daß die Ziege „vom Äsungsver-
halten her" mit dem Reh verwandt ist, „ein Konzentratse-
lektierer", ein Feinschmecker.

Also wurden die Weiden gekalkt, auf daß die Kräuter-
vielfalt zunehme, Rassenziegen wurden angeschafft, damit
sich die genetische Basis und damit die Gesundheit der
Herde verbreitert, das Land mit Festkoppeln abgegrenzt,
eine Käseküche gebaut. Und Ziegen sind ja auch keine
Lämmer, Neulinge in der Herde werden gemobbt, eine Al-
pha-Ziege läuft geradeaus, auch über ihre Schwestern, die
am Boden liegen. Wenn die Ziegen entwurmt werden müssen, gelten für den Biolandbetrieb Salzhof doppelte Wartezeiten, zwölf statt sechs Tage darf dann keine Milch verwendet werden, macht sechs Tage Verdienstausfall mehr als
bei konventionellen Kollegen. Kunden kommen, kaufen
200 Gramm Käse und möchten eine Stunde unterhalten
werden, sie verwechseln Hofverkauf mit Hoftheater. Für
das zwanzig mal zwanzig Zentimeter große Schild, das unten an der Landstraße zum Salzhof weist, mußte ein Bau-
antrag gestellt werden, „mit rotem Punkt und so". Es ging
Monate.

„So zwei, dreimal waren wir am Scheidepunkt, sagt Ripberger und er meint damit wohl jene Momente, in denen die grundsätzlichen Fragen aufkommen: Ob der Mensch Ziegen melken oder doch Cabrio fahren sollte. Die Herde ist mittlerweile 50 Tiere stark und Karen Feucht produziert einen hochfeinen Käse, der überhaupt nichts von der böckeligen Penetranz hat, die Ziegenkäse bisweilen diskreditiert. „Ziegenkäse ist in der Herstellung eben viel kritischer als Kuhkäse." Karen Feuchts Einschätzung wird durch allerlei Erzeugnisse aus der Amateurliga stets aufs Neue bestätigt.

Der Salzhof produziert aber erstklassig. Fünf Prozent der Frischmilch wird gleich ab Hof verkauft (was Kunden mit Kuhmilchallergien schätzen), 40 Prozent werden pasteurisiert zu Ziegenfrischkäse verarbeitet, der Rest bleibt Rohmilch und reift länger. Eine Spezialität ist der Ziegenhartkäse: 6 Monate gelagerte, 5-7 Kilo schwere Laibe in der typischen, flachrunden Form von Bergkäse. Intensiv und aromatisch. Mit einem Dunkelroten aus dem Süden, allemal ein Grund, das Abendprogramm umzustellen.

Einkaufen

Lange war die kleine, feine Marktnische Ziegenkäse nicht besetzt. Seit wenigen Jahren gibt es im Freiburger Raum gleich zwei Ziegenkäsereien:

Dreisamtal/Stegen-Eschbach: Salzhof. Karen Feucht und Michael Ripberger, Tel. 07661-6 15 31. Die Beiden produzieren einen wunderbar rein schmeckenden Frischkäse aus pasteurisierter Milch: kein Geiseln, kein Böckeln. Außerdem die länger gereiften Sorten aus Rohmilch vom Typ Munster und Camembert, sowie halbfesten Schnittkäse und als seltene, nicht immer vorrätige Spezialität einen lange gereiften Hartkäse (aus 10 l Milch werden 700 g Käse - aber was für einer!). Der Käse vom Salzhof wird auch auf einer Reihe von Bauern- und Wochenmärkten angeboten, u.a. am 'Wälder'-Stand in FR-Wiehre, im Stühlinger, Herdern, Münstermarkt (am Stand vom Schwalbenhof/Bräunlingen). Bei Hofkauf vorher anrufen, Zufahrt ab Ortsende Eschbach beschildert.

Horben bei Freiburg: Ringlihof. Familie Rees, Katzental 3, Tel. 0761-2 95 83, Fax 2 90 71 90. Breites Angebot von Ziegenprodukten (Joghurt, Quark, Käse, eingelegter Käse, Milch; Wurst, Zickleinfleisch-nur von April-September). Mit einem eigenen, stattlichen Stand auch auf Märkten der Region: FR-Wiehre, Herdern, Littenweiler, Kirchzarten. Verkauf auch ab Hof: Di und Fr 15-18 Uhr.

F-Biederthal (Sundgau, nahe schweizer Grenze): Chèvrerie de la Grange - Etienne Fernex, 22, rue Principale, Tel. 0033-389 07 35 15. Ziegenkäse bester Qualität in breitestem Sortiment. Fernex bietet: ausgezeichneten Ziegenkäse (von März bis Dezember) unterschiedlichen Alters. Darunter auch die typischen französischen crottins: klein, fest, pikant, lange gereift. Dann natürlich Frischkäse (natur, klassisch in Holzkohle gerollt, auch mit Kräutern, Mohn, Paprika, sogar mit Algen!). Dazu aromatisch, aber ohne jene berüchtigte Penetranz, die mitunter bei Kleinerzeugern nervt. Fernexens Frischkäse schmecken reintönig, frisch-säuerlich. Verkauf direkt ab Hof, samstags auf dem Markt in Basel. Außerdem in den beiden gut sortierten Lebensmittelabteilungen der Basler Kaufhäuser Globus und Manor (vormals 'Rheinbrücke). Fernex spricht gut deutsch. Wer das Hofgut näher kennenlernen möchte: Tag der offenen Tür alljährlich am 1. Mai. Außerdem gibt es im Hof einen Bio-Laden (mit dem üblichen Öffnungsdrama: Mi- und Sa-nachmittag von 15-16.30 Uhr).

F-Nordheim (ca. 20 km westlich von Straßburg): Ferme-Auberge du Cabri, Tel. 0033-388 87 56 87, Fax: 388 87 61 65 (für Gruppen ist die Anmeldung obligatorisch, wie bei allen Fermen). Die Ferme ist kein romantisch versteckter Gruschtelhof in den Bergen, sondern ein höchst professionell geführter Betrieb im Vogesen-Vorland, der Milch und Fleisch einer immerhin 500 Ziegen starken Herde vermarktet. Dazu gehören drei helle, großzügige Gasträume mit zusammen 180 Plätzen, eine moderne Molkerei (Tageskapazität bis zu 1 500 Liter) und ein ebenso zeitgemäßer Reifekeller für den Käse und der gehört zum Feinsten. Breites Sortiment mit Frischkäse, Ziegenmilch, natürlich gereifter Ziegenkäse (auch als Tomme), außerdem frisches Zickleinfleisch und weitere typische Fermeprodukte wie Schinken, Speck, Ziegenkäse-Pasteten, Entenfilet. Ganzjährig geöffnet, Mittwoch - Sonntag, sowie an Feiertagen. Verkaufsstand auf dem Erzeugermarkt (Place Ch. de Rohan) in Straßburg.

Weitere Ziegenkäseanbieter siehe auch unter 'Käse'.

***

Zwiebelbett. Die ideale Ruhestätte für viele Gerichte, die zunächst *auf* dem Herd angebraten und dann *im* Herd fertiggeschmort werden. An Ausdruck gewinnt zum Beispiel eine auf dem Zwiebelbett fertiggeschmorte Kalbsbrust. Auch Haxen und alle großen Stücke am Knochen, wie Kotelette eignen sich für diese unterschätzte Garmethode. Das Gebettete gewinnt zusätzlich an Aroma, die fein geschnittenen Zwiebeln verschmurgeln mit der Zeit und mit dem Bratenfond, sie geben - fein passiert - eine sämige Sauce. Lauter Vorteile.

***

Zu meiden: Bunte Salatplatte mit Schinkenstreifen und Ei. Chefsalat. Cognacrahmsauce. Crevettencoktail. Degustationen. Dessertphantasien. Durchgehend warme Küche (alle Häuser, vor denen dieses Schild droht). Frühstücksbuffets. Gemüseplatte mit Ei. Gourmetmenüs. Hummerrahmsuppe. Italienische Woche. Lachstranche. Mandelsplitter. Kokosraspeln. Kotelettparade. Kräuterrahmsüpple, überhaupt jede Art von Süpple. Kräuterspätzle. Kunst im Gasthaus. Das Wort *lecker*. Nudelnest. Plexiglas-Pfeffermühlen. Preiselbeersahne. Putengeschnetzeltes. Riesengarnelen (unkorrekt, weil aus Zuchtbecken, die in den Regenwald planiert wurden). Sahnehäubchen. Salatbuffets. Salate mit Sprossenapplikation. Salatvariationen. Salzmühlen. Schlemmerpfännle. Schwarze Teller und die Steigerung davon: Puderzucker auf schwarzem Dessertteller. Seniorenteller. Sesammantel. Toast Montreaux (mit Schinken, Ananas und Senffrüchten - gesehen und nicht für gut befunden im Café König in Baden-Baden). Truthahnstreifen. Variationen von, an, in... Vegetarierteller. Vollkornnudeln. Weiße Salatsauce. Zander-Lachsroulade.

***

Wochenmärkte

Freiburger Wochenmarkt am Münsterplatz. Einer der größten Märkte im Südwesten - vor wunderschöner Kulisse. Wer auf das Portal des Freiburger Münsters schaut, hat zunächst die Wahl zwischen Bauern- und Erzeugermarkt auf der Nordseite und dem Händlermarkt auf der Südseite des Münsters. Diese Zweiteilung wird zwar nicht absolut eingehalten, an manchen Tagen sind auch auf der Südseite einzelne Erzeuger zu finden, die Trennung bietet dem Käufer aber eine wichtige erste Orientierung. Ab 1998/99 soll zudem eine striktere Marktregelung gelten: auf der Nordseite sollen dann nur selbsterzeugte Produkte angeboten werden. Ausnahmen soll es lediglich in der ertragsarmen Wintersaison geben, wo zusätzlich Handelsware angeboten werden kann.

Stände mit Waren aus kontrolliert, ökologischem Anbau liegen im oberen Teil des Nordseitenmarktes, also auf Höhe der Stadtbibliothek und noch darüber. Auf der Südseite überwiegen dann üppig dekorierte Händlerstände in ebensolcher Preislage. Von Kiwi über Mango bis zum vorzeitigen Spargel ist hier alles zu finden, was der Großmarkt

halt so hergibt. Dennoch, in seiner Gesamtheit ist der Freiburger Markt eine hervorragende Quelle für Qualitätswa-
re direkt vom Erzeuger. Wobei auch hier kritischer Augen-
schein unverzichtbar bleibt. Die Inflation der 'ungespritzt'-
Schildchen ist bemerkenswert. Auch der kaiserstühler Kar-
toffelbauer als solcher ist ein Mensch wie Du und ich. Er
verachtet die Lüge als Fremdleistung, schätzt sie aber als
Eigenleistung, und nennt sie dann Notlüge.

Das holprige Pflaster des Münsterplatz-Marktes hat zudem eine gesellschaftliche Funktion. Besonders am Sams-
tagvormittag nutzen erfolgreich berufstätige Paare das Ter-
rain zum kommunikativen Auslauf. Man parliert, guckt
und kauft. Hier ein Sträußchen, dort etwas Nettes fürs
Alessi-Pöttchen, zu guter Letzt noch einen derben Laib aus
dem Holzofen und ein paar Sonnenblumen für die Stand-
vase aus der Provence, kurz und ganz nett. Auf diese Weise
findet die Natur Einzug in die gepflegte Etagenwohnung
und somit wird diese wieder zum Feld, das bestellt sein
will. Aber das gehört jetzt nicht mehr zur Küchenkunde.

Bemerkenswert: Interessanteste Stände befinden sich konzentriert
auf der Nordseite des Marktes, in der oberen Hälfte, also etwa gegenüber der Stadtbibliothek: Dort diverse Bio-Anbieter, darunter
auch der sehr gut sortierte Stand des Vereins Lyerumiv mit Ziegen-,
Kuh- und Schafskäse und anderen guten Milchprodukten.

In diesem Bereich ebenfalls diverse Anbieter mit selbstgebackenen
Holzofenbroten, freilich nur an den Tagen vor dem Wochenende.
Das beste Holzofenbrot vom Markt gibt es am Stand des Vogtshofes
(Wildtal, Tel. 0761-54525) bei der ohnehin überaus netten Frau
Merz: ein wunderbar leichtes Mischbrot, nicht so derb und kom-
pakt wie oft bei anderen Bauernbroten. Außerdem am Stand: Wurst,
Eier, gute Landbutter und Quark aus Vollmilch. Nur Donnerstag und
Samstag.

Marktverpflegung: Grillwurst. Die traditionellen Anbieter befinden sich auf der Nordseite, direkt am Münster. Die Plazierung der
einzelnen Stände ändert sich nach einem rochierenden System, so
daß kein Stand in den Genuß eines andauernden Platzvorteils

kommt. Auch sonst unterliegt der Genuß der Wurst vom Münsterplatz einem strengen Reglement: Nur die lange Rote von den Vor-
mittagsständen der Nordseite gilt als Original. Montag bis Freitag
gibt es auch Nachmittagsstände, sowie Stände an der Südseite, aber
die bieten eben nicht die autochthone, die lange Rote. Auch die
kurze Rote, Kalbsbratwürste angezogen und nackt, sowie andere
Imbißwaren sind als Konzession an den ausleiernden Massenge-
schmack zu sehen. Die lange Rote wird - einfach geknickt - in ein
Wasserbrötchen eingelegt, das zuvor mit ein paar glasig gesottenen Zwiebeln parfümiert wurde. Die durch Knick halbierte Rote
kann auch im Gehen genossen werden, was bei einfacher Legart
nicht so leicht gelingt. Die ausladenden, senf- oder ketchupbe-
netzten Enden nehmen beim Gehen nämlich gerne Schwingung
auf, was im Markttreiben zu unerwünschten Effekten führt.

Absitzen: In und vor dem Heiliggeiststüble (Nordseite, neben der
Stadtbibliothek). Inmitten der traditionell mehr umsatz- als qualitätsorientierten Münsterplatzgastronomie eine löbliche Ausnahme.
Gute Weine der Heiliggeiststiftung (der das Gebäude gehört), ver-
nünftige Vesper, keine Plastikstühle im Freien, täglich wechselnder
Mittagstisch. Die Inneneinrichtung muß durch Alter und Gebrauch
noch an Würde gewinnen.

Marktzeiten: werktags von 7-13 Uhr, freitags und besonders samstags die meisten Stände.

Weitere Freibu ger Märkte (in Auswahl): Am alten **Wiehrebahn-
hof** (Urachstraße), Mi-nachmittag, Sa-vormittag. Sehr gutes Käseangebot von Ziege und Kuh, viele Ökoanbieter, korrespondieren-
de Kundschaft, dazu ein netter Cafébetrieb im alten Wiehre-Bahn-
hof, freilich ausgesprochen dunkelgrüner Habit. Neben dem Einkauf
ist die Veranstaltung in ihrer Gesamtheit auch zu Studienzwecken
geeignet. **Stühlinger**, Erzeugermarkt, Mi- und Sa-vormittag unter
der Stadtbahnbrücke beim Hauptbahnhof (gewöhnungsbedürftiges
Ambiente). **Herdern**, Fr-nachmittag, kleiner, idyllischer Erzeugermarkt um die Herdermer Kirche. Bauernmarkt in **Littenweiler**, Sa-
vormittag.

***

Basel, Wochenmarkt am Rathausplatz. Schon ein bißchen traurig, die ganze Sache. Bunt und nett arrangiert ist der Basler Markt, aber wie im Fernsehen: gerade bei perfekter Maske bleibt ein Unbehagen. Attraktives Layout, geringe Angebotstiefe, ganz überwiegend gängige Marktware, zu teuer angeboten. An despektierlichen Bemerkungen über den Basler Markt herrscht seit Jahr und Tag kein Mangel. Da war sogar einmal zu lesen, das händlerlastige, uniforme Angebot müsse endlich 'desterilisiert' werden - geändert hat sich seit Jahren nichts. Ein Schelm, der an eine beherrschende Stellung der Platzhirsche denkt. Basler Freunde kommentieren Auswahl und Preise mit der Bemerkung, sie gingen ohnehin nach Lörrach...

Lichtblicke sind: die Stände der Fachgeschäfte Glauser (Käse), Zoller, Sutter (Brot - besonders gelobt sei hier das dunkle Stangenbrot 'Paillasse' und vom - mittlerweile empfindlich teuren - Biobäck Andreas am Andreasplatz 14); zwei Stände mit Biogemüse (einer davon: Hoch-Reinhard aus Weil-Haltingen). Das Salatangebot ist - schon wegen der italienischen Sorten - für deutsche Augen überraschend üppig. Besonders im Sommer und Herbst interessant: das Pilzhüsli von P. Moos, Muttenz, frische Zucht- und Waldpilze. Samstags der Käsestand der Chèvrerie de la Grange aus Biederthal (siehe unter 'Ziegenkäse').

Markt im Sitzen: Großzügig und etwas aus der Zeit der Blick von oben, vom ersten Stock einer Institution namens Café Schießer: Café Crème, gepflegte Teilchen, salzige Schnittchen, weite Übersicht von den überaus beliebten Fenstertischchen und - eine diskret verschließbare Telefonkabine im Gastraum, Basel von seiner besten Seite. Im Erdgeschoß die sehr gute Confiserieabteilung (legendäre Kirsch-Amaretti!)

Marktzeiten: jeden Werktag 6-13.30; Mo, Mi, Fr bis 18.30 Uhr.

Andere Märkte: Neben dem Lebensmittelmarkt auf dem Marktplatz gibt es noch eine Reihe weiterer, regelmäßiger Märkte im Stadtgebiet Basels: So ist an jedem 2. und 4. Mittwoch im Monat auf dem Barfüßerplatz ein Trödel- und Flohmarkt. Jeden Do bieten am gleichen Platz verschiedene Marktfahrer Neuwaren und Kunsthandwerk an. Außerdem: Jeden Samstag auf dem Petersplatz bei der Universität (Bürgerspitalparking nur 2 Min. entfernt) von 8-16

Uhr ein großer Flohmarkt. Während der Basler Herbstmesse findet auf dem Petersplatz der 'Häfelimarkt' statt, einer der großen Krämermärkte in der Region.

***

Mulhouse, Markt am Canal Couvert. Ein großer Markt im Freien, dazu Stände in der Halle. Lage zwischen dem Quai de la Cloche und dem Boulevard du Président Wilson, auf dem überbauten, gedeckten Teil der Ill (deshalb: *canal couvert*). Mülhausens Markt gehört - vor allem am Samstag - zu den letzten authentischen und großen Märkten der Region. Kein Bussitreff, sondern eine lebhafte, überwiegend billige, vereinzelt auch hochwertige Einkaufsmöglichkeit. Bestückt mit Erzeugern, Händlern und auffallend versierten Marktschreiern. Wegen der Stände, die von Algeriern und Überseefranzosen beschickt werden, ist die Angebotspalette wesentlich breiter, exotischer als auf anderen Märkten in der Region.

Zur Orientierung: Es gibt drei Marktbereiche, mit unterschiedlichem Angebot. Im Freien zunächst eine große Fläche mit einem jahrmarktähnlichen Sortiment an Kleidern, Küchengeräten, Devotionalien und anderer Hardware. Qualität wird man hier nur in Ausnahmefällen finden, dafür immer wieder erstaunliche Entdeckungen, bis hin zum billigst kopierten Parfüm (das zuverlässig jede Liason beendet). Ebenfalls im Freien, aber auf dem Platz direkt vor der gedeckten Markthalle beginnt die Zone mit den Lebensmittelständen. Hier gibt es multikulturelles Obst und Gemüse in beeindruckender Fülle. Maghrebinische Händler mit frischen Gewürzkräutern, die nicht, wie hierzulande üblich, in homöopathischer Dosis, sondern bergeweise gestapelt sind. Darunter: Koriander, Minzen, Wermut und alles für den Lammeintopf. Außerdem Erzeugerstände aus den Vogesen und dem Sundgau, Fermeprodukte (besonders guter Münster und Bergkäse von der Ferme Christlesgut). Und immer wieder haldenweise provenzalisches Obst und Gemüse, wobei hier eindeutig Masse vor Qualität rangiert.

In der **Markthalle** dann die festen Stände. Gleich am Haupteingang der gute Holzofen-Brotstand von Dangel aus Bendorf im Sundgau:

das beste pain de campagne weit und breit - auch in Formaten für die Großfamilie oder für eine üppige Vespereinladung.

- An den Längsseiten rechts und links mehrere Orient-Metzgereien, darunter die Gebrüder Bouzana mit breitem Angebot an Lamm, Hammel und Schaf (mit und ohne Kopf) und als Extra wirklich gute Merguez (Harissa dazu gibt es auch gleich um die Ecke).

- Gleich daneben die Pferdemetzgerei von François Fillinger sowie - für Kalbsleberle-Freunde - die Triperie von Jacques Steyer.

- An der Stirnseite, gegenüber dem Haupteingang zwei (wechselnd gut) bestückte Fischstände mit frischen Seefisch-, Schalentier- und Muschelangebot. Nur wenig davon entfernt ein Biostand mit vorzüglichem Apfel- und Weinessig.

- Mehr in der Hallenmitte: die Stände fürs Grundsätzliche, vorzüglicher Couscous, offen in drei Körnungen, verschiedene Linsensorten, alle wichtigen Bohnensorten, darunter auch die getigerten und die großen Weißen.

- Ebenfalls in Hallenmitte der große Geflügelstand von Mme Robert Elchinger: Anders als in Deutschland, wo nur fertig ausgenommenes Geflügel zum Verkauf zugelassen ist, wird hier vollwertige Ware angeboten, was auch der Frische und ihrer Beurteilung zugute kommt (vgl. Stichwort 'Geflügel'). Vom Stubenküken über Hähnchen und Poularde bis zur Ente, dazu noch Wachteln, Perlhuhn, Tauben. Der Kopf bleibt dran, bis sich der Kunde entschieden hat.

Restaurant aux Halles - kernige Schenke an der linken Längsseite der Markthalle. Zur Beobachtung des Treibens bietet die Markthalle bereits längs des Restaurants Logenplätze. Die paar Tische, plaziert vor den eigentlichen Gasträumen erlauben Blicke auf Handel und Wandel, und drinnen ist erst recht tiefstes Frankreich: mit einem intensiven Duft aus schwarzem Tabak, Pommes und vin rouge. Über Mittag und nur an Markttagen werden drei einfache, aber erstaunlich solide gekochte und preiswerte Menüs (um 55 Francs) serviert.

Markzeiten & Anfahrt: Di, Do und Sa (dann mit Abstand am interessantesten und größten), jeweils bis gegen 13.30 Uhr. Freitagvormittag von 8-12 Uhr auch Fischverkauf in der Halle. Anfahrt am einfachsten über die A 36, Ausfahrt Mulhouse-Centre, zunächst Richtung Automobilmuseum, dann beschildert 'Canal Couvert'. Parkplätze sind ebenfalls ausgeschildert.

***

Mulhouse-Riedisheim, Wochenmarkt beim *Centre Culturel.* Noch ein Vorort von Mulhouse und wieder mit der Stadt verwachsen; vom Ortsbild her wirkt Riedisheim so zerfleddert und unorganisch wie manch andere Schlafsiedlung im Weichbild der Stadt. Ein Glanzpunkt ist aber der Wochenmarkt am Mittwoch: in schlichter Umgebung, ohne Romantik, ohne Markthalle und leider auch ohne die urgemütliche Eckbeiz nach dem Markt (Alternative: Chalampé, Restaurant Du Rhin - preiswerte und überdurchschnittlich gute Tagesmenüs - bis gegen 13 Uhr, RT Sa, So). Dennoch, ein Besuch lohnt auf alle Fälle, denn das Marktangebot ist gut:

Käse: Der an anderer Stelle gelobte Maître Fromager Bernard Antony aus Ferrette verkauft hier sein breites Käse-Assortiment ambulant vom Wagen aus (auch sehr gute offene Butter). Obacht: der zweite Käsewagen vom Maison Hilpipre aus Aspach Le Bas, der auch einen Stand auf dem Markt am Canal Couvert in Mulhouse hat, ist bei weitem nicht so gut!!

Pilze: Mme Falaize (an der Stirnseite, Richtung Stadthalle) aus Villé hat zur Saison ein ausgezeichnetes Frischpilzangebot: ab April herrliche Morcheln aus den Vogesen; im Herbst Girolles (Pfifferlinge), Pieds de mouton (Steinpilze) und frische Totentrompeten, die auch getrocknet ausgezeichnete Würzpilze abgeben. Rund ums Jahr selbst gezüchtete Champignons, Shiitaké und verschiedenerlei getrocknete Pilze. Donnerstags und samstags auch auf dem Markt in Colmar.

Munster und Bergkäse: Direkt daneben der kleine Käsestand der Ferme Christlesgut. Die Produkte vom Christlesgut werden auch auf dem Mulhouser Markt - vor der Markthalle, im Freien - angeboten.

Um die Ecke dann der bretonische Metzgermeister mit dem langen Schnurrbart und den knackigen Poulets - immer gut gelaunt. Seine Hähnchen lassen sich nicht so schnell grillen, wie sie verkauft werden.

Brot: Ausgezeichnetes Brot mit der wunderbarer Rinde vom Boulanger Anton aus Belfort (gleich neben dem Hähnchengrill). Gutes Baguette, pain paysan, auch Bio-Brot. In St. Louis ist er auf dem Samstagsmarkt zu finden, in Belfort hat er ein Ladengeschäft. Auf dem Markt in Belfort steht er nicht, da gibt es bereits sieben Bäkker…

Außerdem ständig ein gutes Angebot an schlachtfrischem Geflügel und Hausgeschlachtetem. Das Gemüseangebot ist - wie auf den meisten Märkten im Elsaß - nicht überzeugend.

Markzeit & Anfahrt: jeden Mi-Vormittag. Den Schildern 'centre culturel' folgen, Parkplätze an der Straße.

***

Colmar, Josephsmarkt. Großer Markt im Freien - auf dem Josephsplatz rund um die Josephskirche (jenseits der Eisenbahnlinie nordwestlich der Altstadt) - mit einem außergewöhnlich guten Angebot, auch an Geflügel, Wild, Käse, frischen Forellen, Pilzen und Brot. Eine Auswahl besonders interessanter Stände:

Käse: Der Käsewagen von Jacky Quesnot (siehe auch 'Käse') - westlich der Kirche: Hier geht es um Qualität im traditionellen Sinn. Der eine oder andere Käsehändler mag ein etwas breiteres Sortiment haben, wobei das von Jacky schon wahrlich üppig ist. Allein das Tableau mit -zig Sorten an Ziegen- und Schafskäse ist eine Augenweide. Natürlich ist die Schachtelware in den Hypermarchés am Stadtrand ein paar Francs billiger, aber was heißt das schon. Quesnot verkauft mit seinem Käse ja auch ein Einkaufswissen, wie es nur in Jahrzehnten entstehen kann. Kenntnis von Produktionsweise, Wissen um den Reifegrad. Käse ist ein Lebensmittel, das selbst lebt. Was für ein Vorteil, wenn sich ein Händler da noch um die Geschichte seiner Ware kümmert; wenn einer dann verkauft, wenn der Käse optimal schmeckt, und nicht dann, wenn er schnell weg muß. Quesnot mag seine Ware, man sieht es, man schmeckt es. Und es ist kein Zufall, daß Quesnot nicht allerlei Münsterkäse anbietet, sondern den eines kleinen Produzenten von nebenan, der Referenzqualität erzeugt: Patrick Chaize aus Orbey-Basses-Huttes (siehe unter 'Käse'); auch Chaize ist im übrigen mit einem kleinen Stand auf dem Markt, schräg gegenüber von Jacky (im Winter immer mit Pudelmütze). Außer seinem Munster verkauft er noch Bergkäse, Milch, Joghurt.

Links von Quesnot eine kleine Auswahl vom Bauernladen Le Cellier des Montagnes in Hachimette (der Laden liegt auf dem Weg zum Col du Bonhomme): guter Munster, Ziegenkäse, Butter und je nach Lust und Laune noch ein paar Eier und Yoghurt.

Brot: Bäcker Ley steht mit seinem rot-beigen Renault nicht weit vom Käsestand. Es gibt Kastenbrot direkt vom Kastenwagen und rundes Bauernbrot in zwei Größen. Drei Sorten Brot, sonst nichts. Kein Knusperlaible und keine Joggingweckle, zweifellos eine etwas andere Brotboutique. Leys Kunden gehen dem reduzierten Angebot zielstrebig entgegen, keine Zufallskäufer, sondern alte Bekannte. Eine Erweiterung des Sortiments würde eine solche Klientel eher verunsichern. Modische Applikationen wie aufgestreute Körner dürften zu erbosten Reaktionen führen. Leys Kundschaft kauft Brot, keine Scherzartikel.

Auf der Ostseite der Kirche ein Demeter-Brotstand mit ausgezeichnetem Dinkel- und Weizenbrot vom Holzbackofen: Turlupain (Luc et Muriel Reuiller, Orbey), Do auch auf dem Markt in der Markthalle in Colmar und auf dem Mulhouser Markt.

Ebenfalls auf der Ostseite der Kirche eine Adresse für **Geflügelfreunde**. Die Ferme der Familie Braun bietet ein breites Sortiment an frisch geschlachtetem Geflügel, das ausschließlich mit Mais, Erbsen und Weizen aufgezogen wurde, freilich drinnen und nicht als Freigänger. Im Angebot zunächst einmal das Haushuhn in aller Vielfalt, also Küken, Hähnchen, Hähne (Poussin, Poulet, Coq), wobei letzterer für fortgeschrittene Zungen allein schon wegen seines ausgeprägten Geschmacks ja immer einen Versuch wert ist. Ideal als wirkliches Festessen für vier bis sechs Personen. Außerdem bietet die Ferme frische Tauben (man nehme eine Maitaube pro Person und kombiniere mit den ersten frischen Erbsen), sowie Kaninchen, Perlhuhn und schließlich das Feinste von der Ente: Keulen, die Brust frisch, aber auch wunderbar mild geräuchert und Leberpastete. Unter der Woche wird auch direkt ab Ferme verkauft. Die liegt in Boesenbiesen, einem winzigen Weiler auf halbem Weg zwischen Sasbach und Sélestat. Eine Adresse, die sogar gegen den Schrecken des vergessenen Sonntagsbratens helfen kann. Die Brauns verkaufen - nach telefonischer Anmeldung - auch an Feiertagen direkt ab Hof (Tel. 0033-3 88 85 30 90).

Pilze: Gleich neben dem Geflügelstand beste Aussichten auf eine der feinsten Geflügelbeilagen: frische Champignons in viererlei Sorten, dazu - je nach Saison - frische Wild- und Zuchtpilze: Am Marktstand von Mme Falaize.

- Weil es schlicht undenkbar ist, aus Frankreich ohne ein ordentliches Baguette heimzukommen, sollte der Weg noch zur Bäckerei Maurice Koos führen. Der Laden liegt direkt beim Josephsmarkt, auf der Ostseite der Kirche, am Josephsplatz Nr. 5. Auch Flammkuchen

zum Mitnehmen, besonders lohnend aber wegen des qualitativ hervorragenden Brotangebotes: Helles in allen Formen und Kalibern.

Treffpunkt nach dem Markt: das gemütliche einfache Gasthaus
Peter, rue du Logelbach, am nördlichen Ende des Marktes auf der
rechten (Ost-)Seite der Kirche. Ein Gasthaus für unkomplizierte Trin-
ker, aber auch für gesellige Weltverbesserer. Samstagmittags nach
dem Markt sehr beliebt wegen der einfachen, sehr preiswerten
Menus, stimmige Atmosphäre.

Marktzeiten & Anfahrt: samstagmorgens bis ca. 12.30 Uhr - auf
dem Josephsplatz rund um die Josephskirche nordwestlich vom
Bahnhof, Richtung Ingersheim.

Am Donnerstag ist der Markt (ungefähr die gleiche Besetzung) in
der Altstadt, auf der **Place de l'Ancienne Douane**. Idyllisch im ehemaligen Gerberviertel Quartier des Tanneurs, dort auch eine Markthalle.

***

Straßburg, Marché des producteurs. Straßburg bietet zwei
große Märkte und einen kleinen, aber feinen Erzeugermarkt. Die Großen: *Marché am Quai Turckheim* (Mi, Fr)
und der *Marché am Boulevard de la Marne* (Di, Sa), beiden
Märkten mangelt es aber an Speziellem, das eine extra Anfahrt lohnen würde.

Anders dagegen der Erzeugermarkt: Auf einem kleinen,
idyllisch beschatteten Platz am Rand der Altstadt, zwischen dem erzbischöflichen Palais Rohan und einem
Bootsanleger der Ill, hat sich ein Markt etabliert, der durch
seine Qualität besticht. Sowohl bei den Anbietern als auch
bei der Kundschaft. Kein Marktschreier preist seine Ware,
es gibt nichts extra und keine Wurstzipfel umsonst. Die
knapp zwei Dutzend Anbieter möchten sich nicht übertö-
nen, sondern ergänzen. So bietet der *Marché des producteurs*
- obwohl nicht sonderlich groß - ein erstaunlich vielfältiges Angebot, ein Gesamtbild der heimischen Produktion.

Auffallend auch der fast schon familiäre Ton. Seit sieben
Jahren trifft man sich hier, zunächst war es ein kleiner Kreis

um den Essigproduzenten Wolfgang Höffgen, der den
Markt an der Place Rohan gegründet hat. Damals ging es
darum, jenen Erzeugern, die noch keinen festen Verkaufs-
platz gefunden hatten, eine Alternative zum mühsamen
Vagabundieren über verschiedene Märkte zu bieten. Nach
und nach wurde das Angebot optimiert und auf den heutigen Qualitätsstand gebracht. Der imponiert sogar den
Großnamen Straßburgs. So lobte Emile Jung vom Croco-
dile unlängst die „munter aussehenden Verkäufer" und die
freundliche Stimmung, die sich „gleich auf die Kundschaft
überträgt". Glückliche Fügung, daß ein paar Meter weiter
mit dem 'Strissel' gleich noch eine Marktkneipe wartet: in
Generationen gewachsene Weinstubenromantik, auch pas-
sable kleine Gerichte, solide belegte Sandwiches, frisches
Bier. Ideal zum Kräfte sammeln nach dem Einkauf.

In Straßburg läßt sich alles für ein ausgiebiges kulina-
risches Wochenende einkaufen. Deshalb keine Auswahl
einzelner Stände, sondern nur ein paar Aspekte zur Anregung:

Der Erzeugermarkt bietet wohlsortierte Stände mit Kräutern und
Tees, mit selbstproduziertem **Essig, Senf und Saucen** (Wolfgang
Höffgen, vgl. unter 'Essig'), zwei große **Geflügelstände.** Am Stand
der Ferme Auberge Le Kreuzweg gibt es Delikates von der **Ente**,
von der Leberpastete bis zur Rillette, gegenüber Käsestände. Unten an der Ill dann besagter, zunächst eher unscheinbar wirkende,
Brotstand mit wunderbaren, runden Weißbrotlaiben. Dazwischen
Anbieter mit verlockend gefüllten Pasteten und natürlich auch Obst,
Gemüse und Pilze. Immer wieder fällt die Qualität der Produkte auf,
ein Teil der Erzeuger produziert 'biologic', aber auch die konventionellen Anbieter setzen auf Klasse statt Masse. Also keine Obst-
und Gemüsetürme, sondern frische Ware aus erster Hand.

Schnecken: Die Ferme Kochersberg bietet selbst gezogene Schnek-
ken in jedweder genießbaren Form: à l'alsacienne fertig zubereitet
in eigenem Haus, aber auch ohne Eigenheim, als Konserve, als Terrine und Quiche, als Baeckeoffe und Pot au feu, selbst als Gugel-
hupf. Wie bei manchen Anbietern auch liegen hier Zettel aus, die
über mögliche Einkaufs- und Einkehrzeiten direkt auf der Ferme informieren. So kann der Marktbesuch in Straßburg zugleich zu ei-

ner Informationsquelle für die nächsten Ferme Auberge-Ausflüge werden.

Ziegenkäse: Ferme Auberge du Cabri, am Stand sind die vorzüglichen Produkte der fast 500 Ziegen großen Herde zu kaufen, sie werden unter dem Namen 'Sonnenberg' vermarktet. Auch auf der Ferme bei Nordheim kann man sich davon servieren lassen. Wobei dort nicht die übliche Ferme-Romantik mit tiefer Balkendecke und honiggelbem Fliegenpapier wartet, sondern ein professionell geführter Betrieb mit blitzblanker Käserei und hellen, großzügigen Gasträumen.

Marché des producteurs, Straßburg: am Château Rohan, Sa 8-12.30 Uhr. (Parkhäuser: Austerlitz, Gutenberg). Gasthaus Zum Strissel, 5 pl. grande Boucherie (ca. 100 Meter westlich vom Markt).

Erzeuger mit Ferme Auberge: Ferme Héliciole du Kochersberg, Mittelhausen (20 km nordwestl. Straßburg), Tel. 0033-388514033. Ferme Auberge du Cabri, Nordheim (20 km westl. Straßburg), Tel. 0033-388875687. Ferme Auberge Le Kreuzweg, Le Hohwald (auf 760 m Höhe in den Vogesen, zwischen Colmar und Straßburg, westl. Barr), Tel. 0033-388083500. Alle Stände, die zu einer Ferme-Auberge gehören, legen Informationszettel aus, die über das Angebot und die Öffnungszeiten der korrespondierenden Ferme informieren.

***

Belfort, Marché Couvert. Der Markt in Belfort wirkt schon von außen imposant. Die Markthalle ist eine imposante Gußeisenkonstruktion aus der Jahrhundertwende, mittlerweile freilich umringt mit einer Anhäufung von gräulich-greulichen Hotel- und Kongreßbauten. Aber um so stärker wirkt der Kontrast zum bahnhofshallengroßen Meisterwerk aus Guß. Die Halle (Konstruktion Schwarz & Meurer, Paris) erinnert auch daran, welch überzeugende Lösungen durch den konsequenten Einsatz von nur zwei Baumaterialien zu erreichen sind. Allein mit Eisenträgern und Drahtglaselementen wurde hier ein Raum geschaffen, der seit hundert Jahren als Treffpunkt und Handelsplatz funktioniert. Für Kaninchenzüchter, muselmanische Metz-

ger (gute Merguez, Kilo 40 Francs), für eine Sennerei, die
Morbier, Comté und Raclettekäse direkt anbietet. Dazu
erstklassiges Frischgeflügel in riesiger Auswahl und Spezialitäten von Entenleber bis hin zu den frankreichweit bekannten *Morteau*-Würsten aus dem französischen Jura (ein
Traditionsprodukt mit A.O.C.-Status, vgl. 'Ausflug' unten). Im Angebot ist die gesamte Palette marktgängiger
Ware, wobei das Sortiment - im Vergleich zum beliebten
Markt in Mulhouse - etwas weniger üppig wirkt, in vielen
Bereichen aber qualitätvoller ist. Der Markt in Belfort
lohnt auch mal eine längere Anfahrt. Nicht zuletzt wegen
der zahlreichen Picknickmöglichkeiten an der Doubs ein
reizvolles Motiv für einen Samstagsausflug (vgl. auch die
nächsten Seiten).

Marktzeiten: Mi, Fr und am meisten Anbieter Sa von 7.30-12.30
Uhr. Anfahrt von Norden: Zunächst Richtung Zentrum, dann den
Schildern 'Novotel' folgen. Reichlich Parkplätze vor der Markthalle.

***

Ausflug ins französische Jura: Provinz von ihrer besten
Seite, anregend weite Landschaft, nirgendwo Gedrängel,
immer wieder kommt die Doubs, mal als Schlucht, mal
träge im weiten Tal. Dazu Dörfer und Provinzstädte wie
aus Velo-Solex-Zeiten: Zum Beispiel **Morteau** (7000 Ew.;
770 m). Die Hauptstadt der gleichnamigen, landesweit ge-
rühmten A.O.C.-Würste, womit wir schon wieder beim
Thema wären: In die Wurst kommt nur Schweinefleisch
von Tieren der Franche-Comté, leicht über Tannenholz-
spänen geräuchert, gereift in Lagen um 600 Meter. (Man
läßt die Würste 30 min. in siedendem Wasser ziehen, sie
passen warm zu Sauerkraut, oder wieder erkaltet zum Vesper). Die *Saucisses de Morteau* hängen in jeder, der ohnehin auffallend gut sortierten Metzgereien, dazu wunderbarer Schinken, Salami und andere Dauerwürste. Die
Wurst gehört zur Landschaft wie der berühmte Comté-

Käse (zahlreiche Käsereien in der Region um Morteau).

Und in Morteau selbst gibt es einen Laden, der praktisch alle regionalen Jura-Spezialitäten gebündelt anbietet, nicht als nett dekorierte Touristenware, sondern in wirklich allerbester Qualität. Das Geschäft im Ort - das schönste weit und breit - lohnt eigentlich schon die Fahrt nach Morteau. Im Angebot neben den regionalen Wurstsorten, auch Schinken, Honig und alle Käsesorten des Jura - alles zu kundenfreundlichen Preisen; auf Wunsch kann man sich den Einkauf auch gleich portionsweise vakuumieren und einschweißen lassen (sous vide), so daß der Vorrat eine Zeit lang hält.

Etappen an der Doubs

Morteau: Fruitière G. Rième (30, grand rue; direkt am großen Platz im höhergelegenen Teil der Stadt, Öffnungszeiten: Mo 15-19 Uhr, Di-Sa 8-12.30/14-19 Uhr, gleich daneben eine Metzgerei, am Platz das Rathaus, an der Rückfront die Touristeninformation).

Zur **Einkehr**, zum einfach nur Sitzen und Schauen ein Vorschlag für Nostalgiker: **Hotel Guimbarde. Ein alter Postgasthof, mitten im Ort an der Place Carnot gelegen. Klassisches Provinzhotel mit Bar, gepflegtem Speiseraum und großzügiger Terrasse, ein stattliches Haus, teilweise noch aus dem Spätbiedermeier möbliert. Ordentliche Küche, wunderbar provinzielle Stimmung. Unbedingt anschauen: Der Gesellschafts- und Fernsehsaal im ersten Stock - ein Relikt aus zappingfreier Zeit. Tel. 0033-381671412, Fax 3816764827 (Gegenüber des Hotels wieder ein ausgezeichneter Metzger und Traiteur).

- Von **Morteau** aus würde sich eine wunderschöne Radrundfahrt anbieten: Auf Nebenstraßen - ohne gemeine Steigungen - nach **Pontarlier**, der ehemaligen Hochburg des Absinths, wo heute in der Distillerie von Armand Guy ein überaus feiner, ungezuckerter Anisaperitiv gebrannt wird (nicht nur, sondern auch Liköre und Obstbrände; anregender Fabrikverkauf, der ganze Hof duftet nach Anis; Di-Fr 8-12 und 14-18 Uhr). Zurück dann auf der D-437, über weite Abschnitte direkt am Lauf der jungen Doubs. Mehr wird nicht verraten. Über den französischen Jura gibt es ab Frühjahr '99 im Oase Verlag ein eigenes Buch!

Von Belfort in Richtung Besançon - Picknick an der Doubs: Lauschige Plätze zum Ausrollen der Decke finden sich auch nahe Belfort, besonders am unregulierten Flußlauf in der Region westlich von L'Isle sur le Doubs (Autobahnausfahrt), also noch westlich von Montbéliard in Richtung Besançon. Nicht auf der Nationalstraße N 83 bleiben, die größtenteils reizlos nahe dem Nordufer entlang führt, sondern auf die kleinen Departementstraßen, die sich am Südufer entlang ziehen. Diese führen immer wieder nahe an den Fluß und folgen ihm über längere Passagen, sehr schön auch als gemütlich dahinrollende Fahrradtour.

„Sind die Messer scharf geschliffen
und gewiß auch ohne Rost?"
Otto Nebelthau, Vom heiteren Kochen, 1936

Küchenwerkzeug

Aufschnittmaschine. Eine gute Aufschnittmaschine ist etwas anderes als der billige Brothobel, der in den meisten Haushalten rumsteht. Gute Aufschnittmaschinen können nicht billig sein, weil sie mechanischen Ansprüchen genügen müssen: Schnitthaltigkeit und Größe des Messers, feine Justierbarkeit der Schnittdicke, geringes Spiel der bewegten Teile und solide Gesamtkonstruktion (Metall statt Kunststoff) sind wichtige Kriterien bei der Auswahl. Ab 500 Mark gibt es akzeptable Modelle (zum Beispiel von der Firma Graef), ab 1 000 Mark nähert man sich dem Profibereich. Puristen gehen in Italien auf die Suche nach einer ausrangierten, dunkelrot lackierten Schönheit, mit handgetriebenem Schwungrad. Prachtstücke, die früher zur Grundausstattung eines Alimentari gehörten, aber nun auch dort von elektrischen Modellen verdrängt werden.

Gleich, ob mit Hand oder elektrisch angetrieben, wer sich einmal an eine, an 'seine' Maschine gewöhnt hat und mit ihr umzugehen weiß, will das Teil nicht mehr missen. Vom Rohschinken über Salami und Bündnerfleisch, all die runtergesäbelten Köstlichkeiten können plötzlich wie ein feiner Hauch (dünn wie Schmetterlingsflügel) serviert werden. Carpaccio gelingt wie bei Giovanni, Entenbrust

schneiden ist kein Problem, selbst jahrealter Hartkäse
kommt zart wie ein Rosenblatt raus. Blickdichte Strümp-
fe sind problematisch genug, blickdichter Rohschinken ist
ein Unding und sowas kommt nun nicht mehr auf den
Tisch.

Die Firma Graef produziert ein breites Gerätesortiment, ganz überwiegend in solider und zugleich formschöner Ausführung. So ist eine
kleine Graef im Preis nicht teurer als eine Mikrowelle, in ihrer Wirkung auf eine kultivierte Küche aber ungleich nützlicher. Standfe-
ste, solide Modelle um 1000 Mark mit Messergrößen über 200 mm
Durchmesser werden praktisch nur noch im Gastro-Fachhandel angeboten (in Freiburg z.B.: Schafferer, Tullastraße). Ausnahme: Manufaktum bietet einfache Modelle von Graef und Ritter (beide hand-
betrieben) und zwei elektrische Modelle von Graef (600 bis 1000
Mark). Manufaktum, Waltrop, Katalog Tel. 02309-93 90 50.

***

Alufolie. Wenn etwas in Massen auf dem Markt kommt,
wird sein wahrer Wert oft verkannt. Da geht es der Alufolie nicht anders als der Kartoffel. Hätten die Küchenmeister von früher Alufolie gekannt, wäre manches Rezept anders geschrieben worden. Mit Alufolie wird das Schmoren
im eigenen Saft - seit jeher eine der besten unter den sanf-
ten Garmethoden - zum Kinderspiel. Früher mußte man
sich mit gebuttertem Pergamentpapier behelfen, weiter im
Süden mit zentimeterdicken Salzkrusten, um einen ver-
gleichbaren Effekt zu erzielen. Heute geht das viel einfacher (ökologische Einwände sind bekannt, zum Ausgleich
fahren wir einmal weniger in den Europapark, das spart
soviel Energie wie 100 Rollen Alufolie).

In Folie gelingt vor allem das Garen großer, ganzer Fische ohne jedes Risiko. Fisch vorbereiten wie immer, dann
außen und innen mit Salz, Olivenöl und etwas Zitrone
einmassieren, in den hohlen Bauch ein Sträußchen Kräuter legen (Rosmarin, Thymian), Folie durch Verzwirbeln
sorgfältig schließen. Wichtig dabei: Die glänzende Seite

muß nach innen zum Fisch zeigen, sonst verlängert sich die Garzeit wegen Reflektion der Wärme. Bei einer stattlichen Dorade für zwei Personen reichen Garzeiten von ca. 20 Minuten um 180 Grad, zu lange Zeit im Ofen verzeiht die Folie aber so gnädig wie keine andere Garmethode. Schon der konzentrierte Duft nach dem Öffnen der Folie ist Beweis für die Überlegenheit der Methode. Zudem gestattet Alufolie die Zubereitung eines Fischmenüs auch in fensterlosen Einzimmerwohnungen.

***

Edelstahlfaß. Freunde eines sauberen, ungeschönten Tropfens haben immer öfter ihr eigenes Faß im Keller stehen. Das Problem: nur bei restlos vollem Faß und kühlem Keller bleiben Wein oder auch Most frisch und lange haltbar. Bei herkömmlichen Fässern, gleich ob aus Metall, Kunststoff oder Holz, ist es unvermeidlich, daß mit dem portionsweisen Abzapfen des Getränks über den Gärspund mehr und mehr Luft ins Faß kommt. Steigt dann im Frühjahr auch noch die Temperatur im Keller, ist es irgendwann soweit: Der anfangs so frisch-fruchtige Faßwein bekommt durch den unvermeidlichen Luftzutritt beim Zapfen eine oxydative Note, er schmeckt schal und muffig - eben der typische Luftgeschmack.

Das bislang übliche und häufig exzessiv praktizierte Nachschwefeln hemmt den unseligen Oxydationsprozeß zwar. Die hohen Schwefelwerte mancher Faßweine erklären freilich auch deren desaströse Wirkung, die oft erst am Morgen danach als Schädelspalter auftritt. Dennoch gibt es noch immer Weintrinker und Wirte, die Luft- und Schwefeltöne als „typischen Faßweingeschmack" preisen, aber das sind Unverbesserliche. Ebenso wie jene, die im Faßwein grundsätzlich ein besonders natürliches, unverfälschtes Produkt sehen. Kann sein, muß nicht. (Aushang in einem markgräfler Gasthaus: „Achtung! Über Fasnacht ist der Faßwein besser als sonst.") Es bleibt dabei: Luft schadet dem Wein, deshalb schmeckt die angebrochene Flasche vom Vortag oft nur noch wie ein müder Abklatsch vom ursprünglichen Genuß. Bisher war beim häuslichen Faßweinzapfen das mühsame Umfüllen in immer kleinere Gebinde - neben dem leidigen Nachschwefeln - die einzige Methode zum Erhalt der Frische.

Dank einer ebenso einfachen wie effektiven Lösung erhält der Sauerstoff in die Fässer der schwäbischen Tankbau-Firma *Speidel* keinen Zutritt, auch nicht bei laufendem Abzapfen. Die zylindrische Edelstahltanks namens 'Saftquell' sind mit einem beweglichen Schwimmdeckel ausgerüstet, der sich dem Tankinhalt flexibel anpaßt. Der Deckel liegt direkt auf dem Getränk und folgt beim Zapfen dem absinkenden Pegelstand bis runter auf den Faßboden. Der kleine Zwischenraum zwischen Deckelrand und Faßwand wird mit Vaselinöl abgedichtet. Das absolut reine Öl dient dabei als Schutzfilm gegen den Luftsauerstoff, eine Vermischung mit dem Getränk ist ausgeschlossen. Saftquell-Fässer gibt es in den haushaltsfreundlichen Größen von 65, 110 und 170 Liter Inhalt, sie werden komplett mit Staubdeckel, Schwimmdeckel, Zapfhahn und Vaselinöl geliefert. So lassen sich mit wenig Aufwand und viel weniger Schwefelzugabe als bislang üblich Wein und Most (auch Säfte) monatelang ohne Qualitätsverlust frisch halten.

Speidel-Fässer können über den Kellereibedarf (Gelbe Seiten) bezogen werden. Preis je nach Größe zwischen 317 und 455 Mark, zuzügl. MwSt. Infoblatt auch direkt bei Speidel, Tübinger Str. 14, 72131 Ofterdingen. Tel. 07473-94620. Als Zubehör ist ein Tauchsieder lieferbar. Er dient der Herstellung heißsteriler Obstsäfte, die im Saftquell-Faß ohne Konservierungszusatz monatelang gelagert werden können.

***

Elektrische Espressoautomaten, wie sie in den meisten Haushaltswarengeschäften mittlerweile für ein paar hundert Mark angeboten werden, taugen so gut wie alle nichts. Außerdem gibt es anderes Lifestyle-Zubehör, das preiswerter ist und die Ahnungslosigkeit des Schaustellers nicht ganz so schnell offenbart (z.B. Dualith-Toaster).

Billigmaschinen gaukeln dem Käufer vor, Espresso ließe sich im Handumdrehen so nebenher gewinnen. Ein fataler Irrtum, denn für einen guten Espresso muß einiges zusammenkommen: Maschine, Mühle, Wasser und Kaffeesorte müssen zueinander passen, jemand muß die Maschine kennen und vorgewärmte, dicke Tassen braucht es auch noch, sonst wird das alles nichts. Fazit: zunächst sollte man prüfen, ob das Thema wirklich von dauerhaftem Interesse ist, ansonsten gilt: Finger weg und weiter mit der Krönung leben. Unter 1 500 Mark ist auch heute noch keine rechte Maschine zu bekommen. Profi-Einstiegsgeräte kosten leicht das Doppelte, verbraten ziemlich viel Strom, machen aber richtig Freude und lösen gegenüber den dünnen Schaumwässerchen aus der Einbauküche verschärftes Mitleid aus. Profigeräte, besonders Rückgaben oder Sicherstellungen aus Gastronomie und Gewerbe, sind zudem häufig mit großem Nachlaß zu bekommen.

Im Falle aufrichtigen Interesses ist die ausführliche Beratung bei einem vertrauenswürdigen Händler zunächst einmal das Wichtigste. Mit ihm sollte man Tagesbedarf und Maschinenleistung, finanzielle Möglichkeiten und ästhetische Ansprüche in Einklang bringen, um zu einer wirklich befriedigenden Lösung zu gelangen. Nochmals: Mit 298 Mark-Kompromissen kann man eigentlich nur schlecht aussehen.

Freiburg-Schallstadt: Koch Kaffeemaschinen, Gewerbestraße 12, Schallstadt, Tel. 07664-80 64. Eigentlich ein Gastronomielieferant, aber auch zu Kleinkunden aufrichtig und seriös, sofern sie ernsthaftes Interesse zeigen. Kompetente, eigene Werkstatt, auch Gebrauchtgeräte und Rücknahmen.

Baden-Baden: La Cultura del Caffè, Merkurstraße 6, Tel. 07221-2 22 60. Geräte- und Zubehörverkauf (u.a. wunderschöne Vibiemme-Maschinen), mit kleinem Stehausschank. In eintägigen Seminaren werden die Feinheiten der Espressobereitung erläutert (Details vgl. im Lexikonteil unter Espresso).

Basel: Jura Espresso-/Kaffeemaschinen. Breite Auswahl: vom Klassiker im Metallgewand bis zur Profimaschine 'Impressa Evolution' (von 500 bis 2100 Franken). Verkauf in Basel - z.T. auch verbilligte Vorführmaschinen und Ausstellungsstücke: Justin Unternährer AG, Hegenheimerstrasse 97, Tel. 0041-382 72 72, Fax 382 72 78.

Ausflug an den Lago Maggiore

Vom Westufer des Lago Maggiore Richtung Omegna: **Faema**-Fabrikverkauf (Fa. Alfonso Bialetti) in Crusinallo - Via IV Novembre 106. Der Laden liegt an der turbulenten Hauptstraße, schräg gegenüber dem hohen Fabrikgebäude der Firma Bialetti. Täglich von 9.30-12.30, 15.30-19 Uhr. Offen auch zur Ferienzeit im August. Der Verkaufsladen (punta vendita) ist an einem Schild mit rotem Punkt zu erkennen, es besteht kaum Parkmöglichkeit im Innenhof, deshalb gleich an der Hauptstraße parken. Im Angebot sind fabrikneue Espresso-Maschinen der bekannten Firma Faema (von der einfachen, aber funktionalen Eintasse-Kaffeemaschine Erika bis zur professionellen Cafeteria-Version). Neue Maschinen mit 15 -20% Rabatt. Eine kleine Espressomaschine mit integrierter Mühle gibt es ab DM 350.

***

Geschirr. Die Liga gegen schwarze Teller läßt ausrichten: Eckige Teller gehen auch nicht, desgleichen tabu sind alle Teller mit Mustern, die auch als Bildschirmschoner durchgingen. Die Liga gegen schwarze Teller ist der Meinung, daß Geschirr eine funktional, dienende Funktion den Speisen gegenüber einzunehmen hat. Geschirr taugt demnach weder der Selbstverwirklichung bizarrer Künstlerphantasien, noch der Rechtfertigung überhöhter Preisvorstellungen. Deshalb sei Weiß die Farbe des Tellers, wobei eine schmal umlaufende Randverzierung durchaus denkbar ist.

Basel: Küchenfenster, Rheingasse 23, Tel. 0041-61-6814074. Schöne Auswahl an weißem Porzellangeschirr (italienische Art).

Strasbourg: La Porcelaine blanche - rue du vieux Marché aux poissons, 30. Ein außergewöhnlich großes Angebot an schlichtem, teils etwas verspielten Porzellan aus Limoges.

Italien: Porzellan-Geschirr (die dicke, wärmespeichernde und schier unzerbrechliche weiße Trattoria-Qualität) gibt's in den meisten Porzellan-Geschäften, die Standardmodelle sind oft nicht im Verkaufsraum ausgestellt, sondern im Lager gestapelt. Man frage deshalb nach „Porcellane piatti doppio spessore" (z.B. der Marke: vecchia Verbano, Santo Claro, oder…).

Eine Quelle unter vielen z.B. an der Lago Maggiore-Ostküste, in Laveno-Mombello, das Porzellangeschäft Formenti (in der Via Labiena, der Haupteinkaufsstraße von Laveno).

Siehe auch weiter unten, unter 'Küchenläden'.

***

Käsehobel. Oft sind es ja die kleinen Dinge, die richtig Freude machen. Der *Schweizer Käsehobel* ist so ein gute Laune-Teil. Eine kleine Hobelbank aus Buchenholz mit einer verstellbaren Klinge in der Mitte, solide und denkbar einfach im Gebrauch. Seine verblüffende Wirkung entfaltet der Käsehobel aber erst in Verbindung mit dem richtigen Käse. Für die spanabhebende Technik im Bereich unter einem Millimeter - und allein um die geht es hier - eignen sich nur sehr feste und trockene Hartkäse. Beispielsweise die schweizer Variante des Parmesan, der *Sbrinz*. In vielen schweizer Käsegeschäften werden Hobel (in drei Größen) mit dem passenden Sbrinz angeboten. In Spänchen, luftig und zart wie Blütenblätter gehobelt, verwandelt sich ein harter Brocken wie der Sbrinz plötzlich in einen charmanten Begleiter, rasch verfügbar und zu allen Gelegenheiten passend. Vom Frühstück bis zum letzten Wein, bei plötzlichem Gästeeinfall oder faden Programm, ein Tellerchen mit Hobelkäse stimmt versöhnlich.

Basel-Riehen: Au Bon Fromage, Chäs-Märt (ehemals MIBA, Milch-zentrale) in der Fußgängerzone, gegenüber Migros. Öffnungszei-ten: Mo-Fr 7.30-12.30 Uhr, 14-18.30, Sa 7.30-17 Uhr. Tel. 0041-61- 64 11 25 6, ein Hobel mittlerer Größe kostet 28 Sfr. Erhältlich auch in anderen Käseläden in Basel, z.B. Glauser, Spalenberg.

***

Küchenläden

Freiburg: Schafferer. Gastronomiefachhandel, breite Auswahl an Profi-Geräten und Zubehör alles großzügig präsentiert in einem SB-Bereich. Der Einkauf im Laden Tullastraße ist eigentlich Gewerbe-treibenden vorbehalten. Aber ein Gewerbe treiben wir ja alle, oder ? Einmalkunden werden bisweilen etwas harzig bedient. Tullastraße 80, Tel. 0761-51 43 10. Das Haushaltwarengeschäft von Schafferer (mit mehr Stücken im netten Brigitte-Dekor) liegt in der Kaiser-Jo-sephstraße.

Basel: Küchenfenster. Große und qualitätsorientierte Auswahl an professionellen Arbeitsgeräten, Pfannen, Töpfe, weißes Geschirr, Spezialitäten. Solide Ware jenseits von trendigem Tand und über-teuertem Nippes, ganz überwiegend bewährtes Gerät und wichti-ge Klassiker. Eben lauter Dinge, mit denen die Küche noch mehr Spaß bringt. Es fällt leicht, sich hier zu verlieren. Madeleine Ram-seyer-Grüter, Rheingasse 23, Tel. 061-681 40 74.

La Cucina, Küchengeschäft nahe Spalenberg, Gerbergässlein 14.

F-Mittelwihr: Holtzer. Bergeweise Geschirr im großen Ladenge-schäft: Verspieltes Steingut mit elsässischem Weinstubendekor - für nüchterne Ästheten auch reichlich klassisch, weißes Porzellan. Au-ßerdem im Angebot: die allüberall Riesling-Gläser mit dem grünen Stil, das 6-er Schneckenpfännchen für den Traditionalgenießer, al-lerlei Menagen und die guten, alten schwarzen Gußeisenpfannen - Garantie für knusprige Bratkartoffeln! Das Ganze türmt sich un-übersichtlich, aber nicht ohne Charme in zwei Verkaufsräumen; eine Art Fabrikverkauf und deshalb außergewöhnlich günstig. Öffnungs-zeiten beachten: Mo 14-19; Di, Mi, Do, Fr 10-12, 14-19 Uhr; Sa 10-12, 14-17 Uhr.

F-Mulhouse: Das Kaufhaus Globe, 27-31 rue du Sauvage (Fußgän-gerzone), hat eine auffallend gut sortierte Haushaltsabteilung: es gibt u.v.a. gute, schwere Gußeisen-Pfannen, unerreicht zum verschärften Anbraten; außerdem Töpfe und Tiegel der französischen Firmen Cuisance und Le Creuset, die ebenfalls zu den klassischen Instrumenten höherer Hitzebehandlung zählen, zudem eine Auswahl der Nobelmarken Spring (CH) und Alessi (I). Auch schöne Messer und Besteck (z.B. von Claude Dozorme, aus Laguiole), Pfeffermühlen mit dem ausgezeichneten Mahlwerk der Firma Peugeot! Öffnungszeiten: Mo 14-18.45 Uhr, Di-Sa 9-18 Uhr.

Ausflug nach Italien - vom Westufer des Lago Maggiore Richtung Omegna Crusinallo: **Alessi.** Großer, moderner Verkaufsraum direkt bei der Firma. Praktisch das ganze Sortiment wird geboten, gleich vorne ist auf zwei langen Tischen das konventionelle Edelstahl-Alessi Angebot aufgebaut: Brotkörbe, Butterdosen, Salzstreuer, Wurst- und Käseplatten in allen Größen etc. (Fabrikpreise: 20-30 % Rabatt, erste und zweite Wahl mit winzigen Fehler - auf die unterschiedlichen Farben der Preisschilder achten.) In den Wandvitrinen und auf den Tischen weiter hinten dann die ausgefallenen, bisweilen auch eher kuriosen Artikel, darunter Alessi-Starck-Produkte: vom schrillen Kaffee-Service bis zum Wasserkessel 'Michael Gaves'. Adresse: Alessi, Omegna Crusinallo, via Privata Alessi (vom Lago Maggiore kommend von der Via IV. Novembre noch vor dem Punto Vendita Bialetti (s.o.) rechts abbiegen - kleines Alessi-Schild). Mo geschl., sonst tägl. 9-13, 14-19 Uhr. Zur Urlaubszeit sehr viel Betrieb.

***

Kupfertöpfe sind die Rennräder unter dem Herdgeschirr. Kein Material leitet die Wärme so gut, reagiert so direkt auf Veränderungen der Flamme und aus keinem anderen Metall läßt sich so schönes und dauerhaftes Geschirr formen. Wie die Rennmaschine fordert das Kupfer aber auch Sensibilität und etwas mehr Pflege als Standardmaterial. Für die Zubereitung von Miracoli, auch zum Eierkochen ist Kupfergeschirr zudem entbehrlich. In Deutschland darf Kupfergeschirr nur noch verkauft werden, wenn es innen mit Edelstahl ausgeschlagen ist (dadurch wird es unempfindlich gegenüber sauren Speisen und kann wie jeder andere Topf auch mit einem Scheuerschwamm gereinigt werden), aber Vorsicht: Billigangebote sind oft dünnwandige Fernostkopien. In Frankreich wird Kupfergeschirr noch in seiner traditionellen Machart angeboten: dickwandig und innen verzinnt. Wobei auch die Verzinnung wiederum erhebliche Qualitätsunterschiede aufweisen kann, dickere Handverzinnung ist am unregelmäßigem Auftrag zu erkennen, eine gleichmäßige industrielle Verzinnung ist häufig sehr dünn und muß entsprechend schnell erneuert werden. Die Innenausstattung mit Zinn erfordert mehr Sorgfalt im Umgang (ungeeignet für extrem hohe Temperaturen, stark saure Speisen, Reinigung am besten nur mit Seife), aber Sorgfalt gehört ja ohnehin in jede Küche. Ein kleiner Laden in Colmars Altstadt bietet ordentlich gefertigtes und erst noch preiswertes Kupfergeschirr (industriell verzinnt) aus elsässer Herstellung. Besonders attraktiv ist der Preis für das Set mit fünf Töpfen zwischen 12 und 20 Zentimeter Durchmesser: sie sind für knapp 1000 Francs zu haben. Eine Fischpfanne oder ein Wasserbad (Bain Marie) gibt es schon für die Hälfte. Der Versender *Manufaktum* in 45729 Waltrop bietet hochwertiges, handverzinntes Kupfergeschirr zu entsprechenden Preisen.

Colmar: Coutellerie Maison Elkaim, 54, rue des Cléfs (Altstadt, nahe dem Rathaus), Tel. 0033-389413828.

Manufaktum-Katalogbestellung: Tel. 02309-939050.

***

Messer. Die Spülmaschine ist der Feind schöner Messer. Und weil heute jedes Besteck 'spülmaschinenfest' sein muß, sehen Messer nicht mehr so scharf aus wie früher. Schöner als im Manufaktum-Katalog kann man es nicht formulieren: „Sie (die Spülmaschine) ebnet Unterschiede ein und trägt zum Verschwinden so manchen guten Dinges bei, dessen einziger Fehler es ist, nicht für das Überleben im Sturzbach gebaut und demnach nicht 'spülmaschinenfest' zu sein."

Die warmen, handschmeichelnden Holzgriffe gehören dazu, leider auch kohlenstoffhaltiger Messerstahl, wie er seit eh und je verarbeitet wurde, nun aber dank Spülmaschine verschwindet. Kohlenstoffstahl garantiert zwar die beste Schnittleistung, er läßt sich zudem auch im Haushalt leicht nachschärfen, aber der traditionelle Messerstahl (Normalstahl) ist nun mal nicht so korrosionsbeständig wie die modernen Edelstahllegierungen. Diese wiederum sind nichtrostend und spülmaschinenfest, aber die Schnitthaltigkeit ist oft schon nach Wochen erbärmlich, auch das Nachschleifen von Edelstahl wird zum Problem, das nur ein geübter Messerschleifer lösen kann. Deshalb keine Angst vor nicht rostfreien Messern, die Arbeit damit macht ungleich mehr Spaß als mit den Pflegeleichten und schließlich sind Generationen damit klargekommen. Dann kamen Spülmaschine und Nirosta. Schmeckt es seither besser?

Lieber wenige, aber gute und scharfe Messer. Auch für die aufwendige Küchenarbeit genügen drei, vier Messer: Ein großes, schweres Kochmesser (genannt Chefmesser, Klingenlänge um 21 cm oder länger) zum Schneiden, Hacken und Zerteilen von Geflügel usw. Zweitens eine Allzweckwaffe namens Officemesser (Klinge um 13 cm). Drittens ein kleines, kurzes Messer zum Ritzen, Enthäuten; vielleicht noch ein flexibles Messer, und ein kurzes, stabiles zum Ausbeinen. Ganz wichtig: ein nicht spülmaschinenfestes Brotmesser mit langer Klinge (um 18 cm) aus scharfen Kohlenstoffstahl, mit Holzgriff. Nach anfänglichem Scheuen werden Sie es immer häufiger zur Hand nehmen.

Versandadressen für Messer aus traditioneller Produktion: Ein breites Angebot, dazu eine gute Warenkunde im Katalog von **Manufaktum**: Auf vier Seiten schöne, teils auch traditionell gefertigte Küchenmesser aus Solingen, darunter besonders die von Robert Herder. Auch spülmaschinenfeste Kochmesser. Katalog: Tel. 02309-939050.

Dick GmbH, Donaustr. 49-51, 94523 Metten, Tel. 0991-91090, Fax: 910950. Über 70 seitiger Profi-Katalog 'Feine Werkzeuge' kostenlos auf Anfrage. Darin ausführliche Produktbeschreibungen, auf ca. vier Seiten über Messer, Schwerpunkt 'Hocho': geschmiedete, japanische Küchenmesser. Vom Gemüsemesser mit Zedernholzgriff bis zum weidenblattförmigen Filiermesser mit Magnolienholzgriff, mit dem der hauchdünne Fischzuschnitt zum fast meditativen Vergnügen wird. Dazu die notwenigen Schärfsteine. Außerdem auch sehr schöne (und bezahlbare) englische Jagd- und Taschenmesser von Slater aus Sheffield, sowie Spezialitäten wie Keramikmesser. Im Katalog ansonsten eine immense Auswahl an Werkzeugen zur handwerklichen und kunsthandwerklichen Holzbearbeitung, auch hier liegt der Schwerpunkt auf Werkzeug aus japanischer Fertigung (nach der 'Dogu'-Tradition). Der Dick-Katalog ist eigentlich für Abnehmer aus Handel und Gewerbe bestimmt, geliefert wird ab einem Mindestbestellwert 500 Mark auch an Privat, darunter 30 Mark Aufschlag.

'Der' Messerladen in **Freiburg**: Ferrazza, feine Auswahl auf kleinem Raum. Messer (auch Spezialmesser wie z.B. Pilzmesser), Scheren, Sackmesser, Besteck, mit eigener Werkstatt (lange Wartezeiten, bzw. je nach Sympathie) und dezidierter, bisweilen auch eigenwilliger Beratung. Obere Schusterstraße, Nordseite, kein Telefon.

CH-**Basel**: Messerschmiede Ottenburg, Spalenberg 33. U.a.: Horngriffmesser, grazile Dessertmesser. Tel. 0041-61-2610634.

CH-**Münsingen**: Messerschmiede Graf, Tel. 0041-31-7217636. Unter anderen scharfen Sachen gibt es dort noch die alten (!) schweizer Armeemesser; die mit dem einfarbigen, haselnußbraunen Fibergriff (Fiber ist ein Pflanzenfasermaterial aus der Vorkunststoffzeit, es wurde bei den Schweizermessern bis Ende der 50er Jahre verwendet). Komplett überholt, neu geschliffen, kosten die Messer um 60 Franken, es gibt auch einfache, nicht überholte Modelle. Schönes Geschenk für jemanden, mit dem man gerne auf ein Picknick oder eine Weltreise geht.

F-**Mulhouse**: Messerladen Coutel, 1, rue des Maréchaux. Taschen- und Küchenmesser, gute Auswahl der berühmten Messerhersteller Frankreichs aus dem kleinen franz. Städtchen Laguiole, darunter besonders interessant die formschöne Taschenmesser mit echtem Horngriff. Mo-Fr 9-12 und 14-18.30 Uhr.

F-**Colmar:** Coutellerie Maison Elkaim, 54, rue des Cléfs (Altstadt, nahe dem Rathaus), Tel. 0033-389413828.

***

Mörser gibt es aus Steingut (teuer), Marmor (sehr teuer) und Holz (preiswerter) im gehobenen Haushaltswarenbedarf (siehe unter 'Küchenläden', in Basel eine schöne Auswahl z.B. im Küchenfenster). Natürlich läßt sich alles, was in den Mörser gehört, auch im Mixer zerschreddern, aber es wird nie so schmecken, wie zwischen Stößel und Mörser zerrieben.

Aus einem schönen Bollen Hartholz, zum Beispiel aus Hainbuche oder Walnuß, könnte man sich bei einem Drechsler des Vertrauens aber auch einen Mörser fertigen lassen (was für ein Geschenk!) Sicher ist auch beim einen oder anderen Betrieb in der Drechslermetropole Bernau/Hochschwarzwald ein fertiger Mörser zu finden. Oder man schaut mal an dem Holzwaren-Wochenmarktstand in Freiburg/Münsterplatz (tägl., auch nachmittags an der Südseite, nahe dem Hauptportal. Am seltensten sind alte Apothekenmörser aus Metall (Messing) zu bekommen, die oft noch wunderschön verziert sind.

„Der Mörser riecht immer nach Knoblauch", weiß ein altes italienisches Sprichwort. Eine Wahrheit mit Folgen, wer außer Aioli, Pesto oder ähnlichem mal was senza aglio zubereiten möchte, braucht eigentlich zwei Mörser.

✳✳✳

Pfannen: Ein Sammelsurium von Verlegenheitslösungen bringt nur Frust. Lieber weniger Modelle, die aber sicher beherrschen (Anbraten ist wie Tennisspielen, der Routinier ist dem Materialspieler oder Possenreißer stets überlegen). Mit drei Modellen sind Sie für alle Fälle gerüstet: 1. Eine gut eingefahrene Eisenpfanne zum groben Brägeln. 2. Unverzichtbar ist eine der neuen und wirklich brauchbaren *Alugußpfannen* mit Antihaft-Beschichtung zum Anbraten von Fisch und ähnlich Heiklem. Aluguß ist einer der besten Wärmeleiter, die neuen Antihaftbeschichtungen sind

extrem dauerhaft. Anders ließe sich ein Bries, eine zarte
Leber oder ein edler Fisch kaum bräunen, ohne festzukleben. Wer einmal mit einer beschichteten, dickbödigen Alu-
gußpfanne gearbeitet hat, bleibt dabei (vgl. auch das Stichwort 'Braten'). 3. Schließlich noch eine der klassischen,
blauen Eisenemaillepfannen, die eventuell nur für Eier,
Omelette etc. verwendet wird.

Man muß mit seinen Pfannen das Fuhrwerken lernen
wie mit einem oft benutzten Fahrzeug. Je mehr Pfannen,
desto schwerer fällt die routinierte Handhabung. Im Lauf
der Zeit bildet sich selbst bei Profiköchen eine Präferenz
für eine Lieblingspfanne heraus, die dann für fast alles verwendet wird - warum auch nicht. Eine Pfanne muß zu einem passen wie ein persönliches Kleidungsstück, so ähnlich wie ein Lieblingslatschen. Und natürlich muß die
Pfanne auch auf den Herd passen. Große Pfannen mit
Durchmessern über 26 cm werden auf den üblichen Haus-
halts-Elektroherden nicht mehr heiß genug, die Folge: das
Bratgut schmort vor sich hin, keine Bräunung, keine Kruste. Auch die Starkbrenner von Haushalts-Gasherden liegen meist unter 3 Kilowatt Leistung, eignen sich also nur
für Pfannen unter 30 cm Durchmesser. Faustregel: 10 cm
Pfanne brauchen 1 Kilowatt Leistung, wenn es beim Anbraten richtig zur Sache gehen soll.

Eisenpfannen: die geschmiedeten mit dem langen Haken-
stiel müssen zunächst in einem archaisch anmutenden
Prozeß eingefahren werden. Das erste Mal erhitzen mit
Salz und Öl, dann braten, braten und nochmal braten, danach die warme Pfanne immer nur auswischen, nie mit
Spülmitteln traktieren. Das leicht poröse Eisen nimmt allmählich Fett auf, beschichtet sich gleichsam inwändig von
selbst und bekommt so eine wundervolle Oberfläche, auf
der nichts anbrennt und alles leichter Hand gelingt. Es
lohnt sich, für Standards wie Rösti oder Bratkartoffeln
stets dieselbe Pfanne zu verwenden. Kartoffeln bekommen

in schmiedeeisernen Pfannen rasch eine geschlossene Kruste, und sie können innen durchziehen, ohne auszutrocknen.

Einkaufen: Keine Materialschlachten, lieber zwei eingefahrene Pfannen, die man mag, als lauter WG-Relikte. Die Eisenpfanne zum fortgeschrittenen Bratkartoffelverhältnis stammt von renommierten Herstellern wie **Rösle** oder **Wagner**.

Wunderbare Aluguß-Pfannen stellt die Firma **Alulit** her (Markenname RUN), Haushaltsgrößen liegen um 24 cm und darunter. In Freiburg gibt es die Alulit-Pfannen bei Schafferer, aber in größerer Auswahl der Profiserie nur im Großhandelsgeschäft in der Tullast. 80. Private Einzelkunden berichten mitunter, daß Sie in das Haushaltwarengeschäft in der Kaiser-Joseph-Straße verwiesen wurden. Und dort liegen dann wieder die netten Leichtgewichte im Blümchendekor; also standhaft bleiben und dort einkaufen, wo es die Profis tun.

Eine gute Pfannenkunde, freilich nur die Klassiker betreffend, bietet der Versandkatalog von **Manufaktum**: Im Sektor, Pfannen, Töpfe und Messer erspart man sich durch Lektüre der einschlägigen Kapitel des Katalogs manchen Fehlkauf. Nur die speziellen Gastromielieferanten wie Schafferer (Tullastraße, Freiburg) und Ruef (Tullastraße) bieten robuste Profiqualitäten, in 2 cm Abstufungen bis runter in Haushaltsgrößen.

***

Pfeffermühlen mit einem Mahlwerk von *Peugeot* (ja, vom Autohersteller) gelten als besonders ausgereift und funktionstüchtig. Peugeot-Mühlen gibt es auch bei uns, in breiterer Auswahl und klassischem Holzgehäuse aber eher im französischen Haushaltsbedarf. Durchsichtige Acrylglasmühlen, gleich welcher Form, gelten als funktionale und ästhetische Entgleisung, die Steigerung davon wäre der paarweise Auftritt im Verein mit der obsoleten Salzmühle. Fertig gemahlener Pfeffer ist in der fortgeschrittenen Küche tabu. Es spricht einiges dafür, daß frisch gemörserter Pfeffer dem frisch gemahlenen an Aroma und Reiz noch überlegen ist. Kaum eine Pfeffermühle schrotet das Pfefferkorn so grob wie ein Mörser, das Aroma wird beim Quetschen im Mörser besser aufgeschlossen und Siebeck verdanken wird die Einsicht, daß der gemahlene Pfeffer seine Schärfe im Essen zu fein verteilt, wohingegen Mörserpfeffer Akzente setzt. Man könnte auch sagen: ein wenig explodiert. Demnach funktioniert gemörserter Pfeffer ähnlich wie das grobe Meersalz, das, über den fertigen Fisch (oder das gekochte Rindfleisch) gestreut, ebenfalls akzentuiert und nicht nivelliert.

Pfeffermühlen mit Peugeot-Mahlwerk: z.B. im Globe-Kaufhaus, Mulhouse, rue du Sauvage.

***

Schubkarren. Ein alter Schubkarren ist der ideale Gartengrill: Preiswert, beweglich, flexibel, keine Sauerei, keine umherfliegende Asche. Das Teil läßt sich optimal im Wind plazieren, nach Gebrauch einfach wegrollen, am nächsten Tag noch einfacher auskippen. Das hören all die high-tech Grillschmiede natürlich nicht gerne, aber es ist wirklich so, es gibt kein funktionaleres Gerät zum Grillen als einen Schubkarren. Ob Sie's glauben oder nicht, Sie können die Karre bis zum Anschlag heizen, der Reifen bleibt heil. Also braucht es zum perfekten Grill eine alte Karre, darin zwei Backsteine, die tragen den Grillrost, dafür taugt zur Not ein ausgedientes Backofengitter. Besser wäre aber ein schwerer Grillrost mit massiven, möglichst dicken Eisenstäben, die ordentlich Hitze speichern können, denn nur dann entsteht auf dem Grillgut das beliebte Westernmuster.

***

Speckbrettle. Das klassische süddeutsche Vesper- und Speckbrettle wird aus Hainbuche gefertigt, unter den heimischen Hölzern ist die Hain- oder Hagebuche mit das Härteste und Haltbarste, was es gibt.

Eine zuverlässige, kompetente Schreinerei, die vom hainbuchenen Speckbrettle über den Küchenschemel aus Kirschholz bis zur kompletten Einbauküche nur selbst gelagertes, heimisches Vollholz verarbeitet: Schreinerei Ingo Benz, Kandern, Hammersteiner Str. 20, Tel. 07626-387. Speckbrettle (und andere nützliche Kurzwaren aus Holz, auch Teigmulden) gleich zum Mitnehmen. Eine ganze Küche dauert etwas länger, hält aber ewig.

***

Wolf. Selbst gewolftes Fleisch ist was ganz anderes als Hackfleisch vom Metzger. Beim üblichen feinen Metzger-Hackfleisch ist die Fleischfaser praktisch zerstört, man erhält eine Art Fleischmus oder Brei. Für einige Zwecke mag dies genügen, aber viele Hackfleischgerichte (Fleischküchle, falscher Hase), gewinnen, wenn das Ausgangsmaterial weniger extrem zermessert wird und noch etwas stückig bleibt. Dies gelingt zu Hause mit dem guten alten Fleischwolf (z.B. Jupiter-Universalwolf, oder die altbekannte 'Minna', beide bei Manufaktum im Sortiment). Im Prinzip könnten auch Metzgereien ihr Hack in verschiedener Körnung anbieten, aber dazu müßten die Einsätze im Gerät eben gewechselt werden, was natürlich Mühe macht. Auch die klassische Bolognese-Sauce schmeckt besser, wenn das Fleisch noch etwas Struktur hat.

***

Kleine ligurische Olivenölreise

Olivenöl in der badischen Küchenkunde? Warum nicht, wenn erstklassige Quellen nur eine halbe Tagesreise entfernt liegen. Eine kleine Ölreise durch Ligurien ließe sich auch leicht zu einem Kurzurlaub ausbauen. Man kommt reich beladen nach Haus und hat unterwegs immerhin etwas Sinnvolles zu tun. Olivenöl kaufen bringt mehr Freude als Sonnenöl schmieren, dem Oliventouristen bleibt das Abschreiten der Souvenirgassen erspart und die Frage nach geeigneten Ausflugszielen im Hinterland löst sich von allein.

Das für Ligurien typische mild-fruchtige Olivenöl wird besonders in der Region um Imperia angeboten. Ein Sonnentag in den wunderschönen Tälern dieser weithin unterschätzten Gegend ist gerade sechs Autobahnstunden vom badischen Nebel entfernt. Das Hinterland der italienischen Riviera zwischen Imperia und der französischen Grenze ist regelrecht durchsetzt mit Olivenkulturen und kleinen, handwerklich arbeitenden Mühlen.

Besonders die Täler links und rechts der SS 28 *Imperia - Colle di Nava*, *Ormea* bieten mit ihren Nebenstraßen, den terrassierten Hängen und Hügelspitzendörfern wunderbare Tourenmöglichkeiten (Wandern, Radfahren, Rumliegen). Eine Traumstrecke führt beispielsweise von Imperia über *Dolcedo* nach *Pianavia* und *Vasia,* vereinzelt weisen

Schilder auf Verkaufsstellen hin (so im Weiler Pantasina). Ebenso schön die Auffahrt von der SS 28 nach *Lucinasco,* einem horstähnlich gelegenen Musterdorf. Weiterfahrt von Lucinasco bis Vasia auf einer Piste möglich. Eine wilde, einsame Route mit herrlicher Sicht.

Auf der eher reizlosen Hauptstrecke zwischen Imperia-Oneglia und Pontedássio gibt es direkt an der Nationalstraße diverse Verkaufsstellen, darunter eine Spitzenadresse, vgl. unten. Beim Einkauf wäre zu beachten: Hochwertige Öle aus kleinen Betrieben kosten in der Flasche um 25 Mark/Liter, Spitzenqualitäten auch mehr. Im Kanister (meist 5 und 10 Liter) ist das Öl deutlich billiger. Die Großbetriebe, angesiedelt in und um Imperia (darunter: Olio Sasso, Isnardi, Ardoino) arbeiten mit großtechnischen, oft schärferen Extraktionsverfahren und sind etwas billiger. Gute Qualitäten sind bei den kleinen Mühlen am ehesten gleich nach der Ernte und Produktion - also ab Januar bis zum Sommer - zu bekommen. Im Herbst sind kleinere Mühlen bisweilen ausverkauft, was unbedingt als Zeichen der Güte zu verstehen ist.

Die dominierende ligurische Lokalsorte *Taggiasca* wurde von Benediktinermönchen des Klosters in Taggia eingeführt und bald zur einzigen Ölbaumsorte der Region. Die recht kleinen, ausgereift blau-schwarz-violetten Früchte liefern ein eher helles, wunderbar mild, aromatisches Öl, das sich auch sehr gut zur Konservierung von eingelegten Gemüsen eignet. So bieten viele Ölmühlen der Region neben Öl auch Eingelegtes an: Tomaten, Pilze, Artischokken, Thunfisch, Sardellen. Traditionell werden auch ganze Taggiasca-Oliven mit Stein in einer milden Salz-Gewürzlake (in *Salamoia*) konserviert, sie eignen sich ideal zum roh essen oder auch zum Erhitzen und Mitbraten in der Fischküche, weil sie dabei nicht bitter werden. Das ligurische Öl paßt besonders zur kalten und Fischküche, es wird in den Restaurants vor Ort obligatorisch mitserviert und ersetzt bei Fischgerichten häufig die Sauce.

Wie immer ist der direkte Weg zum Erzeuger - falls unmöglich, der zum Händler des Vertrauens - der einzige Garant für gehobene Qualität: Schon während der Auffahrt
zur schönsten Ölmühle Liguriens wird einem klar, daß
zwischen Handwerkeröl und Supermarktprodukt Welten
liegen, auch optisch. Die *Taggiasca-Oliven* wachsen am terrassierten Steilhang. Anders als in den großen Anbauge-
bieten Südspaniens, auch Süditaliens, gibt es hier keine
Plantagen, die maschinell abgerüttelt werden können. Statt
dessen Felder, schmal wie Bocciabahnen zwischen tausend-
undeiner Steinmauer. Zur Ernte im November müssen
unter jedem Baum Netze gespannt werden. Ihr leuchten-
des Rot und Blau mischt sich mit dem frischen Grün unter den Bäumen. Ein zweiter Frühling, der auf den Spätherbst fällt. Umständliche Nebenstraßen und Rumpelwege
erschließen dieses gelobte Land hinter der Küste zwischen
Imperia und San Remo, schon einige Kilometer abseits des
verkehrsreichen und wirr bebauten Küstensaums sind Sie
in einer anderen Welt. Noch in der milden November-
sonne lassen sich Stunden verdösen, von irgendwoher
duftet ein Laubfeuer, fingerlange, bonbongrüne Heu-
schrecken spazieren von Halm zu Halm. Drüben hat jemand sein altes Boot geparkt und mit etwas Bauschutt gefüllt. Letzter Hafen unterm Ölbaum.

Geerntet wird hier mit Hand oder die Oliven werden mit
langen Rechen von den Zweigen gestreift und anschließend verlesen: 10, höchstens 15 Kilogramm kommen so
pro Stunde zusammen. In den Plantagen in der Ebene rüt-
teln Maschinen alles vom Baum, bis zu 250 Kilogramm
pro Stunde, natürlich auch faule und unreife Früchte.
Ähnlich wie beim Wein ist eine schonende, vor allem aber
schnelle Verarbeitung wichtig für die Ölqualität, weil bei
angeschlagenen Oliven schon nach Stunden ein Oxydationsprozeß beginnt, der unweigerlich zu Geschmacks-
fehlern und steigenden Säurewerten führt.

Imperia

Imperia ist als Urlaubsziel relativ unbekannt und im Vergleich zu den benachbarten Bade-und Küstenorten wie Diano Marina oder Finale Ligure fällt die Auswahl an Hotels bescheiden aus. Die angenehme Seite des Mangels: Hotelklötze am Meer und touristische Auswüchse fehlen! Imperia teilt sich in zwei Stadtteile mit unterschiedlichem Charakter: *Imperia-Oneglia* (mit dem Handelshafen, Olivenölfabriken (Museum) und extrem verkehrsreicher, enger Ortsdurchfahrt) wirkt auf den ersten Blick abweisend. Romantischer und viel pittoresker erscheint *Imperia-Porto Maurizio*, zumindest mit seiner hoch über dem Meer gelegenen Altstadt, der Einkaufsstraße mit Markthalle, Cafés, interessanten Läden und dem Yachthafen, anschließend der kleine, dennoch reizvolle Badestrand. Aber auch der zunächst herbe Stadtteil Oneglia hat Reize: Eine Hafenfront, die nicht zur Touristenkulisse verkommen ist, dahinter eine Markthalle und ein Stadtleben, das sich selbst genügt und auf den üblichen Animationsrummel und Nippes verzichtet. Imperia ist ein guter Stadtort für Reisende, die in einer lebhaften italienischen Küstenstadt sein möchten, die nicht restlos für Fremde herausgeputzt wurde.

Oasen in Porto Maurizio

Die Altstadt von Porto Maurizio, Leben am Meer: *Borgo Foce* - ein winziger Hafen zum Aufwachen und Träumen. Am Ende vom Largo Luigi Varese ein Weltplatz zum Zeitung lesen, Kaffee trinken, Meergucken: die ganz neu umgebaute und sehr sympathische Bar *No name*. Weiter vorne dann - ebenfalls direkt am Ufer - das ordentliche Ristorante *La Ruota*, Via Largo Varese 25. RT: Do. Mittlere Preise. Hier beginnt auch die sehr schöne Küstenpromenade (Bänkchen unter Zitronenbäumen, Magnolien und Palmen), die hoch in den Felsen um die Bucht führt und an der Abzweigung der Via Scarincio endet, die zum Hotel Croce di Malta hinunter führt.

In entgegengesetzter Richtung, nach Westen, am *Borgo Prino,* kommt der schöne Sandstrandabschnitt *Scala Azurra* (kostenpflichtig) - ganz am Straßenende, wenige Meter vom Meer das Restaurant *Da Lucio/A Casetta* mit sehr guter lokaler Küche (mittlere Preise). Strada Lamboglia 16. RT: Soabend, Mi. Tel. 0183-652523.

Die Einkaufsstraße Via Cascione - reich an Haltestellen, (von oben nach unten):

Das ruhige, stilvolle *Caffè Pasticceria Franchiolo* (auch: *Grancaffè Novecento*), Nr. 14. Herrliche Kaffeehaus-Atmo, guter Cappuccino, Espresso und hervorragende Schnittchen in der gewienerten Vitrine: Pizza, Focacce und Forcino (Hörnchen).

Gegenüber dem Theater die *Salumeria Arnaldo Gallio*, Nr. 46 (auch Pesto, getrocknete Tomaten und Gemüse). Weiter unten dann die sehr gut bestückte *Markthalle* (hervorragendes Gemüseangebot), Nr. 33. Neben der Markthalle auf der gleich Seite, Nr. 31, die eher städtische *Bar Pepito*, zum guten caffè ausgezeichnete Brioche und Foccacia. Das täglich wechselnde Mittagessen erfreut weniger.

- Noch was ganz Besonderes - nicht zum Essen: das kleine Kinowunder *Cinema Centrale* (via Cascione 52), einer der nun auch in Italien seltenen Kinosaurier (1992 erhielt das Haus einen Preis als Italiens originellstes Lichtspieltheater) - mit herrlichem Innenhof-Garten und einer Bar, wo neben Filmegucken auch Essen, Trinken & Rauchen erlaubt ist. Italienischkenntnisse also nicht unbedingt Voraussetzung! Tel. 0183-63871.

Und weiter mit guten Adressen: Bäckerei *Le casa del pane*,
Nr. 73; Kaffeeladen *Torrefazione*, Nr. 88. *Pasticceria Giudice*,
Nr. 122. Pandolce von Imperia und andere süße Teile, au-
ßerdem ein kleines Stehcafé.

Albergo Croce di Malta***. Funktionaler Zweckbau,
schön am Meer gelegen. Das Mittelklassehotel liegt direkt
gegenüber vom Yachthafen 'Porto Turistico' und unmittelbar hinter dem Strand, getrennt nur durch die Einbahn-
straße Via Scarincio. Diese ist zwar stark befahren, aber dafür wohnt man wirklich mit maritimem Gefühl. Am
Strand ein Café, gleich daneben windgeschützte Ecken für
das Sonnenbad im Winter und (überwiegend ganzjährig
geöffnet) das Strandrestaurant *Manè*, mit einer windge-
schützten Glaskanzel. Das Hotel wird mehr von einheimi-
schen Geschäftsleuten als von Touristen besucht. Die meisten Zimmer haben gigantischen Meerblick, alle Balkon
und guten Standard (Sat-TV, Mini-Bar, Telefon, Klimaan-
lage und Heizung - also für alle Jahreszeiten geeignet. Mit
Abstand die schönsten, zudem recht ruhigen Zimmer sind
die im 3. und 4. Stock, wo vor einigen Jahren alles reno-
viert wurde. Im vierten Stock glaubt man sich in einer Aus-
sichtskanzel über dem Meer, Nummer 404 hat sogar einen
Whirlpool mit Sicht auf 's Meer, wenn die Badezimmertür
offen steht. Ansonsten geht Fernsehen und Meergucken,
was an einem stürmischen Wintertag auch reizvoll sein
kann. Was stört: In den Zimmern im 1. und 2. Stock wird
es am Wochenende oft unerträglich laut, vor allem im
Sommer, extrem bei offenem Fenster. Im Grunde sind nur
die beiden oberen Stockwerke empfehlenswert. Schmuck-
lose Bar und Aufenthaltsräume. Mit eigenem Parkplatz
und Strand. Ganzjährig geöffnet.

Albergo Croce di Malta, Via Scarincio 148, 18100 Imperia/Porto
Maurizio, Tel. 0039-0183-6670-1, Fax 63687. 40 Zimmer, Doppelzimmer um 120 Mark.

Pizzeria L'Oasi - Imperia/Porto Maurizio. Nicht weit vom Porto Turistico und vom Hotel Croce di Malta wird die beste Holzofenpizza vor Ort serviert (manchmal auch Farinata = Maisfladen aus dem Holzofen). Der Pizzaservice läuft gleichsam vollautomatisch ab: Bei der Bestellung wird nur der Getränkewunsch aufgenommen, die verschiedenen Pizza-Modelle werden dann unaufgefordert serviert, je nachdem, was der Ofen gerade hergibt. Die ganze Geschichte läuft bis zum Abwinken der Gäste. Die kleine Pizzeria-Höhle (ca. 50 Plätze) wird förmlich überrannt, von Frühsommer bis Spätherbst werden zusätzlich noch etliche Tische auf die kleine Piazza gerückt, doch der Platz entspricht selten dem Andrang. Leider hat das manchmal auch Nachteile: die Bedienung ist bei Hochbetrieb nicht mehr so freundlich, sondern mehr oder minder deutlich umsatzbetont. So kommt schnell der Eindruck auf, daß der Espresso nach dem Essen auch woanders getrunken werden könnte - trotz allem: Pizzaqualität und Stimmung sind einen Besuch wert.

Pizzeria L'Oasi, via Sant'Antonio 19, Imperia-Porto Maurizio. RT: Mi.

Albergo Costa*. Angenehme, sehr einfache Pension im alten Zentrum von Porto Maurizio, am unteren, meernahen Ende der Via Cascione. Die weiter oben sehr geschäftige Haupteinkaufsstraße (s.u.) wird hier zum schmalen Gäßchen (Fußgängerzone). Preiswerte, ordentliche Zimmer, persönliche Atmosphäre, Restaurant im Hause. Von hier sind es nur ca. 100 Meter zu den kleinen und sehr schön gelegenen Strandabschnitten der Altstadt - ohnehin die verträumteste Ecke von Porto Maurizio! Ungeschönte Idylle, der kleine Bilderbuchhafen unten gleich um die Ecke.

Albergo Costa, Via Cascione 184, Imperia-Porto Maurizio. Tel. 0039-0183-6 13 48. 12 Zimmer. Halbpension pro Person im Doppelzimmer ca. 55 Mark, Doppelzimmer ohne Pension ca. 65 Mark. In der Hochsaison Mindestaufenthalt drei Tage.

Oasen in Oneglia

Oneglia ist am reizvollsten in den Seitenstraßen, die sich zwischen Handelshafen und der geplagten Durchgangsstraße auftun: Markthalle, Pastaläden, Ladenschläuche, Vespagassen. Gleich in der Nähe der Hafen-Piazza de Amicis und dem Spezialitätengeschäft 'Le Delizie de Frantoio' (siehe unten), unter den Arkaden des Hafens gelegen:

Ristorante Da Beppa - Imperia/Oneglia. Stimmiges Gesamtkunstwerk im Bereich einfach, gut und maritim essen. Vorne der Arkadengang des Frachtschiffhafens, hinten die sehr schöne Markthalle mit Altstadt, dazwischen die gut eingewohnten Restauranträume auf zwei Etagen. Eine professionelle und abgeklärte Kellnertruppe serviert mit einer Routine, wie sie nur in Jahrzehnten entstehen kann. Die solide Küche verzichtet auf preistreibende Extras. Die einzige und zutreffende Kritik am Angebot stammt von Ortsansässigen, die schon mit ihren Eltern jeden Sonntag bei Beppa eingekehrt sind: die Speisekarte hätte sich sowenig geändert wie die Poller am Kai. Für den zugereisten Tagesgast ist dies allerdings kein Problem, im Beppa kann man sich getrost den Dingen fügen, wie sie sind. Keine Experimente: Als Vorspeise *Antipasti misto di Mare* (verschiedene Vorspeisen: darunter lauwarmer, gedämpfter Tintenfisch, butterzart) oder die ausgezeichnete *zuppa di Pesce* (Fischsuppe). Als Primi eines der durchweg gut zubereiteten Pastagerichte: *spaghetti alle vongole* (mit den kleinen Muscheln, die so schön klickern), im Herbst auch mal mit frischen Steinpilzen. Dann das Secondo: *grigliate miste di pesce* (Fische und Meerstiere vom Grill) oder der Standard: *pesce alla Beppa* (gegrillt, im Ofen gebacken oder ligurisch mit Sauce und Olivenöl, zur Auswahl stehen meist mehrere Sorten am Eingang aufgebaut). Guter offener Tafelwein weiß, die Auswahl an Flaschenweinen ist bescheiden, aber ausreichend.

Bei Beppa ist fast immer Betrieb, mittags sitzt regelmä-
ßig der Geschäftsmann mit telefonino und la stampa da.
Abends kommt vor 8 Uhr selten jemand, solange kommentieren die Kellner vom Treppenabsatz aus den Welten-
gang. Manchmal ist es einfach schön, zu wissen, was da
kommt. Man beachte den Aushang zum Thema *colla-
borazione*!

Da Beppa, via Doria 24, Imperia-Oneglia, direkt am Hafen. Parkplätze auf der Piazza de Amicis oder am anderen Ende des Hafens. RT:
Di, Ferien 10.- 30. November. Tel. 0183-273771.

Wochenmarkt in Oneglia: ein großer, sehr gut bestück-
ter Straßenmarkt ist am Mi- und Sa-vormittag um die täglich geöffnete Markthalle an der Piazza Andrea Doria.

Marktimbiß - die Auswahl ist üppig: Direkt gegenüber der Markthalle 'U Papa' (Piazza Andrea Doria 13). Gleichmäßig gute Qualität
und niedrige Preise sind seit über 15 Jahren das Motto des kleinen,
unkomplizierten Familienbetriebs. Morgens Foccacia (im Sommer),
mittags täglich wechselnde Karte (Gnocchi, Zicklein) und abends (im
Winter) die beste Farinata der Stadt und ebenfalls besonders gut:
Pesto-Pizza mit Kartoffeln. Vorsicht Stufe, die Toilette ist auch nach
dem Umbau gefährlich! Tische im Freien. Öffnungszeiten im Winter: 12-13.45, 18-21 Uhr. Im Sommer 7-14.30, 18-22 Uhr. RT: So.
Kein Telefon, immer gut voll.

Nicht weit von der Piazza Andrea Doria, an der Piazza San Giovanni 4, gleich neben der Kirche, ein feiner kleiner **Pastaladen** mit täglich frischem Angebot an Tortellini, Lasagne, Nudeln, Ravioli - und
einer ausgezeichneter Pesto: 'Pasta fresca Paola'. Täglich frische Nudeln - auch sonntags, nach der Messe...

Empolio, Le Delizie del Frantoio. Die gut sortierte Verkaufsstelle einer Erzeugergemeinschaft: 'Köstliches aus der
Ölmühle', das bedeutet: der schönste Laden mit dem
größten Angebot an ligurischen Produkten. Drei Sorten
Olivenöl: das einfache *Olio di Oliva, Olio Extravergine di
Oliva* und das kostbare *Olio Extravergine di Oliva Fiordu-
livo, Tropföl* aus den Oliven des Valle d'Oneglia; eingeleg-

te Taggiasca-Oliven in Salamoia oder Olivenöl; mit Kräutern aromatisierte Olivenpaste; in Olivenöl eingelegter heller Thunfisch *(tonno in olio d'oliva)*, besonders fein: *Ventresca* (Thunfisch-Rücken) *di Tonno all'Olio di Oliva*; außerdem der ligurische Kaviar: *Bottarga*, getrockneter Thunfischrogen, der wie Parmesankäse über die Pastasauce gerieben werden kann; *Acciughe sotto Sale* (eingesalzene Sardellen), eine Spezialität von Imperia (die auch in Fischläden unter den Hafenarkaden verkauft wird). Getrocknete, sowie in Olivenöl eingelegte Tomaten; *Pesto*; *Paté di carciofi* (Artischockenpastete) - hervorragend auf Toastbrot oder mit Pasta (Penne passen z.B. ausgezeichnet dazu); Spaghetti aus der benachbarten Agnesi-Fabrik. Summe: alles für eine ligurische Antipasti-Platte.

Auch die uralte Ölmühle ist noch zu besichtigen, sie liegt in *Borgo d'Oneglia* (Via Don Bellone 8, Autobahnausfahrt Imperia Est, nach Mautstelle rechts ab, nach 2 km links nach Borgo d'Oneglia abbiegen). Die Ölmühle steht hinter der schmalen eisernen Brücke gleich an der Kurve rechts. Führung mit Probemöglichkeit tägl. 8.30-13/14-19.30 Uhr.

Empolio, Le Delizie del Frantoio. Der Laden liegt in Oneglia (direkt am Handelshafen): Punto Vendita Piazza Edmondo de Amicis 18, gleich rechts gegenüber dem großen grünen Olio-Sasso-Schild, ein moderner Laden am Hafen. Verkaufsstelle in Imperia-Porto Maurizio: Via Scarincio 38. Auch Postversand, Probierangebot. Tel. 0039-0183-297880, Fax 297610.

Frantoio Ramoino Franco. Ein kleiner Familienbetrieb, der in seiner alten Steinmühle ein wirklich erstklassiges Olivenöl herstellt, zu sehr anständigem Preis: mild, von zart-fruchtigem Aroma und feinem Duft. Die Produktion beträgt ungefähr 3000 Liter pro Jahr, Ramoino verkauft - es gibt nur eine Sorte 'extravergine' - in der klassischen 3/4 Liter-Henkelflasche, aber auch im 5- und 10-Liter Kanister. Außerdem eingelegte Taggiasca-Oliven im Glas (in Salamoia) und Olivenpaste, alles erstklassig. Sehr netter Maestro Olive, qualitativ eine herausragende Adresse ohne Chichi-Allüren, Ramoino Franco ist ein gradliniger Handwerker.

Frantoio Ramoino Franco, Imperia-Oneglia, Via Nazionale 295, Tel. 0039-0183-272137. Ölmühle und Verkauf direkt an der Nationalstraße SS 28 (von Imperia nach Ormea, Richtung Turin). Ca. 3 km nördlich von Imperia-Oneglia, auf der Fahrt Richtung Pieve di Teco/Colle di Nava. Die Mühle liegt linker Hand unterhalb der Hauptstraße. Die sehr enge Einfahrt, direkt in einer Kurve an der stark befahrenen Via Nazionale, ist beschildert, aber leicht zu übersehen.

***

Oasen im Hinterland von Imperia

Trattoria Montegrazie - Montegrazie. Eine schlichte, reizvolle Trattoria, etwas abseitig und angenehm unspektakulär im alten Küsterhaus oberhalb der Wallfahrtskirche gelegen. Geboten wird phantasievolle ligurische Küche zu freundlichen Preisen. Im Sommer auch auf der Terrasse unter Olivenbäumen, im Winter in der verwinkelten Gaststube mit Kanonenofen. Über dem Ort das Sanktuarium 'Nostra Signora delle Grazie' mit dem bedeutendsten Freskenzyklus der Ponente. Von hier aus ausnehmend schöner Blick auf Porto Maurizio.

Trattoria Montegrazie, Einkehr nur nach Anmeldung: Tel. 0183-69192. Unter der Woche nur abends, im Winter nur an Wochenenden, RT: Mi. Lage: Montegrazie wird angefahren über die östliche Zufahrt nach Dolcedo, bzw. über die Strecke Imperia-Vasia. Von Imperia kommend an der scharfen Linkskurve unten im Tal geradeaus weiterfahren, über Cantalupo führt die Straße hinauf nach Montegrazie (240 m hoch gelegen).

***

Osteria al Vecchio Forno - Piani. Direkt am Kirchplatz liegt das gemütliche, familiär geführte fünf Tisch-Restaurant, im Sommer kommt eine berankte Terrasse hinzu. Geboten wird verfeinerte Regionalküche, auf persönliche Art serviert. Ausgezeichnete Pasta und Fischgerichte, man hält sich am besten an die preiswert kalkulierten Menüs, die (in angenehm kleinen Portionen) einen Querschnitt der Küchenfähigkeiten bieten. Ein Sommerabend auf der lauschigen Terrasse muß einen glücklich machen. Piergiorgio Rigardo und seiner Frau Maria Teresa bieten neben der soliden Küche einen außerordentlich gut sortierten Keller.

Die Osteria hat die beste Weinauswahl der Region, darunter nicht nur ligurische, sondern ausgezeichnete Weine und Großnamen aus dem Piemont und der Toskana - eine

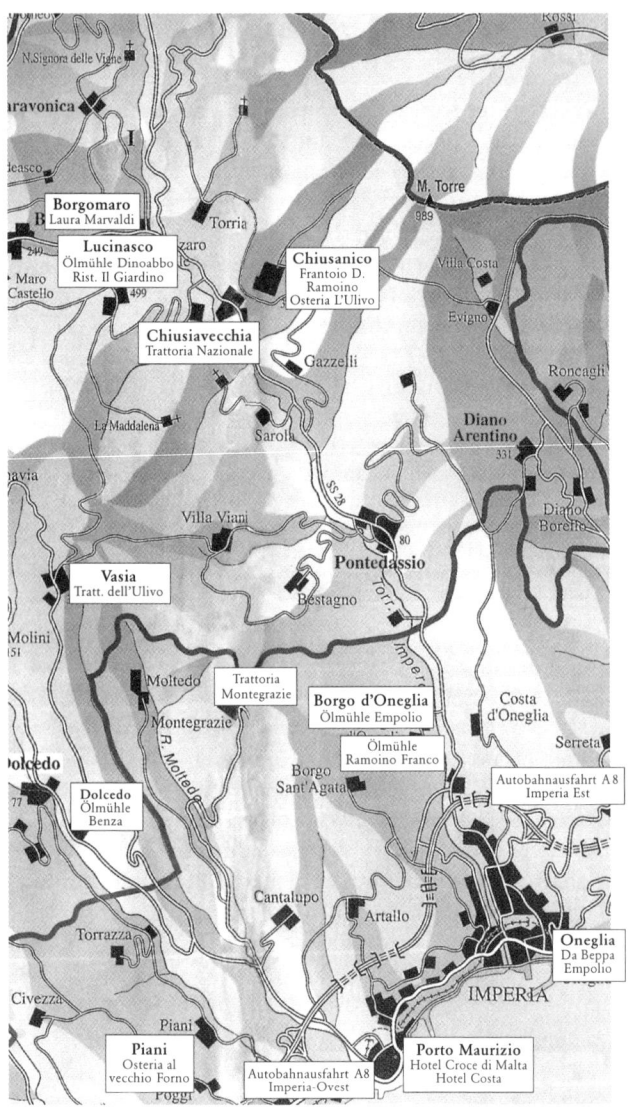

kleine Enoteca (untergebracht in einem Nebenraum) gehört zum Lokal. Die Weine sind zurückhaltend kalkuliert,
verschiedene werden auch offen ausgeschenkt - was auch
in Italien - nicht selbstverständlich ist. Ein Ort, an dem einem nur Gutes widerfährt. Selbst wenn ein Gast mal
meint, 'das Salz schmeckt nicht', wird ohne Zögern anderes gebracht. Wahrscheinlich paßte das graue grobe Meersalz am Nebentisch wirklich besser zum Fisch als das Rie-
selsalz, jedenfalls waren alle glücklich. Italien eben. Zwei
Menus stehen zur Wahl: 45 000/60 000 Lire (mit Salz,
ohne Wein).

Osteria al Vecchio Forno, Piani, Piazza della Chiesa. An der westli-
chen Zufahrt von Imperia nach Dolcedo, im kleinen Örtchen Piani
(5 km von Autobahnausfahrt Imperia-Ovest entfernt). Ferien 14
Tage im Nov., 14 Tage im Juni, RT: Mi, nur Abendessen. Reservati-
on ist ratsam (die heimelige Einraum-Osteria ist innen sehr klein,
großzügige Gartenterrasse): Tel. 0183-780269.

***

Frantoio Benza - Dolcedo. Einer der größeren unter den
handwerklich arbeitenden Produzenten. Hervorragende
Qualität bei der Ölsorte *Primuruggiu* - ein Tropföl, ohne
Druck gewonnen. Daneben gibt es noch eine preiswerte-
re Sorte und die einfache Konsumqualität, die beide deutlich schärfer ausfallen. Ausgezeichnete Oliven in Salamoia
und Olivenpaste.

Frantoio Benza, Via Dolcedo 180. Tel. 0039-0183-28 01 32. Autobahnausfahrt Imperia-Ovest, nach der Mautstelle rechts Richtung
Piani. Schmuckloser Neubau an der östlichen Zufahrt von Imperia
nach Dolcedo (an der Straße Imperia - Isolalunga, noch vor dem eigentlichen Ortskern von Dolcedo).

***

In die grünen Berge

Die Straße von Piani führt über Dolcedo weiter zu den höher gelegenen Weilern im Olivenland. Im Ort *Molini di Prela* zweigt ein kleines, kurviges Bergsträßchen scharf nach links ab. Zunächst an der ordentlichen Trattoria Val Prino vorbei und dann in zahlreichen Kehren streng bergauf. Am Scheitel der ausgebauten Strecke dann ein überirdisch gelegener Ort mit entsprechender Sicht: *Villa Talla*. Das Geiersnest auf 542 Metern mit seinen auffällig freundlichen Bewohnern lockt mit einer guten Trattoria und einer hervorragenden Käserei (pecorino) - diese liegt in einem Bauernhof (nicht ausgeschildert) in der rechten Ortshälfte. Nicht zu übersehen, gleich am Ortseingang, hinter der weltschönst gelegenen Boccia-Bahn liegt die Sorte Trattoria, die in Träumen vorkommt:

Trattoria Da Dino - Villa Talla. Ein ganz einfacher, herzlicher Familienbetrieb; während der Woche ist der Sehnsuchtsort nur über mittag geöffnet - es essen dann ausschließlich Einheimische, Telekomtechniker, Olivenbauern, Weltkenner (oder Oase-Leser) hier. Hervorragende hausgemachte Pasta.

Trattoria Da Dino (Novella Bernardino). Auf jeden Fall vorher anrufen: 0183-282102. RT: Di.

Auch wenn man es nicht glauben möchte, die Straße führt durch den Ort hindurch und noch weiter: Oberhalb der Siedlung also (ein steiler schmaler Fußweg führt auch hinauf) *Madonna delle Neve,* ein Kirchlein auf 632 m mit Platz für P & P, Picknick und Philosophie. Sicht bei klarem Wetter bis in die Toskana, Cinque Terre und nach Elba. Bei weniger klarem Wetter nach vorn bis ans Meer, zumindest die Autobahnstelzen sind meist deutlich zu sehen.

***

I Laghetti: Als Alternative zum Meerbaden. Im Hinterland von Dolcedo, um Villa Talla, finden sich viele kleine aufgestaute Bachgumpen - im Hochsommer sind diese kleinen, manchmal auch poolgroßen Naturbadewannen gut besucht, doch nie überfüllt. Kurz vor Villa Talla - an der letzten Rechtskurve und noch vor der Brücke über den kleinen Rio delle Tavole, drängen sich im Sommer oft ein paar Autos an der kleinen Einbuchtung in der Kurve. Von hier führt ein schmaler Trampelpfad leicht ansteigend ins Unterholz, zunächst an einer verfallenen Mühle vorbei zu einem wunderschönen Badeplatz, an dem sich der Bach zu großen Bassins staut. Eine angenehme Abwechslung zum vollen Strand. Allerdings auch im Hochsommer sehr erfrischende Temperaturen - und Obacht, wie überall im Busch: Vipern!

***

Die Panorama-Picknickstraße: Ausgangspunkt wiederum *Molini di Prela* - an der Kreuzung geht es diesmal rechts. Entlang der nun folgenden Bergstrecke bis Vasia (und weiter bis Lucinasco) reihen sich Picknickplätze wie Perlen (oder andersrum). Im Hochsommer flüchtet wohl ganz Imperia hier herauf, außerhalb der Hauptferienzeit ist die Region aber absolut ruhig, Wein, Käse und Lesefutter nicht vergessen! Nach Molini an dem gestrandeten Boot vorbei, dann an typischen ligurischen Weilern: *Case Carli - Poggio - Pantasina - Costa*. An der Kreuzung in Pantasina eine Abzweigung nach links zum wildromantischen *Colle D'Oggia*. Bereits an der nächsten scharfen Linkskurve steht die Kapelle *Madonna della Guardia* (488 m) - mit wunderschönem Panoramaplatz. Wer weiterkurven will: ab jetzt wird jede kleine Osteria am Weg zum Erlebnis (über *Borgomaro* weiter bis zur SS 28). Die kleine, nicht weniger lohnende Runde führt ab Pantasina weiter Rich-

tung Vasia, wieder ein Himmeldorf, das mit einer Einkehr
lockt:

Trattoria dell' Ulivo - Vasia. Schon die Lage des Dorfes
Vasia lohnt die Fahrt durch das Küstengebirge. Mit der
hochgradig empfehlenswerten Rast in der Trattoria wird
aus dem Ausflug dann leicht ein Halbtagesprogramm. Zunächst Treibenlassen durch die wunderschönen Oliven-
täler, irgendwo aussteigen, ein wenig im knisternden Unterholz liegen und in Gedanken schon auf der halbschat-
tigen Terrasse der Olivenbaumtrattoria in der Karte blättern. Geboten wird zuverlässige Regionalküche, eher üppig als fein. Natürlich mit Pasta, Kaninchen und was sonst
wächst und hoppelt. Ulivo ist die Lieblings-Trattoria deutscher Hausbesitzer, die sich besonders in der Region um
Dolcedo massiert niedergelassen haben. Das Lokal liegt etwas abseits und unterhalb der Hauptstraße im Ort, nette
Hanglage umgeben von Gärten und Hainen. Schon fast
20 Jahre führt Familie Saluzzo die Trattoria mit der lauschigen Terrasse unter Wein, die den eigentlichen Reiz der
Adresse ausmacht. Und weiter wie im Märchen: bodenständige Küche mit Produkten aus eigenem Anbau, eigener Wein (Vermentino und Pigato), eigener Grappa und eigenes Olivenöl! Signora Dutto kocht tadellose Tagliatel-
le, schmort Kaninchen, Zicklein und Wildschwein. *Strep-
pa cacialà* heißt eine Pastaspezialität, kleine Nudelfladen
mit Kartoffelstückchen, Bohnen, Pesto und Tomaten - das
Besondere an der Zubereitung: statt geschnitten werden sie
einfach abgerissen (ligurische Kratzete!). Zum Menu gehören die sehr reichlichen (!) warmen und kalten Antipasti,
zwei bis drei Nudel- und zwei bis drei Fleischgänge, inkl.
Wein unter 50 000 Lire (da lacht der Häuslebauer). Zum
Abschluß kommen noch drei Dickbauchflaschen auf den
Tisch und jeder darf zugrappen: zur Wahl stehen Kräuter-
grappa, Grappa mit Honig, mit Petersilie und mit Süß-
holzwurzeln.

Trattoria dell'Ulivo, Via Case Martini 4, Vasia (11 km nördlich Imperia). Im Sommer nur abends geöffnet, im Winter nur mittags, RT: Mo. Garten, ca. 70 Plätze, Gastraum ca. 50. Tel. 0183-282179/ 282101.

Ziele an und nahe der SS 28 Imperia - Ormea

Frantoio D. Ramoino - Chiusanico. Neues Ladengeschäft, direkt an der Hauptstraße. Vielfältiges Angebot: Weiß- und Rotweine, die übliche Palette Olivenprodukte, eingelegte Oliven, Olivenpaste, getrocknete Tomaten - und das sehr gutes Olivenöl 'Sarola'.

Frantoio D. Ramoino, Via Nazionale Sud, Località Zebbi, 18023 Chiusanico. An der Durchgangsstraße von Imperia kommend linkerhand. Schwierige Öffnungszeiten, während der Saison jedenfalls immer am Wochenende, sonst ungewiß.

- Ebenfalls in Chiusanico: Die gute Osteria L'Ulivo, via degli Orti 2, Torria, Tel. 0183-52576.

- Nicht versäumen: Am ersten Oktober-Wochenende findet im Ort die 'Sagra de carcosa' (Ravioli, Reh) statt.

***

Frantoio Borgomaro, Laura Marvaldi - Borgomaro. Borgomaro ist ein sehr kleines Nest und hat auch nur eine kleine Piazza della Chiesa, wo die bekannte Olivenöl-Adresse zu finden ist. Ein Schild finden Sie jedoch keines. Fragen Sie im Alimentari-Laden nach der 'Signora dell'olio'. Die Geschichte der Ölherstellung - die Ölmühle gibt es seit 1784 - wieder vorbildlich: handgepflückt, sorgsam verlesen, in einer Wassermühle zerquetscht, kaltgepreßt - ohne zentrifugieren und Filtern. Deshalb hat die Literflasche beim Feinsachmecker bereits 1987 52,90 DM (incl. MwSt., Verpackung und Versand) gekostet.

Frantoio Borgomaro di Laura Marvaldi, 18021 Borgomaro, Tel. 0039-
0183-54031, Fax 54501.

- Außerdem in Borgomaro die feine Panetteria Gandolfo, via Me-
  rano 40.
- In Borgomaro/San Lazzaro Reale (nahe der SS 28) die einfache
  und gute Trattoria da Linda, Tel. 0183-54021.

***

Trattoria Nazionale - Chiusavecchia. Solide Landstraßen-
trattoria, direkt an der verkehrsgeplagten Ortsdurchfahrt,
aber dennoch eine Rast wert. Freitag und Samstag Pizza
aus dem Holzofen, mittags mehr als ordentliche 'cucina
casalinga', auch das Rahmenprogramm stimmt: guter
Hauswein, hervorragendes Brot und erstklassiges Olivenöl kommen auf den Tisch. Eine sympathische Einkehr,
Genuß und Lokalkolorit garantiert.

Trattoria Nazionale, Chiusavecchia, Via IV Novembre, Tel. 0183-
52412. RT: So.

***

Frantoio Dinoabbo - Lucinasco. Spitzenqualität in Spit-
zenlage: Die kleine, technisch aber hochmoderne Mühle
des Familienbetriebs liegt gleich am Ortseingang, in Adler-
nestlage wie der gesamte Ort: 500 Meter hoch über dem
Meer, was hier ganz im Wortsinne gemeint ist. Wieder mal
eine Auffahrt durch die Gärten Eden, in der Ferne meer-
blau, im Bildmittelgrund olivengrün, die Berge dahinter
sind im Spätherbst und Winter oft schon schneeweiß. Die
Mühle liegt in der ersten Kurve am Ortseingang von Lucinasco. Geboten wird zweifellos absolute Spitzenqualität,
freilich auch im Preis; zudem wurde die Adresse mittlerweile in diversen Bildbänden abgefeiert; Sie werden also
nicht der erste Kunde der Saison sein. Bei Dinoabbo wird
nur heimische Ware verarbeitet. Die erste, unfiltrierte Pres-

sung kommt meist in den ersten Wochen des Jahres in die Flaschen. Das grüngoldene Öl schmeckt anfangs noch etwas rauh, nimmt dann aber bald jenen frischen Fruchtgeschmack an, der mit süßer Erinnerung an Mandeln beginnt und mit der milden Bitternis von Artischocken endet. Im Sortiment auch Oliven in Salamoia und Olivenpaste.

Frantoio Dinoabbo, 18023 Lucinasco (18 km nordwestlich Imperia, zunächst SS 28 Richtung Turin, Abzweigung bei Chiusavecchia), Via Roma 2. Tel. 0039-0183-52411, Fax 52811.

An der Auffahrt zum Ortsparkplatz eine zweite Ölmühle, sowie im engen Ortskern eine einfache, aber grundsolide Trattoria:

Ristorante Il Giardino - Lucinasco. Im alten Ort, direkt an der Hauptgasse, die wenig später mit einem kleinen Parkplatz endet (Auto besser vorher abstellen). Zunächst ein schmuckloser, unauffälliger Eingang, im ersten Stock dann ein ebenso unprätentiöser Speiseraum. Geboten wird eine saubere, ländliche Küche, die sich an den Wünschen und Möglichkeiten einheimischer Gäste orientiert. Außerhalb der Saison und in der ruhigen Zeit gibt es deshalb auch nur eingeschränkte Auswahl. Ansonsten (sowie an Wochenenden) zahlreiche kleine Vorspeisen, gute Pasta und wärmstens zu empfehlen: Kaninchen. Moderate Preise, familiäre Atmosphäre.

Ristorante Il Giardino, via Roma 33, Lucinasco. Reservierung sinnvoll: Tel. 0183-52367. RT: Mi.

***

Pieve di Teco. Die neue Hauptstraße, erst recht der Tunnel, läßt die aneinandergeschmiegten Häuser und Arkadengänge der alten Ortsdurchfahrt rechts liegen. Pieve di Teco war einmal der wichtigste Handelplatz auf dem

Weg von Albenga nach Turin, das Zentrum vor der Paßhöhe Colle di Nave. Einst Schuh- und Lederwaren-
herstellung. Die historische, heute teils entvölkerte, halb-
verfallende Ortsdurchfahrt wirkt dennoch ungemein eindrucksvoll. Früher muß sich eine endlose Karawane den
Berg hinauf gearbeitet haben, heute lebt der Corso Ponzoni mehr schlecht als recht: ein enger, dunkler Straßen-
zug mit ein paar verbliebenen, freilich ungemein stim-
mungsvollen Arkadengeschäften, über Jahrhunderte rund-
gelaufene Platten, der übliche Binnenbetrieb. Schon zwei
Stockwerke höher, erst recht zwei Gassen weiter Verfall. Im
Corso reihen sich ein paar kulinarische Anlaufstellen hinter den Arkaden, u.a. die Pasticceria Sabrina mit den feinen Amaretti di Pieve (Corso Ponzoni, 43). Ganz unten,
zu Beginn der Arkadengasse, in der kleinen Seitenstraße
rechts (via de Filippi) die Panetteria 900, ausgezeichnete
Focacce und torta verde.

Albergo/Ristorante dell'Angelo* - Pieve di Teco. Der ausrangierte Corso mündet auf die ebenso betagt wirkende Piazza Carenzi. Was muß hier früher für ein Auftrieb gewe-
sen sein, am Abend, als man sich entschloß, doch besser
vor der Paßhöhe zu nächtigen. Ein Relikt aus dieser Zeit
steht noch unverändert und das Eintreten gleicht einer
Zeitreise. Plauderbänke an der Eingangstreppe, eine Re-
zeption wie in einem alten Schwarzweißfilm, Fernsprech-
einrichtung und elektrische Installationen dito. Aber
nichts wirkt verkommen, vielmehr scheint das Haus auf
eine seltene Art gehütet. Die 17 Zimmer mögen altmodisch sein (12 davon haben Etagendusche!), aber spätestens beim Betreten des Speisesaals dürften Nostalgiker
glänzende Augen bekommen. Gediegen, mit Fresken verziert, Kristallüster, gestärkte weiße Tischwäsche, in der
Mitte des Raumes der Servierwagen mit poliertem Silber-
besteck, eigentlich egal, wie es hier schmeckt, aber um so

besser, daß es schmeckt: Pasta, Kaninchen, Ossobuco. Guter Pigato und Vermentino der Gebrüder Lupi, die hier in Pieve di Teco auch wieder ihre alte Ölmühle in Betrieb genommen haben. Ausgezeichnetes Brot von der Bäckerei im Ort (s.o.). Wichtig: In der richtigen Stimmung kommen und sich wegtragen lassen. Für Erlebnistouristen ungeeignet.

Albergo/Ristorante dell'Angelo*, Pieve di Teco, Piazza Carenzi, 11. Tel. 0039-0183-36240. RT: Fr. Von Imperia kommend am Ortseingang rechts den Corso Ponzoni, hinauf, an dessen Ende liegt rechterhand die kleine Piazza Carenzi. Die Osteria ist auch für Passanten geöffnet. Außerhalb der Saison sehr ruhig.

Auf dem Weg nach Ligurien

Der Weg nach Ligurien führt im allgemeinen über die westliche der beiden Autobahnen die aus der Poebene nach Genua führen. Nahe der Autobahn Alessandria - Genua (A-26) bieten sich im Raum Ovada (gleichnamige Ausfahrt) gleich zwei lohnende Adressen an:

Ristorante/Albergo Bel Soggiorno - Cremolino. Cremolino liegt knapp fünf Kilometer westlich von Ovada, und nur 45 km von der ligurischen Küste: Kleiner Ort, keine Touristen, nur anspruchsvolles Binnenpublikum. Wer sich hier halten will, muß was bieten. Das Ristorante Bel Soggiorno bietet jene angenehme, qualitätvolle Lokalküche, die einen Halt in der ansonsten ereignisarmen Provinz wieder zum Erlebnis werden läßt. Schöner, heller Speiseraum in einem vollständig renovierten historischen Gebäude, mehr als ordentliche piemonteser Küche (ausgezeichnete Antipasti!), gutsortierter piemonteser Weinkeller, alles zu moderaten Preisen. Interessant gerade auf der

Hin- oder Rückreise und wegen der üppigen Küche: Das
ruhig gelegene Haus verfügt über drei komfortable Gästezimmer (unbedingt reservieren), so wird aus einem Halt
eine angenehme Etappe.

Albergo/Ristorante Bel Soggiorno, Cremolino, Via Umberto 1, 69,
Tel. 0039-0143-87 90 12, Fax: 87 90 44. RT: Mi.

***

Trattoria Il Camionetto. Die von außen eher unschein-
bare Trattoria wird von einem hochmotivierten Fischhänd-
ler und seiner Mutter betrieben; geboten wird engagierte
Fischküche zu günstigem Preis (sieben Gänge Fischmenü
ca. 60 Mark, darunter: geräucherter Schwertfisch in Li-
monensaft, ravioli di pesce etc.). Das Haus bietet keinen
Massenbetrieb, gekocht wird individuell und nach Bedarf,
am besten, man ruft vorher an und stimmt seine Wünsche
mit den Gegebenheiten ab, auf jeden Fall nach dem aktuellen Angebot fragen, auf gut Glück hinfahren geht nicht.
Die Weinauswahl auf der Standartkarte ist gut, aber nicht
umfangreich, auf Nachfrage werden weitere Alternativen
geboten.

Anfahrt: Von der A 26, Ausfahrt Ovada über Cremolino in Richtung
Aqui Terme fahren. Ca. einen Kilometer nach dem Ort Prasco rechts
Ausschau halten, nach einem Schild, das Pizzeria sowie Trattoria an-
zeigt. Nach der ersten Kurve geht die Einfahrt zum Hof der Trattoria scharf rechts ab. Adresse: Trattoria Il Camionetta, di Modena
Benito. Casa Sparsa Caramagna, 21/a, Prasco, Tel. 0039-0144-
37 58 27.

Index

Gasthäuser

Ligurische Olivenölreise

Der Autor dankt allen Küchenmeistern (gelernten, ungelernten und begabten), die mit Rat und Tat zu diesem Buch beigetragen haben. Besonderer Dank an Kurt Sührer vom Gasthaus Kreuz/Münstertal.

Die **Badische Küchenkunde** soll wachsen. Anregung und Kritik sind hoch willkommen. Autor und Verlag wünschen sich, daß die folgende Auflagen von den Erfahrungen und Vorlieben der Leser profitieren. Verwertbare Zuschriften werden mit einem Freiexemplar der nächsten Auflage honoriert.

Die Deutsche Bibliothek - CIP Einheitsaufnahme

Abel, Wolfgang:

Badische Küchenkunde / Wolfgang Abel.- 1. Aufl. -
Badenweiler : Oase-Verl., 1998

ISBN3-88922-049-5

Aus dem Oase Verlagsprogramm:

Das Appetitlexikon

Ein alphabetisches Hand- und Nachschlagebuch über alle Speisen und Getränke.

Nachdruck des gastrosophischen Klassikers von 1894. Das Appetit-Lexikon ist eine ebenso amüsant wie kenntnisreich geschriebene Waren- und Genußkunde in über 1.000 Stichworten.

„Das Beste, was man über das Buch sagen kann: es ist heute in jedem Stichwort so gültig wie am Tag seines Erscheinens. Die Lektüre der Texte zu den einzelnen Stichworten von Aal bis Zyperwurz, ist ein so köstliches Vergnügen, daß man dafür sogar auf ein Essen verzichten kann. " Frankfurter Allgemeine Zeitung

Nachdruck der Wiener Ausgabe von 1894. Ganzleinen, Fadenheftung, Leseband. 576 Seiten, 68 Mark. ISBN 3-88922-090-8

Oase lesen

Wir ertrinken im Mittelmaß, am wirklich Guten herrscht aber bitterer Mangel. Unsere Reiseführer zeigen handverlesene Adressen zum Schlafen und Träumen, zum Einkehren und Ausgehen. Dazu zahlreiche Anstiftungen zu feinen Fluchten, weiten Touren und stillen Wanderungen:

Freiburg, Markgräflerland   Wolfgang Abel
Südschwarzwald Wolfgang Abel
Süd-Elsaß und Sundgau Salamander & Abel
Tessin & Engadin   Abel & Salamander
Cinque Terre Christoph Hennig
Beaujolais   André Dominé
Roussillon, Côte Vermeille   André Dominé
Leben in der Toscana   H. W. Kretzschmar
Das Appetitlexikon Habs/Rosner

In Vorbereitung:
Freiburger Stadtbüchlein   Wolfgang Abel

Aktuelle Informationen, Preise und Details in unserer kostenlosen Programmübersicht. Bitte anfordern bei:

Oase Verlag
Postfach 344
D-79403 Badenweiler
Tel: 07632-7460
Fax: 07632-5098

OASE